Margarete Schütte-Lihotzky
Warum ich Architektin wurde

Margarete Schütte-Lihotzky

Warum ich Architektin wurde

Herausgegeben von Karin Zogmayer

Residenz Verlag

Bibliografische Information der Deutschen Nationalbibliothek
Die Deutsche Nationalbibliothek verzeichnet diese Publikation in der Deutschen Nationalbibliografie; detaillierte bibliografische Daten sind im Internet über http://dnb.dnb.de abrufbar.

www.residenzverlag.com

3. aktualisierte Auflage 2026
Mühlstraße 7, 5023 Salzburg
info@residenzverlag.at

Umschlaggestaltung: Boutique Brutal
Typografische Gestaltung, Satz: Ekke Wolf, typic.at
Gesamtherstellung: Abedik, Zerniki bei Posen
ISBN 978 3 7017 3497 9

Inhalt

Vorwort der Herausgeberin 9

I. Studienzeit 15
- Die Kunstgewerbeschule 1915–1920 17
- Die Klimt-Anekdote 18
- Oskar Strnad, der große Lehrer 18
- Zu Josef Hoffmann und Rudolf Larisch 30
- Heinrich Tessenow 31
- Die Umwelt 1918 33
- Warum ich Architektin wurde? 33

II. Zwischenspiel Holland 37

III. Die erste Hälfte der zwanziger Jahre in Wien 43
- Grundlage – Ein Wettbewerb 45
- Der städtische Wohnbau der ersten Hälfte der zwanziger Jahre 46
  - Baugeschichte 46
  - Industrialisierung und Wohnungselend 47
  - Stadtanlage und Bevölkerungsstruktur 48
  - Die Zeit des Ersten Weltkriegs 49
  - Grundlagen des städtischen Wohnungsbaus 49
- Persönlichkeiten der Siedlerbewegung 51
  - Max Ermers 51
  - Adolf Loos 53
  - Ernst Egli 71
  - Josef Frank. 72
  - Otto Neurath 78
- Die Kleingarten- und Siedlerbewegung 81
  - Arbeiten im Baubüro der Baugilde 83

Vorträge 84
Die Haustypen 85
Rationalisierung der Hauswirtschaft 86
Die Kleingarten-, Siedlungs- und Wohnbauausstellungen der Stadt Wien 88
Die Kernhäuser 90
Die »Warentreuhand« 92
Siedlung Heuberg 93
Die großen Wohnkomplexe 95
Der Winarsky-Hof 97
Erste Begegnung mit May 100
Zwischenzeit 1925 102
Die TBC-Siedlung 102
Das vorgebaute, raumangepasste Möbel 103
Resümee der Wiener Jahre 105

IV. Die zweite Hälfte der zwanziger Jahre in Frankfurt am Main 107
Ernst May 109
Meine politische Haltung in den zwanziger Jahren 113
Organisation des Frankfurter Hochbauamts 1925–1930 116
Vergleich des Wohnbaus Wien–Frankfurt 119
Die Wohnungstypen 122
Die Siedlung Praunheim 127
Der große Baukasten, die Frankfurter Plattenbauweise 128
Der Dachgarten 131
Kleinstwohnungen, Einliegerwohnungen, die Wohnung für das Existenzminimum 132
Die Musterkleingartenkolonie in Praunheim 135
Zur *Frankfurter Küche* – Einleitung oder Grundsätzliches 137
Die *Frankfurter Küche* 140
Die Kojen-Schul- und Lehrküchen 152
Kinderanstalten in Frankfurt 153
Projektsystem als Grundlage zur Herstellung von Kinderanstalten in vorgefertigten Bauteilen 159
Die Wohnung der alleinstehenden berufstätigen Frau 161
Möblierung der Frankfurter Wohnungen 166

Arbeiten außerhalb des Hochbauamts der Stadt 167
Frankfurt am Main, kulturelles Zentrum der zwanziger Jahre 170
Die neue Baugesinnung und ihre Ausdrucksform,
der »Funktionalismus« 179
Resümee der Frankfurter Jahre 182
Politische Einstellung bis zur Abreise in die Sowjetunion 186
Wir verlassen Deutschland 189

Anhang
Editorische Nachbemerkung 201
Anmerkungen 203
Biographisches 205
Personenregister 225
Abbildungsverzeichnis 227

Margarete Schütte-Lihotzky, Karlsbad 1935

(...) im übrigen habe ich immer sehr ungern geschrieben
und wollte immer nur bauen.
Margarete Schütte-Lihotzky

Vorwort der Herausgeberin

Ihren Drang »immer nur zu bauen«* konnte Margarete Schütte-Lihotzky (1897–2000) im Wien der Nachkriegszeit nicht ausleben. Denn ihre Heimatstadt verzichtete ganz bewusst auf die Expertise der international renommierten Expertin für sozialen Wohnbau. Und so konnte eine der ersten und prominentesten Architektinnen Österreichs in jener Stadt, in der sie 80 ihrer über 100 Lebensjahre verbrachte, nur wenige Bauten hinterlassen.

Was Schütte-Lihotzky allerdings hier hinterlassen hat, ist ein umfangreiches Konvolut an Originalplänen, Zeichnungen, Fotos und Schriften. Als Zeichen ihrer lebenslangen Verbundenheit mit ihrer Ausbildungsstätte verfügte sie die Übertragung ihres architektonischen Nachlasses an die Universität für angewandte Kunst Wien, ehemals Kunstgewerbeschule. In deren *Sammlung* steht er seither zu Forschungszwecken zur Verfügung. Als ich dort im Herbst 2002 in einem mit *Erinnerungen und Betrachtungen* betitelten Manuskript las, war mir schnell klar, dass mir eine Aufgabe in die Hände gefallen war: den Text seiner ursprünglichen Bestimmung zuzuführen, ihn in Buchform zu bringen. Die *Sammlung* begrüßte und unterstützte dieses Vorhaben.

Mit dieser ausformulierten Darstellung ihres Verständnisses von Bauen, Wohnen und Leben ist nun zumindest ein Teil von Schütte-Lihotzkys architektonischem Vermächtnis für eine breite Öffentlichkeit zugänglich.

Zur Entstehung des Textes: Ab dem Ende der siebziger Jahre wurde die damals 80-jährige Margarete Schütte-Lihotzky vermehrt dazu gedrängt, ihre Lebensgeschichte zu erzählen: ihr Mitwirken im österreichischen kommunistischen Widerstand gegen das NS-Regime, ihr Mitgestalten in der *Wiener Siedlerbewegung*, im *Neuen Frankfurt* und beim Aufbau der sowjetischen Arbeiterstädte in den dreißiger Jahren, ihre Zusammenarbeit und Freundschaft mit Adolf Loos, Josef Frank, Otto Neurath und anderen.

Sie, die das gesamte 20. Jahrhundert erlebt hat, machte sich also weder aus Eitelkeit noch als Zeitvertreib an das Verfassen ihrer Memoiren, sondern sah in ihrem autobiographischen Projekt eine gewisse Verpflichtung. Wie immer ging sie auch an diese Aufgabe systematisch heran und ließ den Inhalt die Form bestimmen. So plante sie nicht eine chronologische, auf die Entwicklung der eigenen Persönlichkeit fokussierte Autobiographie, sondern bereitete zwei getrennte Publikationen zu ihren beiden Lebensthemen Politik und Architektur vor. Denn es ging Schütte-Lihotzky in erster Linie um die Vermittlung der entstandenen Werke und Inhalte und damit um zwei Artikulationen von ein und derselben Überzeugung: dem Agieren als sozial verantwortlicher Mensch. Wie weit ihr Gesellschafts-Begriff reicht, zeigt ein möglicher Titel, den sie sich für ihre Lebenserinnerungen notiert hatte: »Die Menschheit – eine Familie«.

Schütte-Lihotzky setzte klare Prioritäten und widmete sich zuerst den Jahren 1938 bis 1945. In diesem Teil ihrer Lebensgeschichte berichtet sie detail- und pointenreich, ohne Pathos und mit ihrer kräftigen, lebensbejahenden Stimme, wie sie sich in Istanbul für die Verbindung des österreichischen Widerstands mit dem Ausland anbot, dass sie 1941 kurz nach ihrer Ankunft in Wien verhaftet wurde und nur durch einen gefälschten Brief aus der Türkei dem Todesurteil entging, und wie sie die Jahre als politische Gefangene erlebte. Aus diesen 1985 in Buchform erschienenen *Erinnerungen aus dem Widerstand* stammt die so charakteristische Aussage:

»Oft fragten mich nach 1945 verschiedenste Leute, auch solche, die keineswegs Nazis waren, warum ich denn aus dem sicheren

Ausland nach Wien gefahren bin. Immer wieder empört mich diese Frage, immer wieder bin ich entsetzt über die mir so fremde Welt, in der diese Frage überhaupt eine Frage ist.«*

Sozial Leben bedeutete für Schütte-Lihotzky in der Zeit des Nationalsozialismus, im österreichischen Widerstand aktiv zu werden. Zu Beginn ihrer Studienzeit mit der Wohnsituation der Wiener Arbeiter konfrontiert, hieß das für sie, sich als Architektin für eine Verbesserung der Lebensumstände einzusetzen. Ihr Handeln entsprang also stets der Konfrontation ihres Selbstverständnisses als verantwortungsvolles Mitglied der Gesellschaft mit der gegenwärtigen Situation.

Der zweite Teil ihrer Lebensgeschichte mit dem Fokus Architektur ist aus verschiedenen Gründen nicht zu Lebzeiten erschienen. Zwar korrespondierte Schütte-Lihotzky Anfang der achtziger Jahre über einen längeren Zeitraum mit einem deutschen Verlag, der ihr Manuskript publizieren wollte, aber schließlich erhielt sie doch eine Absage. Davon unbeirrt und trotz zunehmender Augenprobleme arbeitete sie bis zu ihrem Tod weiter an ihren *Erinnerungen und Betrachtungen*, die mit ihrer Studienzeit beginnen und bis in die sechziger Jahre führen sollten. In einem handschriftlich skizzierten Kapitel über ihre Zeit in der Sowjetunion klingt die nachgelassene Erzählung aus. Der von Schütte-Lihotzky eingehend redigierte, aus meiner Sicht publikationsfertige Text endet allerdings mit ihrer Abreise nach Moskau im Jahr 1930. Deshalb schließt damit auch diese Ausgabe.

Margarete Schütte-Lihotzky war ein ausgesprochen vitaler Mensch. Ihr bewusstes Leben in der Gegenwart und ihre Verachtung für alles Oberflächliche zeigen sich auch in ihrem Umgang mit Sprache, der Genauigkeit und Lebendigkeit ihres Erzählens, die diesen kulturhistorisch interessanten Text zu einer anregenden und vergnüglichen Lektüre machen.

Karin Zogmayer, Wien 2019

Wien 1992

Wozu, wofür, für wen schreibe ich diese »Erinnerungen«? Was kann die nächste und übernächste Generation daran fesseln? Was kann man aus der Vergangenheit berichten, das zum Nachdenken führt und für die Gegenwart wichtig ist?

Die Antwort ist schwierig. Ich bin 84 Jahre alt. Der Stoff umfasst zeitlich eine fünfzigjährige Praxis als Architektin. Örtlich ist er weit gespannt. Er reicht von Europa bis Japan, von China bis Kuba.*

I. Studienzeit

Die Kunstgewerbeschule 1915–1920

Trotzdem muss ich mit meiner Studienzeit beginnen, denn ich habe sie an einer Schule verbracht, die damals eine der bedeutendsten Kunstschulen Europas war. Bis zum 15. Lebensjahr hatte ich nur eine Volks- und Bürgerschule besucht. – Keine Mittelschule, keine Reifeprüfung, keine weitere Allgemeinbildung. Nachher ein Jahr Lehrzeit bei einem Maler, dann zwei Jahre Besuch der Graphischen Lehr- und Versuchsanstalt in Wien mit Kopf-, Akt- und ornamentalem Zeichnen. Als ein künstlerisch völlig unverbildetes Wesen nahm ich alles, was mir begegnete, zwar aufgeschlossen, doch kritiklos in mich auf. 1915, mitten im Ersten Weltkrieg, kam ich als Achtzehnjährige in die Kunstgewerbeschule, heute Hochschule für angewandte Kunst* am Stubenring in Wien. Hier lehrten die Maler Oskar Kokoschka, Kolo Moser und Berthold Löffler, der große österreichische Bildhauer Anton Hanak und Rudolf von Larisch, der die Schönheit der Schrift für Europa entdeckt hat. Hier lebte noch etwas vom Geiste der Wiener Secession, und hier leiteten Josef Hoffmann, Oskar Strnad und Heinrich Tessenow die drei Architekturklassen. All diese Persönlichkeiten prägten zu meiner Zeit die Atmosphäre an der Schule, die einen starken Einfluss auf junge Menschen und ihr späteres Leben haben musste. Obwohl ich noch keine Ahnung hatte, welchen Beruf ich ergreifen wollte, obwohl mir alle die oben Genannten völlig unbekannt waren, so war es doch mein größter Wunsch, in diese Schule aufgenommen zu werden. Der Zustrom der Schüler war groß. Es gab eine Aufnahmeprüfung. 200 kamen zur Prüfung, doch nur 40 konnten aufgenommen werden. Im Zusammenhang damit verdient eine kleine Anekdote über den großen Maler Klimt, festgehalten zu werden.

Die Klimt-Anekdote

Alles in der Monarchie ist Protektion, so dachten meine Eltern. Meine Mutter war mit den drei Schwestern Flöge befreundet, bekannt durch ihren Modesalon für Kleider secessionistischer Prägung. Eine von den dreien war Klimts Frau,* und meine Eltern dachten, mir durch diese »Beziehung« zur Aufnahme verhelfen zu können. Man zeigte Klimt Arbeiten von mir. Er versprach, sich bei seinem Freund Roller, dem bekannten Bühnenbildner und damaligen Direktor der Schule, für mich zu verwenden. Doch die Aufnahmeprüfung kam, und das versprochene Billett blieb aus. Ich war glücklich darüber, denn Protektionswirtschaft war mir in der Seele zuwider. Ich hatte kaum die Wohnung verlassen, als ein Brieflein gebracht wurde. Es war von Gustav Klimt. Auf der Visitenkarte stand in Klimts schöner, ornamental-dekorativer Handschrift: »Lieber Roller! Zu meinem Leidwesen bin ich gezwungen, die Überbringerin dieses Schreibens Dir zu empfehlen. Bitte handle ganz nach Deinem Gutdünken. Dein Klimt.« Das Billett, das so ein sympathisches Licht auf seinen Schreiber wirft, wurde achtlos weggeworfen – heute wäre es museumsreif.

Oskar Strnad, der große Lehrer

Im großen Saal der Schule am Stubenring erwarteten aufgeregt 200 junge Menschen die Aufnahmeprüfung, unter ihnen auch ich, ganz hinten im Saal. Im Vordergrund erschien ein kleiner Mann, den ich zwar hören, aber kaum sehen konnte: Oskar Strnad. Er stellte uns eine einzige Aufgabe: »Zeichnen Sie eine Gartenlaube!« Ich kaute ratlos an meinem Bleistift. Einige fragten mutig: »Wie sollen wir das machen? Grundriss, Aufriss, Schnitt oder eine perspektivische Zeichnung? In welcher Technik?« usw. »Machen Sie das, *wie* Sie wollen, wie Sie sich eine Gartenlaube vorstellen«, war die Antwort. 200 junge Leute zeichneten und malten drauflos. Auch ich brachte schließlich eine mit Bleistift schattierte, perspektivische Zeichnung einer Gartenlaube zu Papier, obwohl ich von Perspektive keine Ahnung hatte. Ich blickte mich um und fand, dass alle ande-

Zu Studienbeginn

ren viel bessere und schönere Gartenlauben zusammengebracht hatten. Hoffnungslos trat ich einige Tage später vor das schwarze Brett in der Eingangshalle. Kaum zu glauben, da stand mein Name. Ich konnte nicht begreifen, dass andere, die viel mehr konnten als ich, nicht aufgenommen worden waren. Viel später habe ich das Strnad erzählt. Er lachte. »Ja, das ist es gerade. Ich will nur junge Menschen in die Hand bekommen, die noch nicht durch irgendwelche ›Kunst‹schulen verbildet worden sind. So, wie man nur weichen Ton kneten kann.« Die Schule war damals so aufgebaut: Erst drei Jahre Vorbereitungsklasse, dann wählte man seinen Beruf und wurde in die entsprechende Fachklasse eingewiesen: Architektur, Bildhauerei, Keramik, Textil, Mode usw. Automatisch kam ich nach der Prüfung in die erste Vorbereitungsklasse, die Klasse für allgemeine Formenlehre, die Strnad leitete. Ich war ahnungslos, welch großem Lehrer ich da in die Hände geraten war.

Oskar Strnad war einer jener Architekten, die sowohl in Österreich wie auch international viel zu wenig gewürdigt werden, im Vergleich etwa zu Adolf Loos oder Josef Frank. Das kommt zum Teil wohl daher, dass Strnad fast nichts geschrieben hat, und Schreiben macht den Architekten erwiesenermaßen weit populärer als »bloß« Lehren oder Bauen. Strnad war voller Phantasie, voller Einfälle, zeichnerisch außerordentlich begabt, sensibel, musikalisch – er spielte gut Geige –, umfassend gebildet und ein großartiger Lehrer. Seine Gedanken trug er mit hinreißender Lebendigkeit vor. Wenn er zum Beispiel nur eine halbe Stunde, sprühend vor Geist und Humor, über griechische Architektur sprach – viele Zusammenhänge zwischen historisch-gesellschaftlicher Situation und baulich-künstlerischem Ausdruck bloßlegend –, dann hatte man mehr davon als von einem ganzen Semester Unterricht bei manchem Kunsthistoriker.

Wäre ich damals nicht bei Strnad in die Vorbereitungsklasse eingewiesen worden, ich wäre nie auf die Idee gekommen, Architektin zu werden. Vor allem aber wäre ich ein anderer Mensch geworden. Das sage ich nicht nur von mir selbst, so denken auch viele andere seiner ehemaligen Schüler, und das ist wohl das Beste, was man von einem Lehrer sagen kann.

Für mich, die ich ein künstlerisch naives und unwissendes Geschöpf aus bürgerlich-halbintellektuellen Kreisen war, gab es zur

Oskar Strnad

Zeit, als ich an die Schule kam, kein anderes Kriterium über Formen als: Das gefällt mir oder das gefällt mir nicht. Das genügt aber nicht für Menschen, die selbst Formen zu schaffen haben. Ich sah alles nur statisch, urteilte über die Dinge, wie sie eben gerade aussahen, nie dynamisch in ihrer Entwicklung. Dass Formen primär auch einen Inhalt haben, wodurch sie entstehen, dass gesellschaftliche und wirtschaftliche Grundlagen, Technik, Material und Funktion bestimmend für sie sind, darüber hatte ich vorher nie nachgedacht. Strnad aber brachte uns sehr bald dazu, uns über Beziehungen zwischen Material und Form, über Schein, Lüge und Wahrhaftigkeit bei Formen Rechenschaft abzulegen. Langsam ging einem ein Licht darüber auf, dass Formen nichts Äußerliches sind, das dem Hirn eines Einzelnen entspringt, sondern dass jeder künstlerische Ausdruck, von der Form eines Glases angefangen bis zur Gestaltung einer Stadt, etwas ist, das mit Gesinnung, mit Charakter, mit Weltanschauung zu tun hat. Das war wie eine Offenbarung! Ist man davon einmal durchdrungen, dann ist man fürs Leben gegen alles Modische, zufällig Vorübergehende in der Architektur gefeit.

Die Beschreibung der ersten Tage in der Vorbereitungsklasse bei Strnad ist aufschlussreich. Jeder Schüler bekam zuerst einen Zettel in die Hand gedrückt, auf dem er vermerken sollte, welchen Beruf er ergreifen wollte. In großer Verlegenheit und nach langer Überlegung, nur damit etwas auf dem Papier stand, schrieb ich »Illustrieren«.

In der ersten Unterrichtsstunde rief Strnad einen Burschen nach vorne:

»Wo haben Sie bis jetzt gearbeitet?«

»Ich war in einer Keramikschule.«

»Was haben Sie zuletzt dort gemacht?«

»Ich habe einen Hasen gemacht.«

»Und warum haben Sie einen Hasen gemacht?«

Keine Antwort.

»Wollten Sie vielleicht damit Geld verdienen?«

»Nein.«

»Wenn Sie einen Hasen gemacht haben, dann müssen Sie doch wissen, warum. Also warum?« Keine Antwort.

Er quälte den armen Jungen, und ich verstand weder, wozu das gut war, noch, worauf er hinauswollte. Er rief einen zweiten: »Was ist ein Stuhl?« Welche Frage? Es folgten die verschiedensten Definitionen eines Stuhls. »Nein«, sagte Strnad, »unter all dem kann sich ein Mensch, der noch nie einen Stuhl gesehen hat, nichts vorstellen.« Und dann präzise: »Ein Stuhl ist ein Prisma in der Höhe der Unterschenkel.« Strnad wollte zuerst einmal alles in unseren Gehirnen ordnen und auf die Grundformen Kugel, Kegel, Prisma, Pyramide etc. zurückführen, auf die Formen, die man sofort erkennt und versteht. Alles sollte von Grund auf überlegt und analysiert werden. Damals tat mir der Junge da vorne leid, ja uns allen, denn ich begriff nichts. Was sollte werden? Deprimiert ging ich von der ersten Unterrichtsstunde nach Hause.

Bald wurde es konkreter. Warum ist ein Schnapsglas schmal und hoch, ein Champagnerglas aber breit und flach oder ein Kelch mit oben ausladendem Rand? Die Antwort: Weil man Schnaps rasch in die Kehle schüttet, Champagner aber in kleinen Schlucken trinkt. So einfach ist das, und doch, niemand von uns wusste es, niemand von uns hatte je darüber nachgedacht. Das packte mich. Und ich fing an, wo ich ging und stand, über alle Dinge, die ich sah, nachzudenken, ganz fanatisch, auf der Straße und im Haus, in der Wohnung und in Geschäften, einfach über alles und jedes, an dem ich vorher achtlos vorbeigegangen war.

Im Zimmer neben unserer Vorbereitungsklasse lag der Raum der Strnad'schen Fachklasse für Architektur. Vom ersten Tag an steckte ich meinen Kopf da hinein und sah fasziniert Baupläne an. Nach all dem »freien Zeichnen« von Akt und Köpfen und sinnlosen Ornamenten in der Graphischen Lehr- und Versuchsanstalt erkannte ich, dass bei dem Plan eines Hauses oder einer Baukonstruktion jedes Strichelchen, jeder Millimeter Sinn und Bedeutung hat und Verantwortung trägt für die Umsetzung in die Realität – in den konkreten Bau, in Architektur, die den Menschen täglich umgibt und sein Wohlbefinden, sein Glücksgefühl mindern oder steigern kann. Ich erkannte, dass in jedem dieser Strichelchen und Millimeter etwas vom realen Leben der Menschen steckt. Der Plan für einen aus Holzbalken gut und elegant konstruierten Dachstuhl hat mich damals ästhetisch mehr bewegt als das schönste Gemälde.

Nach einem halben Jahr Vorbereitungsklasse erklärte ich Strnad, ich wolle Architektin werden. Offensichtlich hielt er das für eine vorübergehende Idee eines unreifen Mädchens, die er mir auszureden hatte. Humoristisch und mit allen nur möglichen, phantasievollen Ausschmückungen schilderte er, mit welchen Schwierigkeiten er als Mann zu kämpfen hatte und wie schwer dieser Beruf für ein junges, weibliches Wesen sein müsste. Auch bei meiner Familie gab es Schwierigkeiten. Niemand würde jemals eine Frau ein Haus bauen lassen. Als Strnad aber feststellte, dass ich unerbittlich bei meinem Entschluss blieb, nahm er sich sehr meiner an und stellte mir dauernd neue Aufgaben.

Die erste war, eine Kassette für die Gegenstände einer feinen Dame zu zeichnen, für Schleier, Handschuhe, Schmuck usw. Als Neuling glaubte ich, mir so viel wie möglich ausdenken zu müssen. Die Kassette spielte alle Stückerln, wie man auf Wienerisch sagt. Sie konnte nach oben und nach allen Seiten aufgeklappt werden, hatte Schiebe- und Drehfächer und sogar ein Geheimfach. Ich hatte kaum gelernt, eine Reißschiene zu halten, und musste nun alles in Grundriss, Aufriss und Schnitte auflösen und das mit allen genauen Maßen, damit ein Tischler nach meinen Plänen die Kassette auch herstellen konnte! Als zweite Aufgabe kam der Entwurf eines Hauses für einen Schuster, mit Wohnung, Werkstatt und Lager. Einmal ließ mich Strnad aus einem Gipsblock ein Gesimse schneiden. Mit Hilfe von vielen Hohleisen und Messern schnitt ich, schnitt und schnitt und der Block wurde immer kleiner und kleiner. Strnad kam täglich vorbei, lächelte und sagte nichts. Drei Wochen ließ er mich zappeln. Er wollte, dass ich mit eigener Hand etwas herstellte, dass ich mich mit handfestem Material abplagte und die richtige Wertung und das Gefühl dafür in die Finger bekam. Irgendetwas Gesimseähnliches kam schließlich bei der Sache auch heraus.

Strnad war ein großer Architekt, hätte man ihn nur bauen lassen! Das aber war nicht der Fall! Gehörte er doch mit manchen anderen seiner Zeitgenossen wie Karl Kraus, Loos, Schönberg, Frank und Kokoschka nicht zur institutionalisierten, offiziellen Kunstwelt der Monarchie, sondern zum weit in die Zukunft blickenden »anderen Österreich«.

Mit ihnen zusammen wirkte er in der außergewöhnlichen

Atmosphäre des damaligen Wien, in der ich, als seine Schülerin, aufwuchs.

Einmal zeigte er mir eines der wenigen Häuser, die er hatte bauen dürfen – eines der schönsten und wohnlichsten, die ich je gesehen habe. Es war die Villa des Schriftstellers Jakob Wassermann, mitten in den Weinbergen der Südhänge des Wienerwaldes. Zwei wesentliche Gesichtspunkte lagen der Anlage zugrunde. Immer, wenn ich später einen Entwurf in Angriff nahm, dachte ich an diese stets wiederkehrenden zwei Forderungen Strnads. Die erste: Es ist von grundlegender Bedeutung, *wie* man in ein Haus hineinkommt. Man soll allmählich hineingehen können und dann direkt auf den zentralen Punkt zugeführt werden. Im Hause Wassermann explizierte mir das Strnad selbst in all seiner Lebhaftigkeit. Durch einen langen Gang, der sich mit Glastüren zum Gartenhof öffnet, ging man zum Wohnraum und dort gerade auf den Kamin zu, um den sich die Familie in ihren Mußestunden versammelte. Die zweite Forderung: Architektur und Natur, Haus und Garten, sollen miteinander verschmelzen, die Trennung zwischen beiden möglichst aufgehoben werden, indem man viel von menschengeformter Architektur, von geraden Linien in die Natur hinausbringt und möglichst viel Natur ins Haus hineinträgt und so einen Übergang schafft. Diese zwei Prinzipien hat Strnad beim Hause Wassermann aufs Glücklichste verwirklicht.

Da man Strnad nicht bauen ließ, flüchtete er in die Theaterarbeit, um als durch und durch schöpferischer Mensch produzieren zu können. Er war mit Royaards, dem großen holländischen Regisseur, ebenso wie mit Max Reinhardt befreundet. Mit ihnen als Bauherren arbeitete er an einem Theaterprojekt. Es war ein Dreibühnentheater. Der Zuschauerraum wurde von diesen Bühnen umfasst, und man konnte auf einer, zwei oder allen drei Bühnen gleichzeitig Theater spielen. Darunter waren nochmals drei Bühnen, die mit den oberen einen ständigen Umlauf bilden konnten, anstatt des Umlaufs der üblichen Drehbühne. Es war das Bestreben, vom Bühnenrahmen, der von der alten Ballettbühne stammt und Bühne und Publikum voneinander trennt, loszukommen. In den Ferien 1917 arbeitete ich in Strnads Atelier. Meine Aufgabe war, dieses Projekt, das Strnad eigenhändig in kleinem Maßstab skizziert hatte, vergrößert und so vereinfacht umzuzeichnen, dass ein Tischler danach ein Modell anfertigen konnte. Was ich bei dieser Gelegenheit zum Beispiel über eine Faustinszenierung voller neuartiger, phantasievoller Einfälle erfuhr, was ich an Gesprächen zwischen Reinhardt, Royaards und Strnad über Regie mitbekam, hat meine Beziehung zum Theater für das ganze Leben beeinflusst.

1918, gleich nach Kriegsende, kam Professor Hanslik, ein Freund Strnads, mit einer interessanten Idee zu uns in die Schule. Statt das Geld für die üblichen Kriegerdenkmäler, die nun in ganz Österreich wie Pilze aus der Erde schießen würden, zu verzetteln, sollte man doch alle Beträge zusammenlegen und ein großes Kulturwerk für die Lebenden, zum Gedenken an die Toten, schaffen – ein Kulturwerk in Form einer umfassenden Anlage, bestehend aus Konzerträumen, Theatern, Museen, Bibliotheken, Wandelgängen für Diskussionen, Klubräumen usw. Das war natürlich ein Luftprojekt. Strnad wollte es nicht selbst in Angriff nehmen, doch war es den Gedanken wert, sich mit ihm auseinanderzusetzen, und er stellte mir diese Aufgabe. Das Hanslik-Projekt habe ich in der Schule ausgearbeitet. Die meisten Ideen stammten natürlich von Strnad und boten Gelegenheit zu den interessantesten Gesprächen über kulturelle Probleme. Schon damals hatte Strnad die Idee, ein Museum in Form eines riesigen vierzehneckigen Turms zu bauen, an dessen Außenwand sich eine flach ansteigende Rampe in die Höhe windet. Der Besucher geht allmählich die Rampe empor, auf der er aufsteigend vom frühen Altertum bis zur Gegenwart die Ausstellungsstücke betrachten kann. 35 Jahre später wurde ein solcher Museumsturm von Frank Lloyd Wright für das Guggenheim Museum in New York gebaut. 1918 war ein Museumsturm Mittelpunkt der von mir projektierten Kulturanlage. Dahinter hatte ich überdeckte Wandelgänge vorgeschlagen, rund um Gartenanlagen, Räume der Konzentration im Freien, ähnlich antiken Anlagen oder mittelalterlichen Kreuzgängen. Strnad war sofort darauf eingegangen. Dieser Gedanke hat mich auch später für den modernen Städtebau nie mehr losgelassen. Leider konnte ich ihn nirgends verwirklichen. Es ist meine Überzeugung, dass er heute aktueller ist denn je. Unser hektisches Großstadtleben mit Automobil- und Radiolärm, mit all dem Stress in Arbeits- und Freizeit, fordert kategorisch ein Gegengewicht, das sich städtebaulich in stillen Freiräumen ausdrücken sollte, in denen die Menschen in Ruhe nachdenken und sich abseits

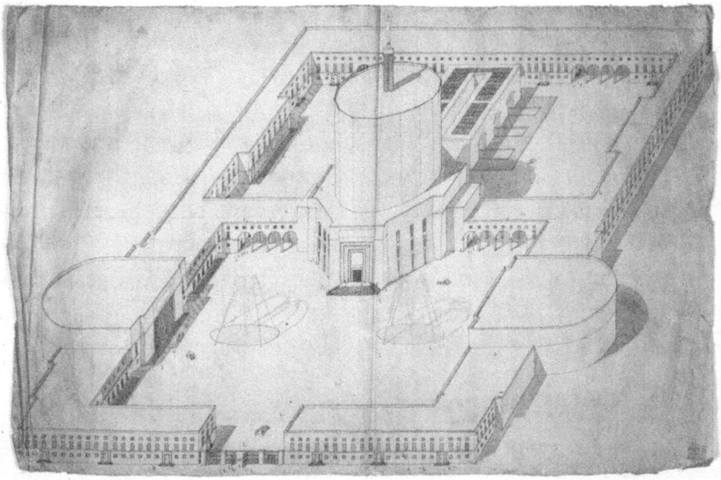

Kulturpalast, »Hanslik-Projekt«
Isometrie der Gesamtanlage, Wien 1918

vom Trubel des kollektiven Lebens sammeln können, in denen sie mit einem oder zwei Menschen ihre Gedanken austauschen, abgeschlossen von Hast und Unruhe, in Verbindung mit körperlicher Erholung innerhalb gärtnerisch gestalteter Natur. Keine Gartenhöfe, in die man aus Hunderten von Fenstern einer Wohnanlage blickt, sondern erdgeschoßige, von außen abgeschlossene Wandelgänge, Anlagen, wie sie schon die Menschen der Antike und des Mittelalters als notwendigen Kontrast zum kollektiven Leben verwirklicht haben. Das eine darf das andere keineswegs ausschließen. Eine solche Anlage war an den Kulturpalast des Projekts von 1918 angeschlossen. Dieses Projekt hat viel dazu beigetragen, dass ich für meine Arbeiten in der Schule 1919 den Lobmeyr-Preis erhielt, was nur deshalb von mir hier erwähnt wird, weil dieser Preis damals das erste Mal an eine Frau verliehen wurde.

Zu meinem endgültigen Entschluss, Architekt zu werden, trug schließlich folgende, für Strnad bezeichnende Begebenheit bei. An der Schule war ein Wettbewerb für Arbeiterwohnungen ausgeschrieben. Ich wollte mich daran beteiligen. Strnad sagte: »Gut. Aber bevor Sie damit anfangen, gehen Sie hinaus in die Arbeiterbezirke und sehen Sie sich an, wie die Arbeiter bei uns heute wirklich wohnen und leben.«

Ich ging, ich sah und ich erfuhr von der unvorstellbaren Wohnungsnot der Wiener Arbeiter vor und während des Ersten Weltkriegs. Nicht selten hausten acht oder neun Menschen in einem Zimmer, und ich fand kaum ein Kind, das nicht mit ein oder zwei Geschwistern in einem Bett schlafen musste. Ich kannte noch nicht den großartigen Ausspruch Heinrich Zilles: »Man kann einen Menschen mit einer Wohnung ebenso töten wie mit einer Axt«, aber genau das empfand ich. Ich entdeckte immer deutlicher: Neben meiner Schicht von Bürgerlich-Intellektuellen und neben den Menschen, die sich jenseits der Klassen als eine Elite betrachteten, lebte in Wien eine riesige Volksschicht von Hunderttausenden Menschen ihr angespanntes, mir bis dahin unbekanntes Leben. Über die Ursachen ihres Elends war ich mir damals nicht im Klaren, doch wollte ich einen Beruf ergreifen, durch den ich zur Linderung dieser Not beitragen konnte. Mein Entschluss, Architekt zu werden, stand endgültig fest. Und so verhalf mir der kleine Mann, der 1915 in den Saal mit den 200 erwartungsvollen Prüflingen trat, zu wesent-

Zu Studienbeginn

lichen Erkenntnissen und wurde damit bestimmend für mein ganzes Leben. Was doch ein großer, *wahrer* Lehrer und Erzieher alles vermag! Welche Schlussfolgerung für die jetzige Situation kann man aus solcher Lehrzeit ziehen? Kann ein Lehrer an einer Hochschule über die Vermittlung des Wissens im engeren Sinn hinaus bei der heutigen Spezialisierung, der Differenzierung der Planung, der rapide wachsenden Technik noch solch allgemeinen Einfluss auf die Persönlichkeitsentwicklung seiner Schüler haben? Wir waren wirklich *Schüler* eines Meisters, der unser Gesamtwesen formte.

Ich fühle mich außerstande, diese Frage zu beantworten, da ich nie gelehrt habe. Doch möchte ich sie in diesen »Erinnerungen« nicht unerwähnt lassen und zur Diskussion stellen.

Zu Josef Hoffmann und Rudolf Larisch

Josef Hoffmann, der zu meiner Zeit auch eine Architekturklasse in der Schule leitete, lehnte ich damals ab. Zuerst einmal, weil er Mädchen nur in seine Modeklasse, aber nicht in die Architekturklasse aufnahm. »Die heiraten sowieso, und dann hören sie mit dem Architektsein auf. Das lohnt nicht der Mühe.« So seine Einstellung. Obwohl ich mich nicht als Frauenrechtlerin fühlte, in der Realität war ich es wohl. Eine solche Einstellung empfand ich als ungerecht und reaktionär. Auch die Arbeiten der von Hoffmann gegründeten und geleiteten Wiener Werkstätte lehnte ich damals, lange bevor ich den großen Gegner Loos kannte, ab. Ihre Erzeugnisse waren nur für die oberen Zehntausend erschwinglich. Ich betrachtete es als unsozial, wenn zum Beispiel ein Dagobert Peche ein Jahr lang an einem Intarsien-Tisch arbeitete. Und wurde dieser noch so »schön«, mich interessierte er nicht. »Schnell fertig ist die Jugend mit dem Wort«, so war es damals jedenfalls bei mir in Bezug auf Josef Hoffmann. Zehn Jahre später erkannte ich beim Erleben des berühmten Stoclethauses in Brüssel das erste Mal, dass Hoffmann ein großer Architekt seiner Zeit war, aber eben ein Architekt nur *seiner* Zeit, im Unterschied zu Strnad oder Loos, die ihrer Zeit vorausgeeilt sind. Er ist, wenn auch mit großem Können, ein Architekt des Dekors, des Ornaments, der Secession geblieben.

Rudolf Larisch unterrichtete Schrift und Heraldik. Durch diesen leidenschaftlichen Meister der Schrift (sein Buch ist heute noch das grundlegende zu diesem Thema) lernte ich Gesetz und Ordnung wie Rhythmus und Musikalität in den mittelalterlichen, europäischen, wie auch in den asiatischen Schriften, insbesondere der chinesischen, zu empfinden. Ich selbst verfertigte damals bei Larisch mit unendlicher Mühe und Geduld handschriftlich ein ganzes Buch.

Heinrich Tessenow

Tessenow war von 1900 bis 1919 Professor an meiner Schule. Er hatte eine Fachklasse für Architektur, außerdem lehrte er für alle Architekturstudenten des Hauses Baukonstruktion. Dadurch wurde auch ich seine Schülerin. Er war einer der bedeutendsten Lehrer der Anstalt. Ein größerer Gegensatz als der zwischen Tessenow und Strnad war kaum vorstellbar. Trotzdem ergänzten sich die beiden in ihrem Unterricht ganz ausgezeichnet. Strnad, klein und zart, ein quicklebendiger, geistsprühender Intellektueller voll Witz und Charme, Tessenow ein körperlich etwas steifer und kräftig wirkender Norddeutscher, seine Vorfahren waren mecklenburgische Bauern und Handwerker, er war gelernter Zimmermann gewesen – dabei ebenso sensibel und bescheiden wie Strnad. Jede Art von Publicity war beiden fremd, Kompromisse in der Arbeit waren für sie undenkbar, Tessenow sah den Wohnbau zutiefst als soziale Aufgabe an. So schrieb er gerade damals, als ich bei ihm lernte: »Wir brauchen heute mehr denn jemals das, was sich unserer großen Allgemeinheit mitteilt …«, oder: »Wir haben viel zu viel Sonderbares … Intellektuell-Erdachtes, das weg vom realen Leben führt …«, oder: »Wir haben das für uns ganz Wesentliche, oder das Einfach-Notwendige festzuhalten.« »Keine Angst vor Einfachheit«, predigte er uns immer wieder, und »es dauert sehr lange, bis man zur Einfachheit kommt«. Ja, das ist es eben, »das Einfache, das so schwer zu machen ist«, wie Bertolt Brecht 25 Jahre später sagte. Wie Loos gebrauchte auch Tessenow das Wort Kunst nur mit äußerster Vorsicht. Immer wieder setzte er sich im Unterricht mit der Frage der Symmetrie auseinander, die ihn damals offenbar sehr beschäftigte. Doch wollte er keine aufdringliche Symmetrie, die man den Menschen mit dem Holzhammer einbläut. Von ihm stammt der schöne Satz: »Die Symmetrie ist umso besser, je schwerer man ihre Achse findet.«

Heute, nach 70 Jahren rasanter technischer Entwicklung, kann man sich kaum vorstellen, dass der Wohnbau damals ausschließlich Handwerk war, wenn auch schon etwas verschlamptes Handwerk. Aber unter den Arbeitern in Wien gab es damals noch viele vortreffliche Handwerker, die der alten Tradition verpflichtet waren. Und Tessenow baute seinen Unterricht in Baukonstruktion ganz auf das Wissen über dieses Handwerk auf. Seine Kenntnis um alles Handwerkliche, verbunden mit seiner außergewöhnlichen Feinfühligkeit, wie das seine Handzeichnungen beweisen, das alles ging an uns Schülern, wenn wir auch »nur« Baukonstruktion bei ihm hörten, keineswegs spurlos vorbei.

Mich interessierte die Baukonstruktion, wie sie Tessenow vortrug, die Holz- und Mauerverbindungen und die Zusammenhänge zwischen den verschiedenen Baugewerken, außerordentlich. Fleißig zeichnete und schrieb ich alles in der Unterrichtsstunde Erfahrene nochmals um, einige Blätter davon sind noch erhalten. Diese Arbeit machte ich wo? Im Café Museum, dessen Bau und Einrichtung das erste Werk von Adolf Loos war, ausgeführt 1899, nachdem er aus dem Ausland nach Wien zurückgekehrt war. Es war üblich, dass wir Studenten im Kaffeehaus arbeiteten. Man sparte die Kohle für den Ofen zu Hause und konnte bei einer Tasse Kaffee und unendlich vielen Gläsern Wasser stundenlang ruhig in einem warmen Raum arbeiten. – Alte Kaffeehauskultur! – Wie sah die Umwelt, die Welt außerhalb unserer Schule, damals aus?

Die Umwelt 1918

In meine Studienzeit fielen Verfall und Sturz der österreichisch-ungarischen Monarchie.

An einem der ersten Tage des November 1918 war ich zufällig im Zentrum der Stadt in Begleitung eines Bekannten, eines Reserveoffiziers in Uniform. Gerade, als wir die Ringstraße überqueren wollten, kamen Züge von Arbeitern aus den Außenbezirken, singend und rote Fahnen schwingend. Die Menschen um uns herum liefen durcheinander – die einen erschrocken flüchtend und schreiend: »Sie reißen den Offizieren die Distinktionen von den Uniformen!«, die andern freudig erregt. Nach kurzem, heftigem Wortwechsel rannte mein Begleiter zur nahen, unterirdischen Stadtbahnstation. Ich aber blieb und winkte dem Zuge zu. Hier schieden sich die Geister.

Am 12. November 1918 wurde die Erste Republik Österreich ausgerufen. Mit meinem Vater, der, obwohl Staatsbeamter, den Sturz der Monarchie begrüßte, stand ich an jenem denkwürdigen Tag inmitten einer riesigen Menschenmenge vor dem Wiener Parlament. Heute erinnert ein Denkmal – genau an der Stelle errichtet, an der ich damals stand – an das historische Ereignis der Gründung der Ersten Republik Österreich.

Ich war 21 Jahre alt. Zum ersten Mal fühlte ich, was es bedeutet, ein winziger Teil einer unübersehbaren Menge von Menschen zu sein, deren Gedanken und Empfindungen man teilt, und dieses Gefühl lebte weiter in mir fort.

An meiner Schule merkte man keine Veränderung.

Warum ich Architektin wurde?

Während meiner Studienzeit wurde mir immer klarer, warum mir die Architektur, im Vergleich zu allen anderen Künsten, so nahelag.

Zum Ersten: Die Architektur ist durch eine konkrete Aufgabenstellung immer an einen Zweck gebunden, das »Schöne« ist gleichzeitig und direkt stets Dienstleistung am Menschen. Architektur kann deshalb niemals Selbstzweck, niemals nur l'art pour l'art werden. Sie ist mit ihren Wurzeln unausweichlich mit der Erde verbunden, kann darum nie in Wolkenkuckucksheim schweben. Wohlgemerkt: Ich leugne keineswegs Phantasie und Intuition während des Entstehens eines Entwurfs – ganz im Gegenteil, sie sind notwendig, und ich möchte in dieser Frage keineswegs missverstanden werden. Phantasie und Intuition aber können in der Architektur schwerer als in anderen Künsten eine äußere Form schaffen, in die dann eine Funktion hineingepresst wird. Das ist letzten Endes der ewige Streit um das Problem Inhalt und Form, das nur durch ständige Wechselwirkung gelöst werden kann.

Zum Zweiten: Alle gesellschaftlichen und wirtschaftlichen Zustände finden in der Architektur ihren Niederschlag. Sie ist eng gebunden an die technisch-wissenschaftlichen Erkenntnisse ihrer Zeit und an die sich mit ihr entwickelnden Technologien und Materialien. Durch diese entstehen immer wieder neue Gesetzmäßigkeiten, von denen die Formen aller Dinge abhängen.

Und zum Dritten: Formen zu bilden, zu gestalten, gehört zweifellos in das Gebiet der Kunst, wenn auch ein Loos das nicht klar ausgesprochen haben wollte. Wenn die Aufgabenstellung, das heißt, die Funktion, klar fixiert und wenn die technisch-wissenschaftlichen Belange im Entwurf voll berücksichtigt sind, dann fängt die Gestaltung eines Hauses oder eines Raumes, das heißt, die Architektur, an. Sie kann auf hunderterlei Art und Weise behandelt werden. Die These »Was gut ist, ist auch schön« ist vielen »Funktionalisten« in die Schuhe geschoben, doch von den meisten abgelehnt worden. Auch ich bin vorsichtig mit dem Gebrauch des Wortes »Kunst«. Unzweifelhaft aber gibt es beim Menschen eine ästhetische Empfänglichkeit gegenüber seiner Umwelt, vor allem gegenüber der Architektur, die ständig auf ihn einwirkt. Sie löst Gefallen oder Missfallen, Freude oder Unlust, Harmonie oder Disharmonie, Ruhe oder Unruhe in den Menschen aus. Loos nannte das die »Wirkung auf die Nerven«. Das aber ist letzten Endes eine künstlerische Wirkung, und die Unterscheidung liegt nur noch im Wort. Er wählte diese Ausdrucksweise als Reaktion auf alles widerliche »Kunstgetue und Kunstgeschwätz«, wie er sich ausdrückte.

Die Architektur ist außerdem auch eng verbunden mit allen sozialen Problemen und unzweifelhaft die populärste Kunst. In den Genuss von Architektur, von Baukunst im weitesten Sinn, kommt

An der Kunstgewerbeschule, Wien 1919
(Margarete Lihotzky unten Mitte)

jeder Mensch, ob er will oder nicht. Jeder Mensch bewegt sich ununterbrochen in Räumen, und zwar (wenn wir die Natur ausnehmen) in von Menschen gestalteten Räumen, sei es auf Straßen und Plätzen oder in Innenräumen. In den Genuss von Literatur kommt nur, wer ein Buch liest oder ins Theater geht, in den Genuss von Malerei, wer in eine Ausstellung geht, von Musik, wer ins Konzert geht oder das Radio einschaltet, das heißt, nur derjenige, der will. Räume aber wirken, bewusst oder unbewusst, ständig auf das Lebensgefühl der Menschen ein. Diese können der Architektur gar nicht entrinnen, weder am Arbeitsplatz, noch in der Freizeit. Umso mehr Verantwortung trägt der Architekt auch als »Künstler«.

Diese Dreieinigkeit von ineinandergreifenden gesellschaftlich-sozialen, technisch-wissenschaftlichen und künstlerischen Problemen, das war es, was mich mit der Architektur schon damals verstandes- und gefühlsmäßig verband. Hätte ich nochmals zu wählen, ich würde wieder Architekt werden.

II. Zwischenspiel Holland

Im Herbst 1919 hatte ich meine Studien beendet.

Die Hungersnot nach dem Ersten Weltkrieg war in Wien auf ihrem Höhepunkt. Holland, das keinen Krieg hinter sich und eine ausgezeichnete Ernährungslage hatte, nahm Hunderte hungernder Wiener Kinder auf. Im Dezember 1919 hatte ich Gelegenheit, als Betreuerin eines Kindertransportes für einige Zeit nach Rotterdam zu fahren. Ich hatte mich viel mit den allerersten Arbeitergartenstädten, die auf genossenschaftlicher Basis in England und Holland gebaut worden waren, beschäftigt. So konnte mein Wunsch, einige von ihnen kennenzulernen, in Erfüllung gehen. Der Hunger in Wien war so groß, dass manche Kinder (sie sollten für drei Tage Proviant von zu Hause mitbekommen – wir fuhren über 60 Stunden) nur ein Stück Brot und einen Apfel besaßen. In Rotterdam angekommen, ging ich zu Fuß zur nahe gelegenen Wohnung der Familie, die mich aufnehmen sollte. Der Weg führte ausgerechnet durch eine Fleischerstraße. Ganze Mastochsen und Schweine hingen vor den Läden. Ungeahnte Welt! Heute noch sehe ich sie vor mir.

Vormittags erteilte ich Wiener Kindern, sechs- bis achtjährigen Mädchen, Zeichenunterricht. Das war für mich lehrreich, auch beruflich. Immer schon war ich überzeugt gewesen, dass jeder Mensch zeichnen lernen kann und dass der Zeichenunterricht bei Kindern vornehmlich ein Geistestraining sein soll, ein Mittel zum Zweck, nämlich durch Zeichnen Wissen zu vermitteln und umgekehrt, in Wechselwirkung, dem Kind durch Wissen eine so klare optische Vorstellung eines Gegenstandes zu geben, dass es diesen richtig und verständlich zu Papier bringen kann. Die Schulung der Konzentrationsfähigkeit ist dabei ein wichtiger pädagogischer Faktor. Das habe ich mit den Wiener Kindern in Holland erfolgreich praktiziert. Ich fing mit optisch leicht erfassbaren Gegenständen an. Zuerst mussten die Kinder den Gegenstand eingehend betrachten. Dann erklärte ich, warum eine Sache so und nicht anders aussieht, wozu sie dient, wie sie hergestellt wird, wie sie funktioniert usw. Ansehen und Erklären, beides erfolgte zwei-, drei-, auch manchmal viermal, bis das Kind aus dem Gedächtnis den Gegenstand zeichnerisch wiedergeben konnte. Und das klappte immer, und zwar bei allen Kindern ziemlich gleichmäßig; für mich der Beweis, dass Zeichnen und Darstellung der Umwelt viel mehr mit Erkennen, mit geistigem Erfassen als mit persönlich-individuellem Talent zu tun hat. Zum Beispiel: Wir hatten das Minimodell eines Krans in der Schule. Ich führte die Kinder in den Hafen und zeigte ihnen Kräne, erklärte, wie sie funktionierten, zeigte immer wieder das kleine Modell, das man bewegen konnte, drei-, viermal. Bei manchen ging das Erfassen schneller, bei manchen langsamer, aber schließlich zeichneten alle, ohne Ausnahme, so hübsche und für den Beschauer völlig verständliche Kräne, wie ich das bei sechs- bis achtjährigen Kindern nie für möglich gehalten hätte. Ein anderes Mal machte ich dasselbe mit den typisch holländischen Hausfassaden. Dieser Zeichenunterricht machte den Kindern sehr viel Spaß, eine wichtige Voraussetzung für die Leistung. Selbstverständlich muss neben der Beobachtungsgabe auch die eigene Phantasie des Kindes entwickelt werden. Beide müssen nebeneinander bestehen.

Nachmittags arbeitete ich im Büro eines Rotterdamer Architekten, ausschließlich damit betraut, selbstständig Entwürfe für Einfamilien-Reihenhäuser anzufertigen. Das war die allgemeine Wohnweise 1920 in Rotterdam, abgesehen von den Elendsquartieren, den Hafenslums. Der Bemittelte bewohnte ein größeres, der Ärmere ein kleineres Ein-, höchstens Zweifamilienhaus in einer Hauszeile. Nur ganz reiche Leute hatten eigene Villen.

In Holland kam ich das erste Mal mit den Problemen des Städtebaus in Berührung, eine Sparte der Architektur, die 1920 noch an keiner österreichischen Hochschule gelehrt wurde. Der größte holländische Architekt der damaligen Zeit, H.P. Berlage, berühmt durch den Bau der Amsterdamer Börse, kam regelmäßig nach Rotterdam, um Abendkurse über Städtebau zu halten. Bis dahin hatte ich nur an die Probleme des Wohnbaus gedacht. Durch die Kurse bei Berlage fing ich an zu begreifen, welche Konsequenzen der Städtebau für Wohl oder Wehe der Menschen haben kann. Erst mehr als zehn Jahre später konnte ich, durch meine Mitsprache bei den Plänen der neuen Städte in der Sowjetunion, manches verwerten, was ich in diesen Kursen von Berlage gelernt hatte.

Im Wohnungsbau waren die Holländer uns Österreichern damals weit voraus. Sie besaßen eine hohe, durch lange Tradition erworbene Wohnkultur. Als Seefahrervolk hatten sie viel vom Schiffsbau für den Wohnungsbau übernommen, beispielsweise kleine, kajütenartige Schlafräume, steile Treppen und anderes. Das war sparsam und ermöglichte mehr Platz für die Wohnräume. Dank solcher, für das holländische Volk selbstverständlichen Ökonomie hatten schon 1920 sehr viele Familien ein menschenwürdiges Dach über dem Kopf.

III. Die erste Hälfte der zwanziger Jahre in Wien

Grundlage – Ein Wettbewerb

23 Jahre alt, gekräftigt und von Tatendrang erfüllt, kehrte ich im Sommer 1920 nach Wien zurück. Zu dieser Zeit war ein Wettbewerb für eine große Kleingarten- und Siedlungsanlage auf dem Schafberg, einem schönen Gelände im Wienerwald, ausgeschrieben. Der Gartenarchitekt Alois Berger schlug mir vor, mich gemeinsam mit ihm daran zu beteiligen. Er wolle die Parzellenaufteilung, den Lageplan und die gärtnerische Gestaltung übernehmen, und ich solle die Bauten, von der kleinsten Gartenlaube bis zum Wohnhaus, Klub- und Werkstättengebäude etc. projektieren. Wir erhielten einen Preis, das Projekt wurde im Rathaus ausgestellt. Die Stadt Wien wurde auf mich aufmerksam.

Zwei Details sind für die damalige Zeit aufschlussreich: Als der Sekretär der Jury nach der Entscheidung die Briefumschläge mit den Kennworten öffnete, rief er erstaunt: »Da ist eine Frau unter den Teilnehmern!« Das war damals noch etwas Einmaliges, und die Juroren machten sich, bevor sie die Namen der Teilnehmer erfuhren, den Spaß, zu raten, welches Projekt von der Frau sein könnte. Alle tippten auf einen Vorschlag mit romantisch verzierten Bauten, kitschig gemalten Perspektiven und dem Kennwort »Zurück zur Natur«. Kein einziger kam auf den Gedanken, dass das Kennwort GLAB (Anfangsbuchstaben von Grete Lihotzky und Alois Berger) eine Frau verbarg. – Und das ist das zweite interessante Detail: Ich hatte als einzige unter den Teilnehmern alle Bauten, Hütten, Häuser und Gemeinschaftsgebäude in Holzbau mit normierten Baubestandteilen projektiert, und zwar nicht nur die Fenster und Türen, sondern auch die Wandelemente, Deckenbalken usw., um eine billige, rationale, industrielle Massenproduktion zu ermöglichen.

Keiner der beteiligten Männer hatte 1920 an normierte Bauteile gedacht. Alle Kleingartenhäuser sahen bei ihnen wie verkleinerte Villen wohlhabender Bürger aus. In dem Dokument über die Preiszuerteilung vom 9. September 1920 ist zu lesen:

»Der Hauptvorzug dieses Entwurfes liegt in den Baulichkeiten, welche in technischer und architektonischer Hinsicht die beste Lösung unter allen Wettbewerben darstellen. Die Hütten und Wohnmöglichkeiten sind in Grundriss und Aufriss sehr gut gelöst und es ist auf eine einfache und ökonomische Herstellungsmöglichkeit Rücksicht genommen.«

Aber keiner der Juroren hatte ausgerechnet der Frau die rationalste Lösung zugetraut.

Der städtische Wohnbau der ersten Hälfte der zwanziger Jahre

Baugeschichte

Man kann die Wiener Gemeindebauten der zwanziger Jahre nur dann richtig bewerten, wenn man den geschichtlichen Rahmen vor Augen hat, aus dem sie hervorgegangen sind.

Wien war zur Zeit der österreichisch-ungarischen Monarchie die Hauptstadt des größten Landes Europas, Russland ausgenommen. Im 18. Jahrhundert – zur Zeit Maria Theresias – gelangte Österreich-Ungarn zu seiner höchsten Machtentfaltung. Demzufolge war die Hauptstadt ihrer ursprünglichen städtebaulichen Konzeption nach eine ausgesprochen höfische Stadt. In jener Zeit entwickelte sich Wien zur Stadt des großen österreichischen Barocks, dessen berühmte Bauten heute noch Zehntausende Touristen anziehen. Um die Mitte des 19. Jahrhunderts wurden die Befestigungsanlagen geschleift, und 1867 begann man an ihrer Stelle mit dem Bau der Ringstraße, der Prachtstraße Wiens. Hier entstanden die großen öffentlichen Bauten, die Oper, das Rathaus, das Parlament usw. und die Wohnpaläste des wohlhabenden Bürgertums. Das Volk trat nicht in den Gesichtskreis.

Nach der so einflussreichen Zeit des Barocks kam nichts wirklich Großes mehr in der Architektur vor. Gewiss gab es um die Jahrhundertwende und auch noch später eine Reihe starker Architektenpersönlichkeiten in Wien, wie Camillo Sitte, Otto Wagner, Olbrich, Josef Hoffmann, Strnad, Loos und Josef Frank. Die meisten aber wurden in ihrer Heimatstadt nicht verstanden, ja, sogar oft boykottiert, und haben, außer Otto Wagner, das Gesicht unserer Stadt nicht wesentlich geprägt.

Industrialisierung und Wohnungselend

Die Industrialisierung setzte in Wien verhältnismäßig früh ein. Sie ging rapide vor sich und die Arbeiter strömten in Massen vom Land in die Stadt. In 30 Jahren, von 1840 bis 1870, hat sich die Stadtbevölkerung fast verdoppelt. War das Wohnungselend schon in der ersten Hälfte des 19. Jahrhunderts erschreckend (fast 100 Jahre vor Zille in Berlin hatte es der Wiener Volksdichter Johann Nestroy angeprangert), so stieg der Bedarf an Wohnungen zur Zeit der ersten Industrialisierung ins Gigantische. Nicht zufällig fiel diese Entwicklung mit der sogenannten Gründerzeit zusammen, in der Boden- und Bauspekulationen höchste Blüten trieben. Das Ergebnis war verheerend. 1869 wohnten 37 Prozent der Arbeiter bei Unternehmern als sogenannte Bettgeher. Nur für ein Bett, das oft abwechselnd benutzt wurde, zahlten sie bis zu 25 Prozent ihres Lohns. Solche Bettgeher gab es noch zu Anfang unseres Jahrhunderts. In der Schule, die ich besuchte, war das Wort ein geläufiger Begriff. 1907 zählte man über 66 000 Bettgeher in Wien und 22 Prozent aller Wiener Wohnungen beherbergten Untermieter oder Bettgeher.

Chaotisch entstanden zur Zeit der frühen Industrialisierung die großen Zinskasernen in den Arbeiterbezirken, jene Zinskasernen mit elenden Höfen ohne Licht und Luft, mit den berüchtigten Gangküchenwohnungen, mit für mehrere Familien gemeinsamen Aborten, mit Wasserzuführung nur am gemeinsamen Gang. Das Becken wurde »Bassena« genannt; das Wort kommt von Bassin. Auch heute heißen diese Wohnungen, von denen es noch zahlreiche gibt, »Bassenawohnungen«. Die Terrainausnutzung war bis zu 85 Prozent erlaubt!

Als Folge der schrecklichen Wohnungsverhältnisse nistete sich die Tuberkulose in Wien ein wie in kaum einer anderen Stadt Europas. Sie blieb *die* Volkskrankheit bis weit in die zwanziger Jahre unseres Jahrhunderts. 1912, kurz vor dem Ersten Weltkrieg, wurden in Wien 96 000 Menschen in Obdachlosenasyle eingewiesen, darunter 20 000 Kinder! Alles das muss man wissen, um den ganzen Komplex des Massenwohnbaus zwischen den beiden Weltkriegen in Wien zu verstehen und die damalige Leistung richtig zu bewerten.

Stadtanlage und Bevölkerungsstruktur

Wien ist eine klar angelegte Ringstadt mit drei Ringen und breiten Radialstraßen. Das alte Zentrum, das im 18. Jahrhundert vom Adel und von der Geistlichkeit sowie von Handwerkern, die diese beiden Stände belieferten, beherrscht war, hat die Struktur der höfischen Stadt lange beibehalten. Dieses Zentrum und über das Zentrum hinaus die Viertel um die Schlösser der Fürsten Schwarzenberg und des Prinz Eugen (Belvedere) sowie die Villenviertel an den schönen Hängen des Wienerwalds waren seit eh und je die Nobelbezirke der Stadt. Zwischen dem ersten Ring, der Ringstraße, und dem zweiten, dem »Gürtel«, siedelten sich Handel und Gewerbe an, also Bürger- und Kleinbürgertum. Außerhalb des »Gürtels« entstanden im Wesentlichen, wenn auch nicht ausschließlich, die Arbeiterviertel, die eine Welt für sich darstellten. Der dritte Gürtel bildete eine Trennung zur Flur und den Weingärten des Wienerwalds. Während des Kindertransportes 1919 nach Holland bin ich einer Reihe von Kindern aus Wiener Außenbezirken begegnet, die noch nie die Ringstraße oder die Stephanskirche zu Gesicht bekommen hatten.

Diese ausgeprägte, klassenmäßige Trennung der Wohngebiete war typisch für das damalige Wien. Auch die großen Gemeindebauten nach dem Ersten Weltkrieg haben die Trennung nur sehr wenig beeinflusst, denn es wurden davon in den Arbeiterbezirken viermal so viel wie im Innern der Stadt gebaut. Erst die Bombardierungen des Zweiten Weltkriegs haben die Bevölkerung etwas durcheinandergemischt, doch besteht die klassenmäßige Struktur der Stadt bis zu einem gewissen Grad auch heute noch.

Die Zeit des Ersten Weltkriegs

Das erschreckende Wohnungselend vor 1914 verschärfte sich durch den Krieg zusehends. Vier Jahre hindurch wurde nichts gebaut und nichts restauriert. Ausgelöst durch den Hungerwinter 1916/1917 und ermutigt durch die Russische Revolution, begann die Arbeiterschaft spontan gegen die Zustände zu revoltieren. Es kam 1917 und 1918 zu gewaltigen Streiks. Im Januar 1918 waren in Österreich-Ungarn 700 000 Arbeiter im Aufstand, davon ein ansehnlicher Teil in Wien. Es bildeten sich Arbeiter- und Soldatenräte, die große Autorität besaßen. Schon vor dem Krieg war die Sozialdemokratische Partei in Wien die stärkste Partei gewesen. Jetzt musste sie, die 1914 statt gegen den Krieg aufzutreten vor der monarchistischen Regierung kapituliert hatte, der revolutionären Situation Rechnung tragen.

Grundlagen des städtischen Wohnungsbaus

Österreich, das nach 1918 kurze Zeit eine sozialdemokratische Regierung hatte, erhielt die in den zwanziger Jahren fortschrittlichste Sozialgesetzgebung Europas, von der sich einiges bis heute erhalten hat. Die ersten Wahlen nach dem Krieg sicherten der Sozialdemokratie eine starke Mehrheit im Gemeinderat (Stadtverordnetenversammlung) der Stadt Wien, nicht aber in der Regierung.

Damit begann die Ära des »Roten Wien«, die unter dieser Bezeichnung bekannt geworden ist. 1922 verabschiedete die Stadt ein Mieterschutzgesetz, 1923 eine zweckgebundene und progressive Wohnbausteuer, die einzig und allein für die Schaffung von Wohnraum verwendet werden durfte. Die Profite der Bodenspekulanten, die Zinsengewinne der Banken – alles, was heutigentags die Wohnkosten zu einem Hauptfaktor der Teuerung in Wien macht, war durch Mieterschutz und Wohnbausteuer ausgeschaltet. Die Löhne waren 1924 niedriger als 1914. Eine noch so bescheidene Verzinsung des Baukapitals kam bei der Festlegung der Miete nicht in Frage. Die Mieten wurden völlig unabhängig von den Baukosten, nach den Möglichkeiten der Mieter, entsprechend dem Einkommen festgelegt. Mieterschutz und Wohnbausteuer öffneten so den Weg für den großen Aufschwung der Wohnbautätigkeit der Stadt Wien in den zwanziger Jahren.

Die Architekten standen bei der Projektierung von Wohnbauten vor ganz neuen Aufgaben. Nach 1918 war das Wohnungselend der Massen – nicht nur in Österreich, sondern auch in vielen anderen europäischen Ländern – derart angewachsen, dass es gesundheitlich und moralisch zur Gefahr für die ganze Bevölkerung wurde. So rasch wie möglich musste es wenigstens teilweise beseitigt werden. Das Recht aller, ein menschenwürdiges Dach über dem Kopf zu haben, ging die Allgemeinheit an, mit entsprechenden finanziellen Schlussfolgerungen. Überall stellte sich heraus, dass es mit privatem Kapital unmöglich war, den Volkswohnungsbau zu finanzieren, sollten die Mieten für die am schlechtesten Verdienenden tragbar sein. Nur durch mehr oder weniger umfassende Subventionierung aus öffentlichen Mitteln konnte die Wohnungsnot gemildert werden. Sogar Schweden, das nicht direkt in die Kriegsereignisse einbezogen worden war, ging diesen Weg in breitem Umfang. Und in Wien erfolgte die Finanzierung zur Gänze aus der öffentlichen Hand.

Das war für die Architekten eine völlig neuartige Aufgabe. Der Wohnbau-Architekt, der früher meistens Villen für reiche Leute baute, deren individuelle Bedürfnisse er durch direkten Kontakt feststellen und klären konnte, projektierte und baute nun für Menschen, die er nie gesehen hatte: für den anonymen Durchschnittsbewohner. Jetzt mussten sich die Auftraggeber, die öffentlichen Stellen, und ebenso die Architekten mit den Lebensgewohnheiten der Masse des Volkes auseinandersetzen und deren Wohnbedürfnisse erforschen. Das war etwas Neues, das die Tätigkeit der Wohnungsreformer, der Städte- und Wohnungsplaner der zwanziger Jahre, einerlei in welchem europäischen Land sie arbeiteten, kennzeichnete. Dieser Umstand war übrigens eine der Ursachen, die zur Gründung internationaler Vereinigungen, wie des Verbandes für Wohnungs- und Städtebau oder der CIAM (Congrès International d'Architecture Moderne), führten.

Die Wohnbautätigkeit der Stadt Wien in den zwanziger Jahren war durch zwei Tendenzen gekennzeichnet: erstens den Flachbau in Form großer Siedlungen mit zweigeschoßigen Einfamilien-Reihenhäusern und den dazugehörigen, etwa 500 m² großen Gärten, und zweitens den Bau großer Wohnbau-Komplexe mit Etagenwohnungen und zentralen sozialen Einrichtungen.

Persönlichkeiten der Siedlerbewegung

Bevor ich aber zur eigentlichen Wohnbautätigkeit der Stadt Wien komme, schalte ich einen langen Exkurs über Männer ein, derer in diesem Zusammenhang gedacht werden muss: Ermers, Loos und andere.

Max Ermers

Ich kann nur jedem jungen Architekten raten, sich so viel wie möglich an Wettbewerben zu beteiligen. Ich erhielt den Preis für einen Kleingartenwettbewerb auf dem Schafberg, und dadurch wurde meine ganze Laufbahn für Jahrzehnte bestimmt.

Das kam so: Als ich mir meinen Preis beim Sekretär der österreichischen Gartenbaugesellschaft, die neben der Gemeinde Wien Ausschreiber des Wettbewerbs war, abholte, fragte er mich: »Kennen Sie den Dr. Ermers?« Ich hatte keine Ahnung von der Existenz eines Dr. Ermers. »Er ist der Leiter des Siedlungsamts der Stadt Wien. Jetzt werden bald große Gartenstädte gebaut. Da sollten Sie mitarbeiten.«

Und so pilgerte ich eines Tages, eine große Mappe voller Zeichnungen unter dem Arm, zu besagtem Dr. Ermers. Am Fuße eines

Basteigemäuers lag ein uraltes Gebäude, das einst die glorreiche erste Secessionsausstellung beherbergt hatte. Am Ende eines langen Ganges fand ich eine schmale Tür, an der eine kleine Papptafel hing: »Siedlungsamt der Gemeinde Wien«. Es existierte aber damals noch gar kein Siedlungsamt der Gemeinde Wien, und irgendwer entfernte das Taferl alle paar Tage. Ermers, der hinter der Tür arbeitete, brachte immer wieder ein neues an. Ich erwähne das, weil es zeigt, wie improvisiert alles begann.

Ermers war seinem Studium nach Kunsthistoriker, außerdem ein gründlicher Kenner der englischen, holländischen und deutschen Gartenstädte. Als solchen holte ihn der Gemeinderat Scheu in die Stadtverwaltung.

Mit ungeheurem Elan packte er seine Tätigkeit an. Als ich das erste Mal zu ihm kam, stand er noch völlig allein. Nicht einmal eine Sekretärin hatte er. Ermers war genau der richtige Mann, eine neue Sache anzukurbeln. Er war der Motor, der alles in Bewegung brachte. Abends sprach er mit Kleingärtnern oder Siedlern und tagsüber arbeitete er im »Amt«, um den Vereinigungen Grund und Boden, Kredite oder Baustoffe zu verschaffen. Seiner Lebensweise nach war er ein noch größerer Bohemien als Loos und passte in eine Verwaltung wie die Faust aufs Auge. Ein dreiviertel Jahr arbeitete er Tag und Nacht für die Siedler. Er veranlasste Adolf Loos, sich der Siedlerbewegung zur Verfügung zu stellen, und brachte Dr. Hans Kampffmeyer, der die erste große deutsche Gartenstadt in Karlsruhe organisiert hatte, nach Wien. Als Nachfolger von Ermers leitete Kampffmeyer später zehn Jahre lang das Siedlungsamt der Stadt Wien, jenes Siedlungsamt, in dem dann Loos Chefarchitekt wurde. In einer Aufbruchstimmung, wie sie nach dem Ersten Weltkrieg herrschte, sind solche vorwärtsstürmenden, ankurbelnden Menschen, die jederzeit improvisieren können, unbedingt nötig.

Schließlich zerstritt sich Ermers mit dem Stadtrat.

Im Herbst 1921 verbrachte ich einen Urlaub in Südtirol. Auf einem Spaziergang sah ich einen Mann auf dem Bahngeleise liegen. Bestürzt eilte ich hin in dem Glauben, es sei ein Selbstmörder. Aber der »Selbstmörder« stand vergnügt auf und eilte auf mich zu. Es war Ermers. Er teilte mir mit, dass seine Arbeit bei der Stadtverwaltung endgültig beendet sei. Bis zu seinem Lebensende war ich mit ihm befreundet.

Ermers war außerdem ein glänzender Journalist. Er arbeitete später in der Redaktion einer Tageszeitung, doch in der Krise der dreißiger Jahre ging es ihm so schlecht, dass er nicht einmal genug Geld hatte, um für das einzige Zimmer, das er mit seinem Töchterchen bewohnte, Heizmaterial zu kaufen. 1938 musste er emigrieren. Er ging nach England. Dort schrieb er nach 1945 ein Buch mit dem Titel: *Allen gehört die Erde*, einen leidenschaftlichen Aufruf zu einem engeren Zusammenschluss der Menschheit. Das Buch ist 1950 in Wien erschienen und befindet sich heute noch in meinem Besitz. Ich glaube, es war 1949, als er, voller Pläne für die Zukunft, nach Wien zurückkehrte. Ich sah ihn häufig, doch ereilte ihn bald nach seiner Rückkehr auf der Straße ein plötzlicher Tod.

Max Ermers war einer der vielen Österreicher, deren Begabung, Bildung, Kenntnisse und menschliche Qualitäten im eigenen Land nie richtig zur Geltung kamen. Ein über 60 Jahre währendes Leben, und nur ein dreiviertel Jahr Tätigkeit, in dem sein Wissen für unser Land voll genutzt wurde und das ihn selbst ganz erfüllte – ein österreichisches Schicksal!

Adolf Loos

Ein anderer mit der Siedlerbewegung eng verbundener Mann war Adolf Loos.

Die Wiener wussten nichts von ihm bis zum Bau des großen Geschäfts- und Wohnhauses am Michaelerplatz. Die glatte Fassade inmitten der von Barockarchitektur durchtränkten Innenstadt erregte die Gemüter bis zum Oberhaupt der österreichisch-ungarischen Monarchie, dem Kaiser Franz Josef, der erklärte, er könne nicht mehr aus den Fenstern seiner Hofburg hinausschauen, weil ein gewisser Herr Loos ihm dieses Haus hingestellt habe.

Auch in meiner Familie wurde darüber diskutiert. Mein Großvater, Direktor der ersten Wiener Baugesellschaft und eine große Autorität für mich, verdammte dieses Haus in Grund und Boden. Damals war ich dreizehn Jahre alt. Der Name Loos entschwand später völlig aus meinem Gedächtnis.

Erst während meiner Studienzeit tauchte er für mich wieder auf, jedoch sporadisch und in sehr verschwommener Weise. Als Lehrer war Loos an keiner Hochschule zugelassen. Ich wusste nur, dass er Vorträge über die verschiedensten Fragen hielt. Beispielsweise: Wie sollen wir sitzen? Wie sollen wir essen? Wie sollen wir uns kleiden? Und dergleichen mehr. In diese Vorträge ging eine bestimmte Schicht der Gesellschaft, zu der ich nicht gehörte. Sie fanden bei Frau Dr. Eugenie Schwarzwald statt, die eine ziemlich fortschrittliche Schule für Kinder vermögender Eltern unterhielt. Das stieß mich ab. Ich hielt alles, was dort vorging, nicht für echt modern, sondern nur für vorübergehend modisch und vor allem für unsozial. Deshalb war ich nie in einem Vortrag von Loos. Ich hatte noch nicht begriffen, dass Bauen und Gestalten von Wohnungen und in letzter Konsequenz Essen, Sichkleiden, Sichausruhen, Sichbewegen körperliches und geistiges Wohlbefinden bedeuten.

Als ich im Herbst 1920 mit meinen Arbeiten ins Siedlungsamt kam, sagte Ermers: »Sie müssen unbedingt Loos kennenlernen und mit ihm für die neuen Siedlungen arbeiten.« Mit derselben Mappe Zeichnungen unterm Arm ging ich einige Tage später wieder ins Siedlungsamt. Im Zimmer von Ermers saß ein eleganter Herr mit feingeschnittenem Kopf, im Profil zu sehen, einen silbernen Stift in der Hand, und skizzierte. Es war Adolf Loos! An jenem Tag wurde vereinbart, dass ich mit ihm für die neuen Siedlungen arbeiten solle.

Loos war als junger Mensch lange in England und Amerika gewesen. London betrachtete er als Mittelpunkt der damaligen Kultur. In etwas naiver und höchst begeisterter Weise bewunderte er angelsächsische Wohnformen, denen die holländischen fast gleich waren. Ständig hielt er den Österreichern diese Wohnformen als Vorbild vor Augen. Ich bin sicher, dass bei seiner raschen Zusage, ich solle mit ihm für die Siedlungen arbeiten, meine Tätigkeit in Holland eine Rolle spielte. In meinem Zeugnis, das ich noch heute besitze, schrieb er, von seiner Bewunderung für englisches und holländisches Wohnen beseelt: »... Sie hat sich reiche Kenntnisse im Ausland erworben.« Vier Monate Arbeit bei einem holländischen Architekten und »reiche Kenntnisse«! Solch bedingungslose Bejahung (oder Verneinung) konnte man bei ihm häufig beobachten. Sie waren Stärke und Schwäche zugleich. Sie machten ihn der Jugend ähnlich und brachten ihn ihr nahe. Nie betrachtete ich Loos, den damals 50-Jährigen, der mein Vater sein konnte, als Chef, ja nicht einmal als verehrungswürdigen Lehrer und Meister. Er war mir ein älterer Mensch der eigenen Generation, mit dem ich kameradschaftlich diskutierte wie mit einem Gleichaltrigen und dessen Argumente ich offen bejahte oder verneinte. Nie erlag ich seiner starken Persönlichkeit. War ich mit seiner Meinung nicht einverstanden, sagte ich es ihm freimütig. Er nahm es nicht übel. Im Gegenteil, solche Gespräche machten ihm offenbar Spaß. Für mich aber waren sie unerschöpfliche Quelle des Nachdenkens. Gleichzeitig halfen sie mir, loszukommen vom rein Handwerklichen und etwas Spielerischen, das ich an der Kunstgewerbeschule eingeatmet hatte. Ich sah damals wohl das Zukunftweisende Loos'scher Gedanken, aber die weltweite Bedeutung seiner Architektur habe ich erst viel später, als ich schon lange nicht mehr mit ihm arbeitete, begriffen.

Loos hatte sich dem Siedlungsamt 1920 als freiwilliger Mitarbeiter zur Verfügung gestellt. Die allgemeine Aufbruchstimmung, die 1918 gleich nach dem Ersten Weltkrieg in Österreich herrschte, hatte auch ihn erfasst.

Die ersten Siedler in Wien waren die Kriegsinvaliden. Sie erhielten Baugrund im schönen Lainzer Tiergarten, wo sie ein Baubüro unterhielten, dessen Leiter kein Geringerer als Loos wurde. Aber wen leitete er? Außer mir war nur noch ein Bautechniker da. Hier wurde ich das erste Mal Mitarbeiterin von Loos, hier begann meine Freundschaft mit ihm.

Zum Unterschied von vielen anderen Architekten hat Loos die Bedeutung der Siedlerbewegung sofort erkannt. Diese Bewegung imponierte ihm. Das erste Mal in seinem Leben lernte er Solidarität, Aufopferung, kurz: die ganze Kraft einer Massenbewegung kennen. Das beeindruckte ihn tief. Am Tage einer Demonstration der Siedler, bei der diese Grund und Boden, Baumaterial und Subventionen forderten, erschien ein Artikel von Loos in einer Wiener Tageszeitung. Darin hieß es: »Die neue Bewegung, die so viele Bewohner dieser Stadt erfasst hat, die Siedlerbewegung, verlangt auch neue Menschen.« Und der Artikel schloss mit den Worten: »Hut ab vor den Siedlern.« Ich stand neben dem begeisterten Loos auf einer Tribüne vor dem Parlament an der Wiener Ringstraße. Die Siedler

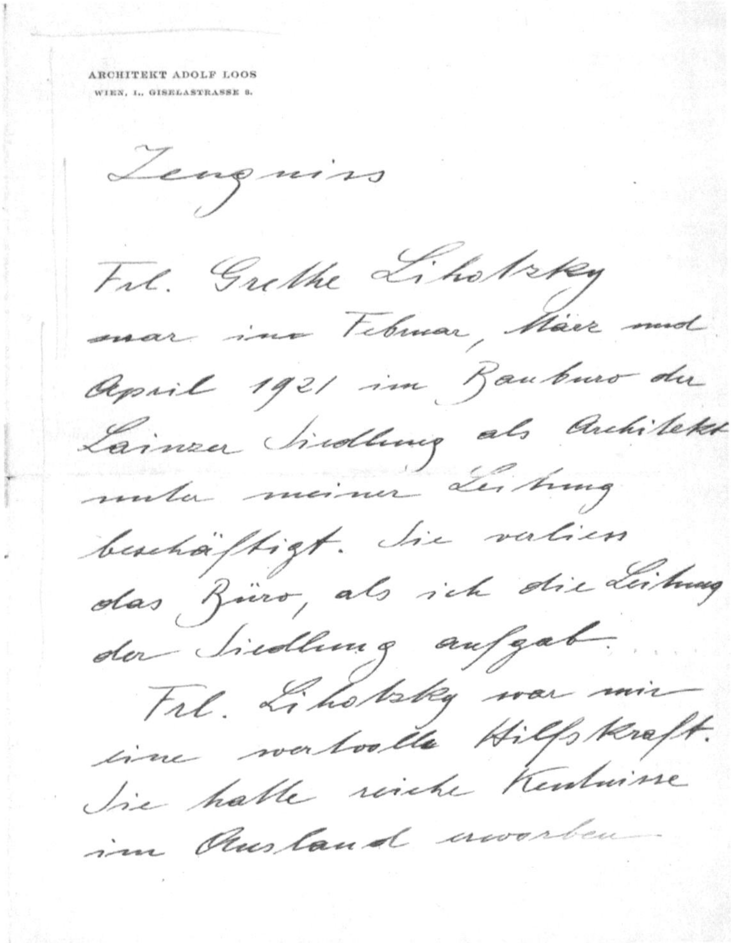

ARCHITEKT ADOLF LOOS
WIEN, I., GISELASTRASSE 3.

Zeugniss

Frl. Grethe Lihotzky war im Februar, März und April 1921 im Baubüro der Lainzer Siedlung als Architekt unter meiner Leitung beschäftigt. Sie verliess das Büro, als ich die Leitung der Siedlung aufgab.

Frl. Lihotzky war mir eine wertvolle Hilfskraft. Sie hatte reiche Kenntnisse im Ausland erworben

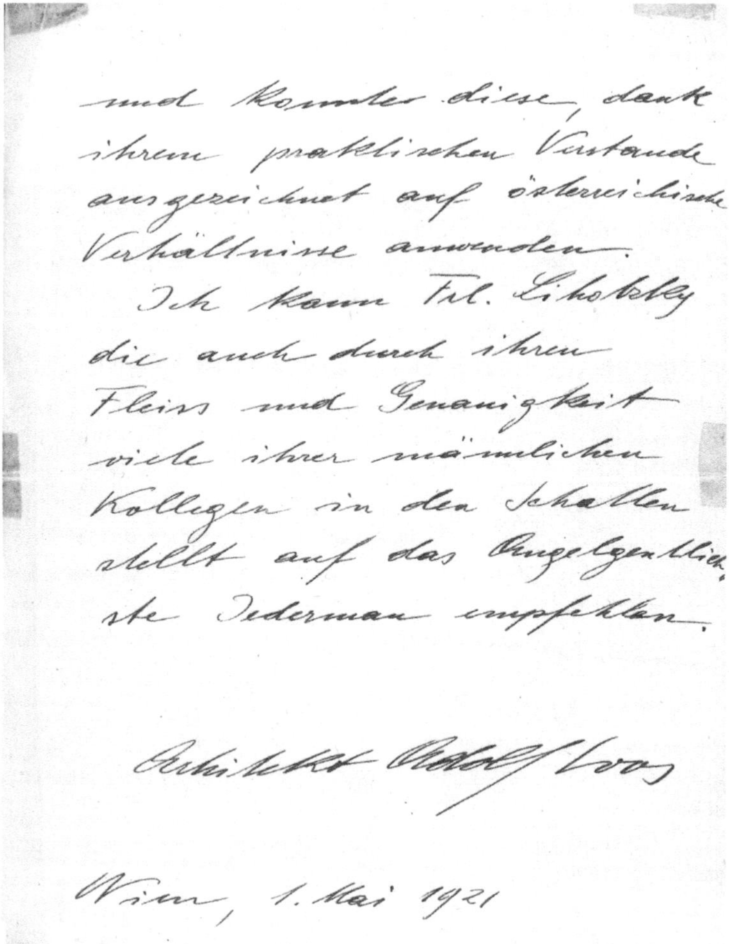

und Künstler diese, dank ihrem praktischen Verstande ausgezeichnet auf österreichische Verhältnisse anwenden.

Ich kann Frl. Lihotzky die auch durch ihren Fleiss und Genauigkeit viele ihrer männlichen Kollegen in den Schatten stellt auf das Angelegentlichste Jederman empfehlen.

Architekt Adolf Loos

Wien, 1. Mai 1921

Zeugnis, ausgestellt von Adolf Loos
Wien 1921

zogen in Scharen an uns vorbei. Abgeordnete aller Richtungen standen auf der Tribüne. Keine der Parteien konnte und wollte sich dem Druck von unten entziehen. Der Loos'sche Artikel an jenem Tag und besonders sein Schluss beweisen, wie sehr sein Verfasser die Kraft dieser Massenbewegung der Wiener Arbeiter bewunderte, die für die Beseitigung ihres Wohnungselends so konsequent kämpften und dafür auch große Opfer brachten.

Unsere Zusammenarbeit für die Siedlung im Lainzer Tiergarten fand leider sehr bald ein unerwartetes Ende. Die Kriegsinvaliden im Vorstand der Genossenschaft waren in finanziellen Fragen unerfahrene Leute und bekamen plötzlich Angst vor der Höhe der Baukosten. In einer Nachtsitzung beschlossen sie, das Projektbüro aufzulösen, und am nächsten Morgen fanden wir an unseren Arbeitsplätzen Kündigungszettel. Das wirbelte bei der Gemeindeverwaltung einigen Staub auf. Loos wurde sofort Leiter des Projektbüros beim Siedlungsamt der Stadt Wien, und ich wurde dazu bestimmt, in dem gerade in Gründung begriffenen Baubüro des Österreichischen Verbandes der Siedler und Kleingärtner zu arbeiten. So kam es, dass nach einem halben Jahr Projektierungsarbeit nur vier kleine Reihenhäuser gebaut wurden. Sie stehen heute noch im Lainzer Tiergarten und zeichnen sich im Inneren durch besondere Wohnlichkeit und Schönheit in Belichtung und Proportion aus. Außen jedoch sind sie durch Umbauten bis zur Unkenntlichkeit verändert.

Wieder hatte ich mit Loos durch meine Arbeit im Siedlerverband viel zu tun. Wir saßen häufig im Rathauskeller zusammen beim Mittagessen. So ergab sich viel Zeit und Gelegenheit zu Gesprächen außerhalb der Arbeitsstunden.

Oft zeichnete ich Perspektiven für ihn und kam in die Wohnung, die nur aus einem Wohnraum und einem Schlafzimmer bestand, das nie ein Besucher betreten durfte. Immer öffnete mir die Haushälterin Mizzi die Türe. Hinter ihr stand Loos, der mir Mizzi jedes Mal mit Lobeshymnen über ihre Kochkunst vorstellte. Ein einziges Mal traf ich in dieser Wohnung seine Frau. Es war die dritte seiner vier Ehefrauen, die Tänzerin Elsie Altmann. Sie schien mir sehr jung, sehr schön und ziemlich nichtssagend. Über ein paar höfliche Begrüßungs- und Abschiedsworte kamen wir nicht hinaus. Loos und ich hockten auf dem Fußboden und besprachen Pläne, für die auf dem

Esstisch im gleichen Raum kein Platz war. Es war ein Vorschlag für das Terrassen-Hotel Babylon.

Loos erzählte gern. Er sprach sehr leise, eine Seltenheit bei einem Schwerhörigen. Einmal berichtete er, immer noch voll Staunen, von einer Jahre zurückliegenden Begebenheit. »Denken Sie nur«, sagte er etwas geheimnisvoll, »da komme ich eines Tages zufällig in ein altes, sehr schönes Wiener Haus. Gleich spüre ich, an diesem Haus muss irgendetwas von Otto Wagner sein. Vielleicht sind es die Proportionen! Ich weiß nicht, was. Vielleicht hat er daran nur etwas restauriert? Ich wunderte mich sehr, denn es war ein ganz gewöhnliches, altes Wiener Haus. Als ich Otto Wagner das nächste Mal sah, fragte ich ihn: ›Sagen Sie, haben Sie nicht einmal dort und dort ein Haus gebaut oder umgebaut?‹ ›Nein‹, antwortete er, ›aber welche Nummer hatte denn dieses Haus in der Gasse?‹ Ich nannte die Nummer. Erstaunt rief er aus: ›Wie merkwürdig! In diesem Haus habe ich bis zu meinem zwölften Jahr gewohnt!‹« Loos freute sich unbändig, dass man nach den Werken eines Architekten das Haus erkennen kann, in dem dieser als Kind gelebt hat. »Da sehen Sie, welchen Einfluss die räumliche Umgebung, die wir Architekten schaffen, auf ein Kind und sein späteres Leben haben kann. Unsere Arbeit hat ja doch einen Sinn.« Loos hatte einem seiner Bücher den Titel *Ins Leere gesprochen* gegeben, denn er hielt nicht allzu viel vom Einfluss des Wortes auf Menschen. Diese Begebenheit aber machte mich glücklich, weil sie bewies, dass man zwar ins Leere sprechen kann, doch niemals ins Leere baut. Gewiss gehörten die so empfindsamen Nerven, die ganze Sensibilität eines Loos dazu, an einem Haus den Zusammenhang zwischen dem Architekturerlebnis des Kindes Otto Wagner und den Bauten des Mannes Otto Wagner herauszufühlen. Doch ist es sicher kein Zufall, dass viele der Großen in der Kunst in den schönsten Häusern aufgewachsen sind, wie Goethe, Chopin und andere.

Seine Vorträge machten, dass Loos von vielen nur als geistreicher Ästhet angesehen wurde, und bei manchen besteht heute noch diese Vorstellung. Das ist jedoch eine sehr oberflächliche Betrachtungsweise, gefördert durch die vielen Loos-Anekdoten, richtige und falsche, die in Wien in Umlauf waren. Loos war vor allem Baumeister, ein echter »Meister des Bauens«, der nur im Kubus, niemals in der Fläche dachte und empfand. Niemals blieb er am Papier kleben. Aus diesem Grunde waren ihm zu gute Zeichner immer suspekt, denn gut zeichnen können und kubisch empfinden sind zwei grundverschiedene Dinge. Loos selbst konnte nicht zeichnen, das ist bekannt. Aber ich glaube, er wollte es auch nicht, er hatte Angst vor routinierter Perfektion. Natürlich konnte er seine kubischen Vorstellungen anderen mitteilen – das weiß ich aus eigener Erfahrung –, indem er skizzierte, wie man schreibt, und der andere verstand, wenn er auch kubisch dachte – so wie etwa bei der Schrift, bei der nach Vereinbarung ein A eben ein A und ein B eben ein B ist. Dadurch lernte man bei ihm vom Papier loszukommen, lernte, dass die schönsten perspektivischen Bilder noch lange nicht gute Architektur bedeuten, ja sogar eine Gefahr sein können.

Loos war Architekt durch und durch, unaufhörlich, wo er ging und stand. Raumempfinden kann man ja nicht einfach abschalten. Maße und Proportionen waren für ihn alles. Er hatte sie sozusagen im kleinen Finger und immer gegenwärtig. Dazu wollte er auch jeden jungen Menschen erziehen. Er liebte es, sich mit jungen Leuten zu umgeben, denn sein Architektentum war immer auch Erziehertum. Nicht etwa Belehrung mit erhobenem Zeigefinger, sondern leidenschaftliche Weitergabe eigener Überzeugung für künftige Entwicklungen.

Was Maße betrifft: Loos war ein erbitterter Gegner des Stechzirkels. Viele wissen vielleicht heute nicht mehr, was das ist. Es ist ein Zirkel mit zwei Spitzen, mit dem man zum Zweck der Zeitersparnis Maße vervielfältigen oder teilen kann. Dabei muss man Maße nicht mehr errechnen. Und genau das war für Loos das Verwerfliche beim Arbeiten mit dem Stechzirkel. Bei ihm durfte es nichts Zufälliges geben, nur bewusste, ja mathematisch bestimmte Gestaltung. Der Stechzirkel war in seinen Augen ein Hemmschuh, räumlich zu denken.

Ebenso intensiv wie sein Verhältnis zum Maß war auch sein Verhältnis zu Material und Handwerk. Er hasste alles, was einem Material oder der Herstellungsweise eines Gegenstandes widersprach. Solchen Widerspruch empfand er als Lüge, somit als etwas Sündhaftes. Er hatte ein ganz seltenes Gefühl für Material. Voll Stolz erzählte er immer wieder, wie es ihm mit den Marmorplatten erging, als er das Café Capua in Wien einrichtete. Wände und Fußböden wurden mit wertvollen Platten verkleidet. Dafür ließ Loos einen Block aus Griechenland kommen. Er hatte den Block selbst ausgewählt und so genau berechnet, dass ihm bei der Durchführung der Bauarbeiten kein Stück fehlte, aber auch kein winziges Stück übrigblieb! Solche Ehrfurcht vor dem Material habe ich nicht erst von Loos gelernt. Schon in der Schule bei Strnad wurde uns nicht nur Wertschätzung, sondern auch vor allem Fingerspitzengefühl für die Schönheiten des Materials, mit dem der Architekt arbeiten muss, als Grundlage aller Formen eingeimpft, einerlei, ob es sich um Stein, Holz, Glas oder Metall handelte. Es ist unzweifelhaft, dass Loos und Strnad sich in ihren Gedanken nahestanden. Inwieweit der um neun Jahre jüngere Strnad direkt von Loos'schen Vorstellungen beeinflusst war, ist heute schwer festzustellen. Vielleicht lagen solche Gedanken in Wien zur Nach-Secessionszeit in der Luft. Mit Bedauern sehe ich heute, dass viele Architekturstudenten und junge Architekten solches Materialgefühl nicht mehr kennen. Offenbar wird es ihnen nicht anerzogen. Warum das so ist? Möglich, dass die vielen neuen Kunststoffe und Herstellungsmethoden Schuld daran haben. Diese Frage genauer zu untersuchen wäre der Sache wert.

Zutiefst war Loos davon überzeugt, dass Kultur und damit auch die Architektur aus dem Gesellschaftlichen erwächst und auf die Entwicklung und Bildung – Bildung im weitesten Sinn – jedes einzelnen Menschen rückwirkt. Irgendwo schrieb er: »Der moderne Geist ist ein sozialer Geist und der antisoziale Geist ist ein unmoderner Geist.«* Gedanken dieser Art äußerte er oft. An anderer Stelle: »Ich lebe vielleicht im Jahre 1908, mein Nachbar aber lebt um 1900 und der dort im Jahre 1880. Es ist ein Unglück für einen Staat, wenn sich die Kultur seiner Einwohner auf einen so großen Zeitraum verteilt. Die Nachzügler verlangsamen die kulturelle Entwicklung der Völker und der Menschen ...« Er aber wollte zu denen gehören, die die kulturelle Entwicklung vorantreiben. In welchem Ausmaß ihm das in Bezug auf die Architektur in den 50 Jahren nach seinem Tod gelingen sollte, ahnte er, trotz aller Überzeugtheit, nicht.

Loos schrieb 1908 seine berühmte Arbeit *Ornament und Verbrechen*, die so viel Staub aufwirbelte. Damals schon setzte er sich mit gesellschaftlichen Fragen auseinander. Immer wieder meinte er mir gegenüber, wir bräuchten keine Ornamente, die wir Beethoven hören und in die Oper gehen können. Aber der kleine, arme Schuster, der keine Mittel habe, um zu den kulturellen Höhen des Daseins zu gelangen, der müsse Löcher in die Schuhe stanzen, der brauche das Ornamentieren. Für ihn und sein Leben bedeute das jene Schönheit, die er sich anderswo nicht verschaffen könne. Ihm, dem armen Handwerker, vergab er die Sünde sinnloser Verzierung, die Sünde, das wunderbare Material Leder barbarisch zu durchlöchern.

Heute gibt es unzählige Loos-Verehrer unter den jungen Menschen, was manche von ihnen nicht hindert, zurückzublicken statt nach vorne, zurück in die zweite Hälfte des 19. Jahrhunderts mit den auf die Fassaden aufgeklebten Ornamenten. Loos war ein einziger Protest gegen verlogene, unorganische und unfunktionelle äußere Formen, die nicht mehr direkt dem Handwerk entspringen und gleichzeitig noch nicht die Gesetzlichkeit industrieller Herstellung ausdrücken. Diese Jungen sehen nicht den Widerspruch in ihrem Verhalten, einerseits Loos zu bewundern, sich selbst aber gleichzeitig in die Vergangenheit zu flüchten und sich etwa eine Petroleumlampe mit elektrischer Glühbirne in ihrem Zimmer aufzustellen und sich nicht den Architektur- und Bauproblemen unserer eigenen Zeit zu stellen. Aus seinem Hass gegen alles Ornamentieren wurde Loos der größte Gegner der Wiener Werkstätte mit ihrem manierierten Kunstgewerbe und damit zum erbitterten Gegner Josef Hoffmanns, dem Begründer und Leiter der Wiener Werkstätte. Das Ornamentieren bei Hoffmann ging so weit, dass sogar die Schraffur der Mauern im Grundriss oder Fassadenschatten im Aufriss wie beabsichtigte Ornamente wirken. Und seine Stellung gegenüber den Schülerinnen? Mädchen konnten sich bei ihm, wie schon gesagt, nur in die Mode- oder Textilklasse einschreiben lassen! Ein Architekturstudium war bei ihm für Mädchen unmöglich.

Wie anders dachte doch der genau gleichaltrige Loos (Hoffmann war auch 1870 geboren) über die Stellung der Frau. In einem Essay, betitelt *Kurze Haare*, schrieb er 1928: »... Drehen wir die Frage um. Fragen wir die Frauen, was sie zu kurzen Haaren der Männer sagen. ... In Zürich hat der Leiter eines Krankenhauses eine Wärterin entlassen, weil sie sich die Haare schneiden ließ. Wäre es möglich, dass eine Frau als Leiterin eine männliche Hilfskraft aus diesem Grunde entlassen würde? Weshalb aber lange Haare weiblich und kurze männlich sein sollen – darüber mögen sich die alten Weiber unter den Männern den leeren Kopf zerbrechen. Den Frauen vorschreiben zu wollen, sie müssten ihre Haare lang tragen, da das lange Haar Lustgefühle erzeuge und die Frauen nur dazu da sind, diese erotische Spannung zu verschaffen – das ist eine Frechheit …« Wie vorausschauend und menschlich gerecht dachte doch Loos in Fragen auch außerhalb der Architektur, gegenüber dem reaktionären Hoffmann.

An der Wiener Werkstätte verdammte Loos alles Modische und Versnobte. Dabei zog er manchmal auch gegen die reichen Juden zu Feld. Einmal sagte er mir: »Stellen Sie sich vor, Sie kommen in ein Zimmer. Die Vorhänge sind aus einem Wiener-Werkstätten-Stoff, die Tapeten stammen aus der Wiener Werkstätte, der Fauteuil ist mit einem gemusterten Rips der Wiener Werkstätte überzogen, darauf sitzt eine Dame in einem Kleid aus Wiener-Werkstätten-Stoff und liest ein Buch mit einem Lederumschlag aus der Wiener Werkstätte. Welcher Konfession ist diese Dame?« Ich empört: »Aber Herr Loos, wie können Sie nur solche antisemitischen Äußerungen machen? Ihre Frau ist Jüdin, ihre besten Freunde sind Juden, Peter Altenberg, Karl Kraus und andere.« Darauf er: »Karl Kraus? Karl Kraus ist kein Jude. Karl Kraus ist ein Weltmann!« Auf solche Worte konnte man in ihrer Widersprüchlichkeit kaum eine Antwort finden. Loos war selbstverständlich kein Antisemit, hätte er die Nazizeit erlebt, nie hätte er so gesprochen. Aber er geißelte mit dieser Erzählung ganz bewusst nicht nur die Wiener Werkstätte, sondern auch gewisse Lebensformen der jüdischen Bourgeoisie in Wien, genau so, wie das auch sein Freund Karl Kraus tat.

Manchmal war Loos von einer geradezu kindlichen Eitelkeit, die so krass war, dass sie fast naiv und rührend wirkte. Durch das völlige Unverständnis, dem er in Wien bei den meisten Menschen, insbesondere im Rathaus, begegnete, lebte er ständig in dem Gefühl, er renne mit dem Kopf gegen eine Wand. Er saß im Siedlungsamt in einem Raum mit vielen Zeichentischen. Nicht einmal ein eigenes Zimmer hatte man ihm als »Chefarchitekten« gegeben. Als ich ihn wieder einmal dort aufsuchte, hatte er einen hohen Pack Pläne zur Begutachtung vor sich. Er zerrte eine Pause daraus hervor und sagte verärgert: »Schauen Sie sich doch diesen Unsinn an.

Bei allen Grundrissen gehen die Treppen aus dem kleinen, kalten Eingangsflur hinauf in die Schlafzimmer. Diese Treppen zerreißen das Familienleben. Die Stiege muss aus dem Wohnraum in das obere Stockwerk führen. Damit erst wird das zweigeschoßige Siedlerhaus zu einem zusammenhängenden Wohnorganismus.« Ich aber meinte: »Erstens steigt damit die ganze Wärme zuerst in die oberen Räume und unten bleibt es kalt. Unsere Siedler haben nicht genug Geld, um so viel Brennstoff zu verbrauchen.« Ich wollte ihn außerdem provozieren und fügte hinzu: »Wieso machen denn dann die Engländer in den kleinen Häusern ihrer Gartenstädte die Stiegen immer aus dem Flur und nicht aus dem Wohnraum? Nur in den Häusern der Reichen gibt es eine ›Hall‹ mit der Treppe nach oben.« Darauf Loos leise, ernst, wichtig und voll seines ganzen Charmes: »Ja, wissen Sie, warum die Engländer das nicht machen? Nur deshalb, weil ich nicht dort bin. Denn wenn ich dort wäre, und ich würde den Engländern das nur ein einziges Mal erklären, sie würden es sofort verstehen und auch so machen. Aber hier kann man ja 20 Jahre predigen und die Leute begreifen es nicht.« Ich war entwaffnet.

Voll Vergnügen zeigte mir Loos einige Häuser, die er gebaut hatte. Schon vorher erklärte er mir die Grundrisse, Proportionen und was seine Absicht war, als er sie sich ausdachte – warum sie gerade so und nicht anders geworden sind. Immer hatte er vor der Planung eine präzise Vorstellung, ein grundsätzliches Konzept genau im Kopf, auf das sich sein Entwurf stützte. Als Beispiel hiefür kann das Haus Scheu in seiner außerordentlichen Klarheit und Konsequenz gelten. »Eigentlich ist das Haus ein Würfel«, erklärte mir Loos, bevor wir hineingingen, »ein Würfel, der sowohl horizontal als auch vertikal in drei Teile geteilt ist. Die horizontale Teilung ergibt die drei Geschoße mit den Terrassen, die vertikale den abgestuften Würfel mit eben denselben Terrassen. So einfach ist das.« Auf diese Einfachheit war Loos sehr stolz.

Loos lehnte es ab, die Architektur als Kunst zu bezeichnen, angewidert von dem vielen »Kunstgeschwätz und Kunstgetue«, wie er sich ausdrückte. Nie sprach er zu mir von Kunst in der Architektur. Vielleicht habe ich es von ihm oder von Strnad, dass auch mir alles Gerede über Kunst in Bezug auf Architektur mein ganzes Leben in tiefster Seele zuwider war. Ich glaube schlicht an ein ästhetisches

Verhalten der Menschen gegenüber allem Räumlichen, einerlei, ob es sich um städtebauliche oder Innenräume handelt.

Unter vielen anderen Aufgaben hatte ich mit Loos bei der Mustersiedlung Heuberg zu tun, für die der Siedlerverband den Projektierungsauftrag bekommen hatte. Loos war mit dem Bebauungsplan betraut. Er, Schuster und ich bauten je zwei Musterhäuser. Loos machte einen meines Wissens für Wien damals völlig neuartigen Vorschlag. Nicht mehr die Außenwände, sondern die Trennwände zwischen den Siedlungs-Reihenhäusern sollten als tragende Wände für die Holzdeckenbalken ausgebildet werden. Wir nannten das »das Haus mit einer Mauer«. Auf jeder Seite entfielen nur die Kosten einer halben Mauer auf ein Siedlungshaus. Außerdem konnte Loos dadurch die Stiege aus der Wohnküche, ohne Deckenbalken auszuwechseln, parallel zur Außenwand legen. Die Wohnküche wurde auf diese Weise breiter und die Haustiefe konnte beliebig groß sein, da keine tragende Zwischenwand nötig war. Zwei Musterhäuser wurden nach diesem Plan gebaut, jedoch leider mit steilem, statt mit flachem Dach. Flachdächer waren bei den Siedlungen nicht durchzusetzen. Es gab damals nur das alte Holzzementdach, das zu teuer und nicht einwandfrei herzustellen war.

Außerhalb der Siedlerbewegung kam es nochmals zu einer Zusammenarbeit von Loos und mir, bei der Projektierung des Winarsky-Hofs (heute Otto-Haas-Hof), einer großen Wohnanlage mit 740 Wohnungen in einem Wiener Arbeiterbezirk. Die ungewöhnliche Geschichte der Planung verdient festgehalten zu werden. Bis dahin wählte die Gemeinde Wien die Architekten für die Wohnblöcke aufgrund zufälliger Gesichtspunkte; obwohl in der ersten Hälfte der zwanziger Jahre eine Reihe prominenter Architekten in Wien lebte, wurden diese »Modernen« für die Planung der Großbauten nicht zugezogen. Otto Neurath, Generalsekretär des Österreichischen Verbandes für Siedlungswesen (sein Name wurde später durch die von ihm erdachte und kreierte Bildstatistik berühmt), schlug deshalb eines Tages bei der Stadtverwaltung Alarm. Die Folge davon war, dass der Verband den Auftrag zur Planung des Großprojekts Winarsky-Hof erhielt. Die Weitergabe der Projektierung an die »Modernen«, die bei der Gemeindeverwaltung als halbverrückte Spinner galten, wurde dem Verband überlassen. Die beauftragten Architekten waren: Peter Behrens mit 200 Wohnungen, Josef Hoffmann, Adolf Loos, Oskar Strnad, Josef Frank, Oskar Wlach, Franz Schuster und ich selbst als die weitaus Jüngste mit 40 Wohnungen. Wir haben jedenfalls erreicht, »... dass wir zeigen konnten, dass man durch abgewogene Baukörper in ihrer glatten, kubischen Form zum Entstehen eines modernen Großstadtbildes beitragen konnte«. So wurde unsere gemeinsame Absicht in einer Broschüre formuliert. Die Anlage, die heute noch in Benutzung ist, besteht aus zwei Komplexen. Der größere wurde an Behrens, Hoffmann, Strnad, Frank und Wlach vergeben, der kleinere, dreieckige an Loos, Schuster und mich. Loos schlug eine Art Terrassenhaus vor. Zweigeschoßige Einfamilienhäuser stellte er in seinem Projekt so übereinander, dass die Dächer der jeweils vorderen Reihe die Terrassen der hinteren bildeten. Bei der dritten, der letzten Reihe mit sechs Geschoßen, gab es drei zweigeschoßige Maisonettes übereinander. Das Loos'sche Projekt wäre auf bergigem Gelände zu verwirklichen gewesen. Aber auf dem völlig ebenen Grundstück unseres Baublocks innerhalb eines dicht bebauten Arbeiterbezirks von Wien war die vorwärtsstürmende Idee der aufeinandergetürmten Siedlungshäuser nicht durchzusetzen. Sie hatte auf diesem Grundstück zwei Nachteile: Es entstanden 2 m breite und 60 m lange Schächte, durch die nicht nur Küchen und Klosetts, sondern auch Schlafzimmer belichtet und belüftet wurden. Außerdem ergab die Anordnung einen etwa 300 m³ umfassenden toten Raum. Heute wäre man froh, ihn für Garagen ausnützen zu können; damals aber war es bei einem lediglich aus Steuermitteln finanzierten Bau nicht vertretbar. Wir, im Verband Neurath, Schuster und ich, versuchten Loos das Projekt an dieser Stelle auszureden. Vergeblich. Die entscheidende Sitzung im Rathaus beim Stadtrat für Bauwesen, einem blitzgescheiten ehemaligen Baupolier, kam heran. Rund um einen großen Sitzungstisch versammelte sich eine eigenartige Runde. Heute noch sehe ich den kahlen, interessanten Schädel dieses Stadtrats vor mir, neben ihm den ebenso kahlen Kopf des Riesen Neurath mit seinem langen roten Bart, mir gegenüber den eleganten Weltmann Behrens, daneben den quicklebendigen, kleinen Strnad, neben diesem Loos. Alle Architekten waren anwesend, alle Vorschläge wurden angenommen. Zum Schluss kam Loos an die Reihe. Es war schrecklich. In seinem Urwiener Dialekt und mit triumphierendem Hohn zerpflückte der Stadtrat, mit dem Loos sowieso schon auf Kriegsfuß stand, das Projekt und machte ihn, den in seinen Augen gefährlich Verrückten, wie er nur konnte, lächerlich. Deprimiert gingen wir weg. Aber siehe da! – Nachdem sich Loos mit einigen sarkastischen Bemerkungen Luft gemacht hatte, meinte er: »Später einmal wird's schon was werden mit dem Terrassenhaus.« Er wusste, in seinem Vorschlag lag die Zukunft.

In jener Zeit erfuhr ich von Loos, dass ein Architekt namens Le Corbusier existierte. Man schrieb 1921, doch noch nie hatte ich diesen Namen gehört. Entzückt zeigte er mir die Skizze für eine Arbeitersiedlung von Le Corbusier aus dem Jahr 1920. Wenige wissen, dass auch Le Corbusier von Loos erzogen wurde. »Loos erschien plötzlich inmitten unserer architektonischen Sorgen«, schreibt Le Corbusier, »mit einem glänzenden Artikel aus dem Jahr 1908: *Ornament und Verbrechen*. Wir befanden uns am Abschluss einer sentimentalen Periode. Wir hatten den Anschluss an die Natur wiedergefunden (Bewegung um 1900) und die neuen Techniken vollständig erobert. Das alles bedeutete den entscheidenden Bruch mit der Vergangenheit, wie sie von den Akademien künstlich gepflegt wurde, und sehnsuchtsvolle Vorbereitungen auf die Zukunft. Loos fegte unter unseren Füßen, es war eine homerische Säuberung, genau, philosophisch und logisch. Dadurch hat Loos unser Schicksal beeinflusst.«

Der Abgang von Loos aus dem Rathaus wurde schließlich unvermeidlich. Obwohl er einige Bebauungspläne für große Siedlungen machen konnte, war dort seine Tätigkeit auf das langweilige Begutachten der Entwürfe anderer beschränkt. In seinem Lebensstil war Loos ein Bohemien, ein Mann, der gerne freizügig lebte – der, wenn er gerade Lust dazu verspürte, plötzlich an die Riviera abdampfte, und Ähnliches mehr. In ein Amt passte er ganz und gar nicht.

Kürzlich war ein Gerücht in Umlauf, Loos hätte die Arbeit im Rathaus aufgegeben, weil er grundsätzlich ein Anhänger von Flachbau-Siedlungen und ein Gegner von großen Wohnkomplexen gewesen sei. Loos wäre nicht Loos gewesen, stimmte diese Vorstellung. Er selbst war Großstädter durch und durch, der in der Etagenwohnung eines Mietshauses, zwei Gehminuten von der Ringstraße entfernt, wohnte. Niemals hätte er allen Menschen zugemutet, in kleinen Siedlungshäuschen mit Gärtchen am Stadtrand zu wohnen. Was ihn an den Siedlungen anzog, das war die Bewegung, der soziale Inhalt. Es freute ihn, dabei mitzumachen, und endlich dadurch auch als Architekt ein befriedigendes Betätigungsfeld zu finden, nämlich dazu beizutragen, der schwer arbeitenden Bevölkerung zu einem menschenwürdigeren Dasein zu verhelfen. Nie sprach er sich dagegen aus, dass die Menschen in großen Wohnblocks leben, und beim Winarsky-Hof hat er sofort gerne mitgemacht. Dass er gegen die Architektur der großen Wiener Wohnblocks der zwanziger Jahre oft wetterte, kann wohl niemanden verwundern.

Im Januar 1926 fuhr ich zur Arbeit nach Frankfurt am Main. Ich erhaschte Loos noch in Wien, um mich zu verabschieden. Er versprach, mich einmal in Frankfurt zu besuchen, um zu sehen, wie wir bauen. Doch noch bevor es dazu kam, war ich auf der Durchreise in Paris. In einer Seitenstraße der Champs-Élysées, unendlich viele Treppenstufen hoch, hauste Loos in einer Art Mansardenwohnung mit seinem Schüler Neumann. Ich kam unangesagt. Als er meine Stimme hörte, rief er sofort: »Ja, ja, sie soll nur hereinkommen.« Es war elf Uhr vormittags. Loos lag im Bett. Irgendwo hatte er sich den Abend vorher bis in die Nacht hinein unterhalten. Äußerst aufgeräumt erzählte er, er ginge jetzt in eine Kochschule, schwärmte von der französischen Küche, wetterte gegen den Wiener Apfelstrudel – ganz Österreich sei ein Apfelstrudel – und lud mich und meinen Begleiter, einen österreichischen Arzt, für den Abend zu einem Essen ein, das er selbst zubereiten wollte. Loos war ein Gourmet. Schon in Wien hatte er mir gezeigt, wie man Artischocken, die ich noch nicht kannte, zubereitet und isst. Der Abend war reizend. Die Absicht, mich mit meinem Studienkollegen aus der Strnad-Klasse, Gabriel Gewrekian (später ein bekannter, persischer Architekt), zu überraschen, ist Loos vollauf gelungen. Wir waren sechs Leute. Mit einem weißen Schurz bekleidet, stellte Loos höchstpersönlich eine Schüssel voll duftender Speisen nach der anderen auf den Tisch. Mit einem Taxi fuhren wir zusammen weg, er zum Haus Tristan Tzara, dessen Bau gerade begonnen hatte, und wir, um das Pariser Nachtleben zu genießen. Mit einem heiteren »Auf Wiedersehen« und freundlichem Winken aus dem Auto trennten wir uns am Boulevard des Capucines. Das Wiedersehen fand nie mehr statt.

Als ich im Jahre 1933 auf Urlaub in Wien war, wollte ich den schwerkranken Loos im Sanatorium besuchen. Die Ärzte rieten mir ab. Loos könne mich keinesfalls mehr erkennen, mir aber bliebe ein sehr trauriger Anblick erspart. Einige Wochen später war er seinen Leiden erlegen.

Loos und seine Freunde Peter Altenberg, Karl Kraus, Egon Friedell und andere bildeten im Wien der Jahrhundertwende eine Gemeinschaft im Geiste. Jeder von ihnen war ein wütender Kritiker des kulturellen Lebens, ein Kritiker mit beißender Ironie im Wien der österreichisch-ungarischen Monarchie, blieb es aber auch weiterhin in der Ersten Republik. Sie alle wurden vom offiziellen Kunstbetrieb für unbequeme Herren gehalten. Ihre Kräfte, ihr Talent und ihr Können fanden nicht die verdiente Auswirkung, und so flüchteten sie, vielfach verbittert, in einen bedauerlich isolierten Individualismus. Wie viel Geist, Phantasie, Begabung und Wissen ist doch auf diese Weise verlorengegangen! Eine Tragik, die weit über die Tragik des Einzelnen hinausgeht.

Dem Alter nach waren sie mir um eine ganze Generation voraus. Als ich geboren wurde, waren sie bereits erwachsene Männer. Obwohl ich aus diesem Kreise nur Loos persönlich kannte, fühle ich mich gerade seinetwegen verpflichtet, sie in Verbindung mit dem ihnen im Geiste verwandten Freund zu erwähnen. An ihnen erweist sich, wie so oft, dass sich Kultur nur unter entsprechenden gesellschaftlichen Bedingungen entwickeln und zu allgemeiner Blüte gebracht werden kann. Diese Bedingungen aber waren in Wien damals keineswegs gegeben. In der Monarchie herrschte großteils eine adelige Beamten- und Offiziershierarchie, die mit 1918 ihr Ende fand. Der kurze Aufbruch nach 1918 aber verflachte rasch durch die Zersplitterung der Kräfte und darauffolgende wirtschaftliche und politische Wirren.

Als Loos starb, hielt es keine öffentliche Stelle der Mühe wert, eine Totenfeier zu veranstalten. Nur der Österreichische Werkbund, der damals noch die besten Künstler Wiens verband, ehrte Loos durch eine Gedenkstunde im Wiener Musikvereinssaal. Dieser große Saal war zu klein, um alle zu fassen, die gekommen waren. Strnad leitete ein, Kokoschka hielt die Rede. Ein Satz daraus: »Er [Loos] hatte die ganze Tragik des Genies, das seiner Zeit vorauseilte, durchzumachen gehabt, dieser Mann, der keinen anderen

Freibrief in der Tasche trug, als den eines amerikanischen Maurergesellen.«

1870 bis 1933, 63 Jahre, währte sein Leben. In welche Zeit wurde er hineingeboren? Jedenfalls in eine Zeit voller Widersprüche, in der man Rathäuser gotisch und Parlamente griechisch baute, weil sie zu schwach war, den ihr eigenen Stil zu entwickeln, gleichzeitig aber in die Zeit einer fortschreitenden Industrialisierung. Die Wiener Secession, eine Vereinigung vorausschauender Künstler, revoltierte gegen das verlogene Kopieren alter Stile. Aber die Secessionisten stießen in das Vakuum zwischen dem langsam absterbenden Handwerk und der aufstrebenden Industrie mit ihrer bevorstehenden Massenproduktion. Dadurch wichen sie, trotz großer Künstlerschaft Einzelner, aus auf einen Formalismus und blieben im verflachenden Dekor, im äußerlichen Ornament stecken.

Loos ging seinen eigenen Weg. Er baute, soferne man ihn bauen ließ, außer dem Haus am Michaelerplatz auch einige der heute so berühmten Villen. Immer war das Haus nur Rahmen für das Wohnen, nie Selbstzweck. Für die Einrichtungsgegenstände ließ er ausschließlich deren Hersteller gelten – Handwerk und Industrie. Nur nach ihren Gesetzmäßigkeiten und Technologien konnten, seiner Überzeugung nach, wahrhafte Formen entstehen. Niemals hatte Loos meines Wissens ein frei stehendes, mobiles Möbel, eine Lampe oder irgendeinen anderen Gebrauchsgegenstand entworfen. Alles nur Erdachte verachtete er. Die Sessel und Stühle für seine Kunden (meist Chippendale) ließ er 30 Jahre hindurch von demselben Sesseltischler anfertigen. Als dieser alte Mann 1929 starb, schrieb Loos einen rührenden Nachruf. Aus diesem ist ersichtlich, dass ihm völlig klar war: Das Handwerk müsse mit der Weiterentwicklung der Industrie absterben. Die fortschreitende Industrialisierung aber eröffne ganz neue Möglichkeiten. Neue Materialien, neue Technologien würden notwendigerweise auch neue Formen bestimmen. Der alte Sesseltischler starb – danach verwendete und propagierte Loos nur mehr Thonet-Stühle. Sie waren durch die neue Erfindung, Buchenholzstäbe durch Dampf biegsam zu machen, entstanden. Keine Ideen fallen vom Himmel oder entspringen dem Gehirn oder der Phantasie eines »Kunstgewerblers«. Jede Form hat ihren Inhalt, sie ist mit diesem gebunden an die gesellschaftliche, wirtschaftliche und technische Entwicklung ihrer Zeit und verändert sich deshalb mit ihr. In diesen Vorstellungen bin ich vorher schon durch meinen Lehrer Strnad, später durch Loos erzogen worden. Damals wie heute bilden sie die Grundlage meiner Anschauungen als Architekt.

Die Gegenwart aber, in der Strnad wie Loos lebten, sah für beide gleich trübe aus. Loos stieß wütend, leidenschaftlich und gebieterisch in das Vakuum, in das er hineingeboren war. Er nahm alles, was ihn umgab, auf eine neue, immer wieder überraschende Art in sich auf. Er kämpfte, ja, man kann sagen: auf eine poetische Weise für eine bessere Welt. Völlig unverstanden, besonders in seiner Heimatstadt Wien, begriff er als erster unter den Architekten seiner Zeit die ungeheuren Veränderungen, die vor den Menschen des 20. Jahrhunderts stehen. Seine Schriften und Bauten sind deshalb keineswegs späte Blüten einer alten, absterbenden Kultur, sondern Schritte hin zu einer neuen, kommenden. Sie wiesen allen, die in seiner Umgebung lebten, neue Wege in eine hellere Zukunft.

Ernst Egli

Plötzlich war ich, wie zuvor erzählt, aus der Arbeit im Lainzer Tiergarten herausgerissen. Der Architekt Ernst Egli bot mir sofort an, mit ihm für die Siedlung Eden bei Hütteldorf/Wien zu arbeiten, bis das Baubüro des Verbandes, an dem mitzuarbeiten mich das Siedlungsamt der Stadt Wien bestimmt hatte, gegründet sei. Diese Zwischenzeit dauerte zehn Monate.

Der Siedlerbewegung hatte sich eine Reihe kleinerer Vereinigungen angeschlossen, die innerhalb großer Genossenschaften sozusagen mitsiedeln wollten: so zum Beispiel die Theosophen, die Esperantisten, die Freidenker, Anarchisten und andere. Es war typisch für den Geist und die Atmosphäre innerhalb der Siedlerbewegung, dass sie viele, sehr verschieden eingestellte Menschengruppen anzog, ohne von ihnen zu verlangen, ihre ideologische Einstellung zu ändern. Die Theosophen schlossen sich der Siedlungsgenossenschaft Eden an. Dort baute ich ein Kinderheim. Auch hatte ich Gelegenheit, einen Haustyp ganz nach meinen Vorstellungen zu projektieren, der oft gebaut wurde. Diese Häuser stehen zum Teil heute noch, doch sind sie, wie die Häuser im Lainzer Tiergarten, in den verflossenen 50 Jahren außen bis zur Unkenntlichkeit verändert worden. Pläne und Fotos von damals sind leider nicht vorhanden.

Egli gehörte in den zwanziger Jahren ganz zu unserem Kreis, zum Kreis derjenigen, die innerhalb der Siedlerbewegung für den Wohnungsbau arbeiteten. Auch nach unserer Zusammenarbeit bis zu meiner Abreise nach Frankfurt im Jahre 1926 traf ich ihn oft und konnte noch viele Gespräche mit ihm führen. In seinen Gedanken über Architektur und vor allem über Städtebau war er schon damals 1921/22 interessant. Durch Empfehlung Professor Holzmeisters (er war lange dessen Assistent an der Wiener Akademie) wurde Egli später Professor an der Akademie in Istanbul, wo ich ihn 1932 besuchte. Holzmeister und er hatten fast das ganze neue Ankara aufgebaut. Nach vielen Jahren übersiedelte er nach Zürich, wo er an der technischen Hochschule als Professor für Städtebau den Studenten sicher viel geben konnte. Nach dem Krieg traf ich ihn öfter in Zürich. Mit seiner Lehrtätigkeit war er sehr zufrieden. Viel sprach er über seine *Geschichte für Städtebau*, an der er in dieser Zeit arbeitete. Mit diesem grundlegenden Werk ist er in die Architekturgeschichte eingegangen.

Josef Frank

Einer der wenigen freischaffenden Architekten, der sich von Anfang an der Siedlerbewegung verbunden fühlte, war Josef Frank. Unermüdlich schrieb er Artikel und hielt er Vorträge in den verschiedenen Organisationen.

Ich kannte ihn schon seit Langem. Es war 1917 zur Zeit des Weltkriegs. Ich arbeitete in den Sommerferien im Büro meines Lehrers Strnad, als es klingelte. Vor der Tür stand ein Mann in der Uniform eines Dragoner-Offiziers und fragte nach seinem Freund Strnad. Dieser war abwesend, und so bat der Mann, telefonieren zu dürfen. Die Türe stand offen, und ich beobachtete den Fremdling mit dem auffallenden, intellektuellen Schädel, der so gar nicht zu der Uniform eines Kavalleristen passte. Das war Josef Frank, damals 32 Jahre alt, mit dem ich das ganze Leben, bis er genau 50 Jahre später starb, in Verbindung blieb.

Frank war einer der interessantesten Menschen, denen ich je begegnet bin. Scharfer Verstand, geistreich, vielseitig gebildet, sarkastisch, eine merkwürdige Mischung widersprüchlicher Eigenschaften, ein destruktiver Geist und gleichzeitig ständig konstruktiv tätig. Obwohl nicht einverstanden mit dem Bauhaus, Le Corbusier und anderen »Funktionalisten«, war er gleichzeitig in seinen Bauten, und das ganz besonders in seinen Villen der zwanziger und dreißiger Jahre, ein Funktionalist reinsten Wassers bei größter Sensibilität. Einmal ein Beweis mehr dafür, wie vorsichtig man mit den verschiedenen auf »ismus« ausgehenden Begriffen umgehen muss. Es stellt sich heute klarer heraus, dass das Wort »Funktionalismus« nur oberflächliche Betrachtungsweisen unterstützt und den sogenannten »Funktionalisten« der zwanziger Jahre Vorstellungen unterstellt, die diese niemals gehabt haben.

Frank war 1928 als einziger Österreicher nach La Sarraz in der Schweiz gekommen, als dort die CIAM gegründet wurde. Infolge seines Skeptizismus aber bezeichnete er nachher mir gegenüber die CIAM als völlig zwecklos. Trotz Einladung kam er nicht mehr zum ersten großen CIAM-Kongress nach Frankfurt, auch zu keinem späteren vor dem Zweiten Weltkrieg.

Nach dem Zweiten Weltkrieg, im September 1947, fand die erste CIAM-Zusammenkunft in Zürich statt. Man hatte mich gebeten, daran teilzunehmen. Dem allgemeinen Wunsch entsprechend versprach ich sofort nach meiner Rückkehr alles für die Bildung einer österreichischen CIAM-Gruppe zu tun. Mein Mann machte mit, und so gingen wir zusammen zu Oswald Haerdtl, den ich aus meiner Studienzeit gut kannte. Haerdtl erklärte sich sofort bereit, für die Gründung einer österreichischen Gruppe einzutreten und ihr Vorsitzender zu werden. Aus einem Brief von Frank aus New York an Haerdtl im Jahre 1949, den uns Haerdtl zeigte, ging hervor, dass Frank zu dieser Zeit, also fast 20 Jahre später, die Gründung einer österreichischen CIAM-Gruppe begrüßte. Als ich Ende der fünfziger Jahre Frank persönlich sprechen konnte, hielt er die CIAM für eine wichtige internationale Gruppierung zur Durchsetzung einer zeitgenössischen Architektur. Zu dieser Zeit lebte Le Corbusier nicht mehr und Gropius kümmerte sich, so kurz nach dem Krieg noch in New York, kaum um die internationalen Belange. Das bestärkte Frank sicherlich, der die Doktrinen Le Corbusiers und Gropius' strikt ablehnte.

Wer von den Architekturinteressierten kannte nicht vor dem Ersten Weltkrieg die zwei so exponierten Häuser mit dem flachen Dach auf der Windmühlhöhe? Wer erinnert sich nicht an die erbitterten Diskussionen, die diese Häuser in ganz Wien auslösten? Ganz besonders über die flachen Dächer. In einem Artikel mit dem Titel *Das steile Dach ist ein Rest aus dem romantischen Zeitalter* schrieb Frank in *Das neue Frankfurt*: »Das flache Dach wird dasselbe Schicksal haben, wie alle modernen neuen Bedürfnissen entsprungenen Formen. Es wird zuerst bekämpft, dann überbetont und schließlich selbstverständlich werden.« Und genau so ist es gekommen. Und im selben Artikel: »Der wesentliche Zweck des flachen Dachs, der leider nie genug betont wird, ist die Wiederherstellung der Formeneinheit, indem den Häusern die Möglichkeit zur Unterscheidung genommen wird.«

Heute weiß kaum einer mehr, der die Cobenzlstraße hinaufgeht, dass das Haus zur Linken mit der interessanten Stiege, um einen Apfelbaum herumgebaut, von Frank und Strnad stammt. Franks erste Arbeiterwohnungen in Ortmann wurden in Österreich richtunggebend.

Kaum ein anderer Ausspruch drückt den Sinn der Arbeit des Architekten für den Wohnbau so schön und klar aus, wie folgender Satz aus Franks im Jahr 1931 erschienenem Buch *Architektur als Symbol*: »Das Wohnhaus ist das einzige Haus, das nicht dazu da ist, irgendetwas ihm [dem Menschen] Fernliegendem zu dienen, Stätte des Erzeugens oder des Geldverdienens zu sein. Es ist Selbstzweck und hat durch sein Dasein die Menschen zu beglücken.« Andere soziale Aufgaben als den Wohnbau, wie Kindergärten, Klubs usw., kannte man damals noch kaum. Immer wieder ist es das Wohnhaus und die Wohnung, die Frank als das wesentliche Problem des Bauens sieht – die alltägliche Umgebung des Menschen. Wie sehr ihn die Beziehung zwischen der Masse des Volkes und der Architektur beschäftigte, bestätigen seine Worte aus eben derselben Zeit (1930): »Die einzige bildende Kunst, die heute der Allgemeinheit nicht verschlossen ist, ist die Architektur, die dadurch einen bemerkenswerten Teil unseres Lebens bildet. Sie ist ohne jede Anstrengung genießbar, steht an der Straße, spricht dort zu den Menschen wie ehemals die Philosophen. Ein jeder hat das Gefühl, an ihr selbst mitarbeiten zu können, da sie mehr als jede andere Kunst aus einem Gesamtwillen und einer Gesamttätigkeit entsteht und jeder Bürger einer Stadt mit Recht auf das stolz sein kann, wozu er, wenn auch nur das geringste, beitragen kann.« Sind diese Worte nicht genau auch für heute gültig geschrieben? Heute, wo wir immer noch um ein Mitspracherecht der Bevölkerung bei der Planung unserer Städte kämpfen? Diese Gedanken lagen in Wien unter den fortschrittlichen Architekten damals schon in der Luft.

Zu dieser Zeit war mir vergönnt, mit Frank direkt zusammenzuarbeiten. Das erste Mal bei der Projektierung des Winarsky-Hofs, einem der größten Wiener Gemeindebauten, an dem neun Architekten beteiligt waren. Das zweite Mal bei der Werkbundsiedlung in Ober St. Veit bei Wien (eröffnet 1932), an der fast alle damals bekannten, fortschrittlich eingestellten Architekten Österreichs und des Auslands mitgebaut haben. Frank hatte die Leitung und machte den Bebauungsplan. Geht man heute durch diese Siedlung, in der alle Häuser schon jahrzehntelang bewohnt und durch Gärten üppig begrünt sind – so eben, wie sich das der in die Zukunft blickende Architekt fertig vorstellt –, so spürt man an jeder Stelle, wie schön und geschlossen, wie harmonisch und abgerundet sich alle Freiräume aneinanderreihen, wie ausgewogen und gekonnt dieser Lageplan von Frank gemacht wurde. Alle Häuser der Werkbundsiedlung waren zu Ausstellungszwecken mit Möbeln, Lampen, Stoffen usw. eingerichtet, und fast alle diese Gegenstände waren von *Haus und Garten* geliefert worden, einer Gründung Franks und seiner Freunde Strnad und Wlach. Sie waren nach Entwürfen dieser drei Architekten hergestellt, und obwohl die meisten nur für einen begrenzten, wohlhabenden Teil der Bevölkerung erschwinglich waren, lebte der Einfluss von *Haus und Garten* noch lange in Wien weiter.

In den Jahren 1921 bis zu meiner Ausreise aus Österreich 1926 verkehrte ich viel im Hause Frank. Seine Wohnung lag in der Mansarde einer der üblichen Wiener Zinshäuser, gebaut noch vor dem Ersten Weltkrieg. Ein niedriger, doch großer Wohnraum mit fast puritanischer Atmosphäre, äußerst kultiviert und sensibel eingerichtet, empfing den Besucher – darin ein Webstuhl, Kennzeichen seiner schwedischen Frau.

Das Land aber, in dem Franks Wohnvorstellungen erst wirklich Schule machten, war Schweden, wohin er rechtzeitig, noch vor dem Machtantritt der Nationalsozialisten in Österreich, ausgewandert war. Wie so viele Österreicher fand auch Frank erst im Ausland die ihm gebührende Tätigkeit. In Schweden wirkte sich sein Können auf die gesamte Produktion von Möbeln, Stoffen und anderem in der Breite aus, in Schweden drang sein Einfluss wirklich ins Volk. Durch die Organisation *Svenskt Tenn* sind seine Möbel, oder solche, die unter seinem Einfluss entstanden sind, in großem Umfang in den Handel gekommen. Ich habe Frank 1939 in Stockholm besucht und konnte selbst feststellen, welch umfassenden Vertrieb es für die von ihm entworfenen oder angeregten Einrichtungsgegenstände gab. Und das nicht etwa nur für Begüterte, sondern vor allem auch für die vielen, die in genossenschaftlich gebauten Wohnungen lebten. Und wenn wir heute die hohe Wohnkultur des schwedischen Volkes bewundern, so ist ein Gutteil davon auf das Konto des Österreichers Josef Frank zu buchen.

Frank war kein Leugner des industriell hergestellten Möbels, wie manche nach seinen Entwürfen aus der Wiener Zeit glauben mögen. Ganz im Gegenteil. Er arbeitete auch an Entwürfen für Bugholzmöbel der Firma Thonet. Er war viel zu gescheit, um nicht vorausschauend zu wissen, dass das Wohnniveau der Volksmassen nur mittels des guten, industriell erzeugten Typenmöbels angehoben werden kann. Ausdrücklich schreibt er: »Willkürlichkeit ist nicht Freiheit, und ein jeder Versuch unter Vorspiegelung falscher Tatsachen, willkürlich als Symbol zu verwerten, ist ein reaktionärer Versuch ...« Leider aber hat ihn seine Gescheitheit nicht vor der Zunahme destruktiven, sarkastischen Denkens bewahrt. Ein eingewurzelter Skeptizismus hat ihn schließlich zum Allesverneiner werden lassen. Diese Entwicklung trieb ihn zur Flucht aus der Realität in die krasseste Irrealität, wovon eine Reihe späterer Arbeiten klar Zeugnis ablegt. Ich habe solche Projekte auf der Frank-Ausstellung im Jahre ...* in Wien gesehen. Da gibt es dann bienenwabenähnliche Räume, giraffenartige Schornsteine, eiförmige Häuser und Ähnliches mehr.

Diese Veränderung ging bei ihm nicht plötzlich vor sich. Schon in dem bereits erwähnten Buch *Architektur als Symbol* klingen irrationale Gedanken an. Es steht viel Gescheites in diesem Buch, und doch schien mir vieles äußerst unklar, als ich es in den fünfziger Jahren das erste Mal in die Hand bekam. Zuerst schrieb ich solche Vorstellungen der Widersprüchlichkeit seines Wesens zu. Später aber, etwa Ende der fünfziger Jahre, wurden seine Gedanken eindeutiger. 1958 predigte er individuelles, bohemehaftes Wohnen in Dachböden, er, der ebenso wie der um fünfzehn Jahre ältere Loos seinerzeit klar ausgesprochen hatte, dass das Wohnproblem voraussichtlich nur durch Herstellung von Fertigteilen in der Fabrik lösbar sei. Dafür hatte er bereits Entwürfe hergestellt. Mit versponnener Romantik und geistreichen Worten lässt sich im Zeitalter der Bevölkerungsexplosion die Frage des menschenwürdigen Wohnens des Volkes bestimmt nicht lösen.

Mit wehem Herzen sieht man bei Franks späten Entwürfen, wie ein Architekt von solcher Bildung, von so hohem intellektuellen Niveau, von solcher Begabung sein Leben in romantischer Weltfremdheit beschließt. Wichtiger als das persönliche Bedauern aber ist die Betörung, die von einer so starken Architektenpersönlichkeit wie Frank auf die heute unzufriedene, ehrlich und intensiv suchende Jugend ausgeht.

Man hielt Frank – wahrscheinlich aufgrund seines besonders ausgebildeten Intellekts – oft für kühl, für uninteressiert an Menschen. Aber dann passierte plötzlich irgendetwas, das echte Wärme bewies. Einmal traf ich mich mit ihm und einigen Freunden in Südfrankreich. Mein Zug kam mit großer Verspätung an. Er aber wartete bei elendem Wetter als Einziger bis drei Uhr morgens auf der kleinen Station, nur damit ich nicht mit dem Taxi nachts allein an meinen Bestimmungsort fahren musste. Oder, noch in Wien: Jeden Donnerstag, ganz verlässlich und Jahre hindurch, holte er die blinde Frau unseres Freundes Otto Neurath zum Spaziergang und zur stundenlangen Betreuung ab. Auch das war Frank!

Otto Neurath

Generalsekretär des Verbandes für Siedlungs- und Kleingartenwesen war Otto Neurath, eine der interessantesten Persönlichkeiten der Siedlerbewegung.

Neurath war ein Hüne, groß und stark, mit einem langen, roten Bart und kahlem Kopf, auf dem er einen riesigen schwarzen Schlapphut trug. Eine auffallende Andreas-Hofer-Gestalt, nach der sich die Leute auf der Straße umdrehten. Er war der Sohn eines Gelehrten, eines Kenners des Talmud, der sich von der orthodoxen Tradition schon sehr früh losgesagt hatte. Seine Mutter jedoch stammte aus einer ostpreußischen Familie. Aus so eigenartiger Mischung hervorgegangen, hatte Neurath vom Vater den lebhaften Geist, den hoch entwickelten Intellekt mit der Fähigkeit zu wissenschaftlichem Denken, von der Mutter die riesenhafte Gestalt. Seinem Studium nach war er Nationalökonom. Er gehörte zu dem bekannten *Wiener Kreis* von Philosophen wie Schlick, Carnap und anderen Wissenschaftern. Während des Ersten Weltkriegs hatte er im Kriegsministerium durch neuartige Vorschläge für die Rationierung der Lebensmittel eine Rolle gespielt. Er war 1918 und 1919, zur Zeit der Regierung Kurt Eisners, Erich Mühsams und anderer, Präsident des Zentralwirtschaftsamts der Münchner Räterepublik. Man erzählt, dass er in seiner damaligen Begeisterung Telegramme nach Wien sandte: »Kommt sozialisieren«. Nach dem Einmarsch der »Weißen« konnte er sich in München noch drei Wochen verbergen, wurde dann aber doch aufgespürt und verhaftet. Der österreichischen Regierung Karl Renners glückte es, ihn aufgrund einer Intervention Otto Bauers, des damaligen Staatssekretärs für Äußeres in Wien, aus dem Gefängnis herauszuholen.

Als ich Neurath im Jahre 1920 kennenlernte, war er bereits für die Organisierung eines Verbandes aller österreichischen Kleingarten- und Siedlervereine vorgesehen. Er war Mitglied der Sozialdemokratischen Partei, hielt oft Vorträge in Parteiorganisationen über die verschiedensten Themen, vor allem über Wirtschaftsfragen und Wohnbau- und städtebauliche Probleme. Er hatte jedoch nie eine Funktion innerhalb seiner Partei. Neurath war mit Otto Bauer und dessen Frau Helene persönlich befreundet, verkehrte viel in ihrem Hause und erzählte mir oft von Diskussionen mit ihnen.

Die Mitglieder des Siedlerverbandes waren fast nur Arbeiter. Der Verband übte eine Menge verschiedener Tätigkeiten aus. Er gab eine Zeitschrift heraus, hatte eine Reihe von Beratungsstellen und unterhielt ein Baubüro, in dem ich vom ersten Tage seines Bestehens an tätig war. Meine Arbeit brachte mich täglich mit Neurath zusammen. Außerdem war ich persönlich mit ihm befreundet.

An städtebaulichen und Architekturfragen war Neurath weit über den Rahmen der Siedlerbewegung hinaus sehr interessiert und engagiert. In diesen Jahren, es war 1921 bis 1924, schrieb er viel, Broschüren und anderes. Neben seiner so aktiven, von Vernunft beherrschten, vielseitigen Tätigkeit schrieb er damals auch Märchen und malte auf Holz kleine phantasievolle, ineinander verschlungene Tiere in einer minutiösen Art. In diesem Riesen (Neurath unterzeichnete Briefe und Karten statt mit seinem Namen immer mit Elefanten, mit heiteren und traurigen, lachenden und weinenden, laufenden, springenden oder sitzenden) wohnte eine subtil reagierende, phantasievolle Empfindsamkeit. Einige dieser Märchen und Malereien befinden sich noch heute in meinem Besitz.

1924 musste ich einen langen Krankenurlaub antreten. Als ich eineinhalb Jahre später nach Wien zurückkehrte, gab es kein Baubüro und keinen Generalsekretär des Verbandes mehr. Aus finanziellen Gründen war der Verband auf ein Minimum zusammengeschrumpft. Bereits vor meiner Erkrankung hatte sich die so düstere Zukunft abgezeichnet.

Neurath hatte damals schon die Idee einer neuartigen Bildstatistik, beruhend auf dem Gedanken: Besser einprägsame Bilder behalten, als genaue Zahlen vergessen. Darüber arbeitete er ein kurzes Exposé aus und fuhr mit ihm zu führenden Leuten der Stadtverwaltung, zu Parlamentsabgeordneten und Gemeinderäten. Ich begleitete ihn auf diesen Wegen. Mit nichts anderem in der Hand als zwei Blatt Papier ging er zu Seitz, Renner, Deutsch und anderen, und glücklich kam er mit den Unterschriften dieser Prominenten zurück. Alle hatten das Exposé unterzeichnet. Das war der allererste Anfang des Gesellschafts- und Wirtschaftsmuseums, das später weltberühmt werden sollte. Der Journalist Max Ermers – wie immer vorausblickend – schrieb darüber in der Zeitung *Der Tag:* »Ohne Sang und Klang und ohne große Reden ist gestern ein neues Museum eröffnet worden. Eigentlich nur der Embryo eines

Museums. Wird es einst ausgebaut sein, so wird es für den soziologischen und ökonomischen Unterricht Außerordentliches bedeuten.« Bald gewann Neurath entsprechende Mitarbeiter, in erster Linie Frau Reidemeister, seine spätere Frau, und einige ausgezeichnete Graphiker. Bald wurde er zu Vorträgen in die ganze Welt eingeladen. Ich erinnere mich noch gut, wie er von seiner ersten Vortragsreise in die USA zurückkam. Dort war er bei seiner Ankunft in New York zuerst einmal wegen seiner Münchner Vergangenheit in Long Island interniert worden, schließlich aber nach großen Aufregungen freigekommen, sodass er seine Vorträge halten konnte.

Neurath hatte viele namhafte Freunde in Wien und in der Welt. Ich verdanke ihm zwei Freundschaften. Als ich 1926 aus beruflichen Gründen meinen Wohnsitz von Wien nach Frankfurt verlegte, meinte er: »Du musst dort unbedingt meine beiden Freunde aufsuchen.« Der eine von ihnen war der Physiker Professor Hans Halban. Dieser erzählte mir, dass er, zur Zeit als Neurath in München im Gefängnis war, Universitätsprofessor in Würzburg gewesen ist und alles daransetzte, um zusammen mit anderen Professoren Neurath herauszubekommen. Aber kein einziger dieser Professoren fand den Mut, sich für Neurath, den sie vorher so geschätzt hatten, einzusetzen. Der zweite von Neuraths Freunden in Frankfurt war der berühmte Sozialwissenschafter und Marxist Carl Grünberg. Nach dreißigjähriger Tätigkeit als Universitätsprofessor in Wien war Grünberg als Leiter des Instituts für Sozialforschung bei der Universität Frankfurt am Main dahin berufen worden. Während meiner fünfjährigen Frankfurter Praxis verbrachte ich viele schöne Stunden im Hause Grünberg.

Als ich Jahre später von Frankfurt nach Moskau übersiedelt war, tauchte Neurath plötzlich dort auf. Auch die Sowjetunion zeigte Interesse für seine Bildstatistik. Sie schloss mit ihm einen Vertrag, laut welchem er ein Büro in Moskau organisieren und einige ständige Mitarbeiter aus Wien mitbringen konnte. Er selbst war verpflichtet, 60 Tage im Jahr für die Leitung dieses Büros in Moskau zu arbeiten. In diesen Jahren war er dort oft bei uns.

Es gelang ihm, 1934 aus Wien nach Holland zu emigrieren und damit nicht nur sich selbst, sondern auch einen Großteil des Institutsmaterials in Sicherheit zu bringen. 1937 besuchte ich ihn in Den Haag. Fünf Tage wohnte ich in seinem Hause, doch waren es quälende Tage. Wir verstanden uns politisch nicht mehr. Es gab endlose, völlig fruchtlose Debatten. Marie Reidemeister wollte vermitteln, ich selbst wollte politische Themen gar nicht mehr berühren; schließlich gab es ja noch vieles andere, das uns verband. Er aber kam immer wieder auf politische Fragen zurück und quälte sich und mich, ohne dass die so sehr gewünschte Annäherung zustande kam. Hier zeigte sich, wie beharrlich er sein konnte – Vor- und Nachteil zugleich in seinem Leben! Mit verzweifeltem Gesicht, das ich nie vergessen werde, stand er am Bahnsteig in Den Haag, als mein Zug abfuhr. Damals sah ich ihn zum letzten Mal. Im Herbst 1945 wollte er nach Österreich zurückkehren, doch ereilte ihn einige Tage vor seiner Abreise in Oxford ein plötzlicher Tod.

Von Neuraths Freund Hans Halban erfuhr ich nach dem Kriege, dass Otto Neurath, als er hörte, ich sei von den Nazis zu Zuchthaus verurteilt und säße in Deutschland im Gefängnis, an alle Freunde schrieb, sie mögen für eine Sammlung Geld geben, damit ich die erste Zeit in Freiheit davon leben könne. Diese rührende Handlung beweist, dass ich in ihm einen guten, treuen und fürsorglichen Freund verloren habe, der meine Jugendjahre verschönt und auf meine Entwicklung einen nicht unbedeutenden Einfluss ausgeübt hat.

Und nun zurück zur Wohnbautätigkeit.

Die Wohnbautätigkeit der Stadt Wien in den zwanziger Jahren hatte, wie schon weiter oben gesagt, zwei Tendenzen.

Die Kleingarten- und Siedlerbewegung

Die erste Form, die Siedlungen im Flachbau, wurden durch eine Massenbewegung von unten her – man kann sagen – fast erzwungen. Diese Bewegung, die Kleingärtner- und Siedlerbewegung, von deren Umfang heute nur noch wenige Leute etwas wissen, hatte zwei Ursachen: das Wohnungselend und die Lebensmittelknappheit nach dem Kriege. Die Arbeiter griffen zur Selbsthilfe. Immer schon waren die Wiener Arbeiter ambitionierte Gärtner, viele von ihnen hatten Kleingärten. Nichts war natürlicher, als dass sie nun anfingen, Obst und Gemüse selbst zu ziehen, um über zusätzliche Lebensmittel zu verfügen. Gleichzeitig begannen sie aber auch, sich Wohnmöglichkeiten in ihren Gärten zu schaffen. Aus der Not geboren, entstand auf diese Weise ein wildes Siedeln ohne jede Baubewilligung. Dabei wurde auch der Wald- und Wiesengürtel angefressen, ein breiter Grüngürtel an den Hängen des Wienerwalds, der an sich nicht bebaut werden durfte. Schon bildete sich eine Reihe neuer Kleingartenvereine und Siedlungsgenossenschaften. Sie schlossen sich zu einem großen Verband für Siedlungs- und Kleingartenwesen zusammen. So entstand eine breite Volksbewegung als Teil der Arbeiterbewegung, denn die Bürger und Kleinbürger hatten andere, bessere Wohnmöglichkeiten. Im Gegensatz zu dem elenden Dasein in den Arbeiterzinskasernen war die Sehnsucht nach »Wohnen im Grünen« so groß, dass in Wien Massen von Menschen für das Siedeln in Bewegung gerieten, wie in keiner anderen Stadt.

Ich erinnere mich an große Siedlerdemonstrationen zu jener Zeit. Siedler und Kleingärtner zogen in endlosen Reihen über die Ringstraße und forderten Grund und Boden, Subventionen und Baumaterial. Die Stadtverwaltung musste etwas tun, um die Bewegung in geordnete Bahnen zu lenken und das wilde Siedeln zu verhindern. Sie gab den Vereinigungen Boden in Pacht, erteilte Kredite und lieferte Baumaterial durch eine gemeinnützige Baustoffanstalt. Einen Teil der Arbeitsstunden am Bau mussten die Siedler selbst leisten. So entstanden von unten her durch selbstgegründete und selbstverwaltete Vereinigungen die ersten großen Flachbausiedlungen der zwanziger Jahre. Dank der gemeinsamen Arbeit, der Selbsthilfe, der ganzen Art und Weise der Entstehung dieser Siedlungen, entwickelte sich in ihnen ein echtes Gemeinschaftsleben, wie ich das später nirgends mehr gesehen habe.

Ich besuchte vor Kurzem solche Siedlungen und sprach mit Leuten, die in den zwanziger Jahren mitgearbeitet hatten, die zusammen mit ihren Gartensiedlungen alt geworden sind. Heute noch träumen sie von dem ehemaligen Gemeinschaftsleben.

Arbeiten im Baubüro der Baugilde bzw. des Österreichischen Verbandes für Siedlungs- und Kleingartenwesen

Die im Februar 1922 gegründete Siedlungs-, Wohnungs- und Baugilde Österreichs ist durch den Zusammenschluss des Zentralverbandes der Bauarbeiter Österreichs, des österreichischen Verbandes für Siedlungs- und Kleingartenwesen und der Wiener Mietervereinigung mit dem Forschungsinstitut für Gemeinwirtschaft als wissenschaftliche Abteilung entstanden. Diese Siedlungs-, Wohnungs- und Baugilde Österreichs umfasst somit alle Arbeiter und Angestellten eines Wirtschaftszweiges, um seine Produktion und Verteilung im Sinne der Allgemeinheit durchzuführen. Sieben Monate arbeitete ich in dem dieser Baugilde angeschlossenen Baubüro. Später wurde die Baugilde aufgelöst, und es blieb der Österreichische Verband für Siedlungs- und Kleingartenwesen als eigene Organisation. Aus welchen Gründen das geschah, ist mir nicht erinnerlich. In unserem Aufgabenbereich im Baubüro brachte das keinerlei Veränderung.

Vor meiner Tätigkeit im Baubüro der Baugilde, bzw. des Verbandes, waren in Wien nur die drei großen Siedlungen – Rosenhügel, Lainzer Tiergarten und Eden am Wolfersberg – projektiert und teilweise auch schon gebaut worden. Die Planungen hatten schon 1920 begonnen.

Unvergesslich ist mir die feierliche Grundsteinlegung der Siedlung *Am Rosenhügel* Mitte Juli 1921. Der Bauarbeiter Adolf Müller, Präsident des Verbandes für Siedlungs- und Kleingartenwesen, hielt die Rede. Wir standen zusammen mit den künftigen Siedlern auf dem schönen Gelände im Kreis herum. Festlich knallend wurde eine Champagnerflasche entkorkt. Dr. Kampffmeyer, damals bereits Leiter des Siedlungsamts der Stadt Wien, sollte zum Wohle der Siedlung und ihrer künftigen Bewohner als Erster einige Schluck Champagner trinken. Wir wussten, dass er strikter Antialkoholiker war. Was würde er tun? Die Spannung wuchs. Er geriet in die größte Verlegenheit – überlegte, entschuldigte sich –, doch kein Tropfen kam über seine Lippen. Übrigens: Auch unter den Arbeitern und ganz besonders unter den Siedlern gab es damals eine nicht unbeträchtliche Antialkoholbewegung.

Das Baubüro des Verbandes fungierte als Projektzentrale für jene österreichischen Siedlungsgenossenschaften und Kleingartenvereine, die Bebauungs- und Hauspläne in Auftrag geben wollten. Von vornherein war es mein Wunsch gewesen, an einer Stelle zu arbeiten, an der ich umfangreiche Bauerfahrung sammeln konnte, wo ich aber auch gleichzeitig mit den künftigen Bewohnern in persönliche Berührung kam. Denn bestimmend war es schon bei der Berufswahl gewesen, dass es mir wichtiger erschien, dazu beizutragen, das Wohnungsniveau der Massen um beispielsweise zehn Prozent zu heben, als für reiche Leute Villen zu bauen, so gerne ich das natürlich auch einmal getan hätte. Und es war mein Glück, dass ich als junge Angestellte nicht im Büro eines Privatarchitekten, sondern gleich innerhalb einer großen Bewegung arbeitete.

Vorträge

Meine Tätigkeit ging weit über Planungsarbeit hinaus. Oft wurde ich in die Bundesländer geschickt zu irgendwelchen Gruppen, die siedeln wollten. In Vorträgen, wenn Elektrizität vorhanden mit Lichtbildern, zeigte ich den künftigen Siedlern, wie die Häuser aussehen würden und wie sie darin wohnen könnten. Ich erklärte ihnen, dass sie zuerst einmal ihre Vereinigung gründen sollten, was sie tun müssten, um Boden und Kredite zu bekommen usf. In Wien kam ich dabei oft in mir bis dahin völlig unbekannte Gebiete, drüben, hinter der Donau, in ganz primitive »Bretteldörfer«, wie sie im Volksmund hießen, dort, wo Menschen ohne Wasserleitung, ohne Gas oder Elektrizität miserabel hausten. Beim Licht elender Kerzenstummel und trüber Petroleumlampen sprach ich in verrauchten Wirtsstuben entlegener Gasthäuser und schilderte den Menschen anhand unserer Zeichnungen, wie sie sich die von uns projektierten typisierten Baulichkeiten, von der einfachen Kleingartenlaube bis zum fertigen Wohnhaus, mittels Selbsthilfe, gegenseitiger Hilfe und unserer Hilfe schaffen und so zu einem menschenwürdigen Rahmen für ihr Leben kommen könnten.

Einen Teil der für den Hausbau notwendigen Arbeitsstunden mussten die Siedler selbst leisten. Die professionellen Arbeitskräfte lieferte die Organisation »Grundstein«, die 1921 von der Bauarbeitergewerkschaft zu diesem Zweck gegründet worden war.

Das alles muss man vor Augen haben, will man das Entstehen der Siedlerbewegung in Wien nach dem Ersten Weltkrieg verstehen und richtig bewerten. Eine einigermaßen geordnete, moderne Bauindustrie war zu jener Zeit nicht vorhanden. Die Diskussion Flachbau oder Hochbau, Steildach oder Flachdach konnte noch gar nicht anlaufen. Gleichzeitig war das Interesse der Wiener Bevölkerung an der Siedlerbewegung so groß, dass wir auch in den Wiener Volksbildungshäusern vor vollen Sälen ständig Vorträge und Kurse abhielten über die geplanten Siedlungen, über unsere Vorschläge und vor allem darüber, wie die Menschen oder verschiedenen Gruppen es überhaupt anstellen müssten, um zum Siedeln zu kommen. Durch alle diese Aktivitäten kam ich damals mit Arbeitern und Arbeiterinnen in Berührung.

Die Haustypen

Von den umfangreichen planerischen Arbeiten des Baubüros, an denen ich von 1921 bis 1924 maßgeblich beteiligt war, ist mir leider fast kein Material geblieben. Das Wichtigste war es, zuerst einmal Pläne für die Haustypen auszuarbeiten – für Siedlungshäuser in ebenem oder bergigem Gelände, Innen- und Ecktypen, Häuser in Ost-West-Lage und solche in Nord-Süd-Lage usf. Alle diese Haustypen waren schließlich als Baupläne mit vielen Detailzeichnungen für Fenster, Türen, Gesimsausbildungen usw. fertiggestellt auf Lager, und die Siedlungsgenossenschaften und Kleingartenvereine konnten die Pläne beim Verband billig kaufen.

Wie waren die Grundrisse? Was für Räume enthielten diese Häuser? Die Norm war: zweigeschoßige Reihenhäuser mit Wohnküche und anschließender Spülküche; zwei, womöglich drei Schlafräume, um Mädchen und Buben getrennt schlafen zu lassen; Wasserklosett oder Torfmullabort; teilweise Unterkellerung zur Brennstoff- und Lebensmittelaufbewahrung.

Rationalisierung der Hauswirtschaft

Damals schon, 1921, fing ich an, mich mit den Zusammenhängen einer Rationalisierung der Hauswirtschaft und dem Wohnbau zu beschäftigen. Dafür gab es drei Anstöße: Zuerst einmal die praktische Projektierung der Haustypen und den persönlichen Kontakt mit den Siedlern; zweitens die zunehmende Berufstätigkeit der Frauen und die damit verbundene Doppelbelastung, damals bereits ein Problem für viele; und drittens das 1920 erschienene Buch *Die rationelle Haushaltsführung* von Frederick/Witte, einer Amerikanerin und einer Deutschen.* Dieses Buch beschäftigte sich zwar nicht mit dem Wohnbau, doch mit arbeitssparenden Geräten und Ähnlichem, und es lag nahe, die dort angeführten Prinzipien auch beim Wohnbau anzuwenden.

Bevor wir 1921 im Baubüro des Verbandes mit der Projektierung der Haustypen begannen, mussten wir uns die immer wiederkehrenden Fragen für die Keimzelle jeder Wohnung stellen: Wo wird gewohnt, wo gegessen, wo gekocht, wo Geschirr gespült, die Küche gewaschen? Das alles musste im Erdgeschoß geschehen, da nur dieses die notwendige direkte Verbindung mit dem Garten hatte.

Jedes Einfamilienhaus sollte ein klares Zentrum haben. Dieses Zentrum war naturgemäß der Platz, wo sich die Familie versammelt. Die Siedlerfamilie bestand damals im Durchschnitt aus vier bis fünf Personen. Sie versammelte sich beim Essplatz, der aber keineswegs nur dem Essen diente. Hier wurde gewohnt, hier wurde gelebt. Wenn man zwar in der Küche isst, aber noch einen extra Wohnraum besitzt, dann ist die Küche niemals eine *Wohnküche*! Das ist das große Missverständnis von heute! Bei der grausamen Wiener Wohnungsnot konnten wir es nicht verantworten, aus Steuermitteln noch extra Wohnzimmer zu bauen. Die Wohnküche der zwanziger Jahre in Wien war deshalb nicht die »Erfindung« oder »Idee« eines Einzelnen (sie wird manchmal Loos zugeschrieben), sondern ein aus der Not geborener Zwang. Warum sollte eine bestimmte Lösung einem einzigen Gehirn entspringen? Alles bewegt sich, alles entsteht und vergeht mit der Entwicklung – des Ökonomischen, Technischen, Ideologischen und Politischen. In der Siedlerbewegung der zwanziger Jahre haben wir uns notwendiger-

und gezwungenerweise für die Wohnküche mit anschließender Spülküche entschlossen. Einzig rationale Gründe führten dazu. Die erzwungene Sparsamkeit an Brennmaterial nach dem Ersten Weltkrieg brachte diese Entscheidung, nicht etwa gewünschte Schritt- und Grifferspamis einer rationellen Haushaltsführung. In unseren Siedlungen gab es damals kein Gas. (An Kochen mit Elektrizität war gar nicht zu denken.) Die kleinen, billigen, eisernen Öfen zur Erwärmung der Zimmer waren mit Kohle oder Briketts heizbar. Die Leute konnten aber nur eine einzige Feuerstelle heizen, und die war der Herd, auf dem auch das Essen gekocht wurde. Im Lainzer Tiergarten hatten wir noch Wohnraum und Küche projektiert, doch was war die Folge? Die Leute lebten in der kleinen Küche, ein Kind saß beim Essen auf dem »Mistkistl« (kleine Holzkiste für Abfälle und Kehricht), ein anderes musste seine Aufgaben am Küchentisch schreiben und so weiter, weil es nur dort, wo der Herd stand, warm war. Der Wohnraum aber sank zur eiskalten »guten Stube« herab. Hier wurde aller kitschige Zierrat aufgestellt. Der größte Raum im Haus wurde nur benutzt, wenn allenfalls einmal Besuch kam. Er wurde zur »kalten Pracht«, während sich die Siedlerfamilie auf engstem Raum in der kleinen Küche zusammendrängte, dort wo Holz, Kohle, Abfälle und Kehricht aufbewahrt werden mussten. Um Brennmaterial zu sparen, wurde fast nie gelüftet. Dunsthauben, fließendes warmes Wasser, Plastikeimer oder Plastiksäcke für Abfälle gab es nicht. Nur alle drei bis vier Wochen kam der sogenannte »Mistbauer«, um die Abfälle abzuholen. Die heutige Generation kann sich das alles nicht mehr vorstellen, bzw. sie denkt gar nicht daran und kommt dadurch zu falschen, idealisierenden Schlüssen über die Vergangenheit.

Damit die Wohnküche mit dem Ess- und Wohnplatz auch ein wohnlicher Raum wurde, in dem sich die Familie wirklich wohlfühlen konnte, musste alles, was Gerüche, Staub und Schmutz erzeugte, daraus verbannt werden. Deshalb wurde zwischen der Wohnküche und dem Garten die sogenannte Spülküche eingeschaltet, die vom Wohnküchenherd mitbeheizt wurde. Hier wurde das Gemüse gereinigt und geputzt, hier stand das Wasserschaff zum Geschirrspülen (das Wasser wurde am Herd nebenan erhitzt), hier wurde ein Ofen zum Wäschekochen aufgemauert, hier war Platz für einen hölzernen Waschtrog oder eine kleine Blechbadewanne (beides vom Siedler selbst anzuschaffen), hier wurden Abfälle und Kehricht in der hölzernen »Mistkiste« gesammelt.

1922 habe ich die Spülkücheneinrichtungen vorgeschlagen, die in einem Block industriell billig herzustellen waren. Die Siedler hätten damit auch eine Badewanne erhalten, über der eine Holzplatte als Küchentisch dienen konnte. Ein naturgroßes Modell davon war auf einer der großen Kleingarten-, Siedlungs- und Wohnbauausstellungen im Rathaus aufgebaut worden.

Die Kleingarten-, Siedlungs- und Wohnbauausstellungen der Stadt Wien

Diese jährlich im September wiederkehrenden Ausstellungen spielten für die Siedlerbewegung eine wichtige Rolle. Jedes Jahr wurden sie umfangreicher. Sie waren volkstümlich, aber nicht ungelehrt und boten den Siedlern Ansporn, Information und Lernmöglichkeit zugleich. 1923, es war die fünfte derartige Ausstellung, gab es bereits rund 3000 Aussteller. Der große Arkadenhof des Wiener Rathauses war der Kleintier- und Bienenzucht, der Obst- und Gemüsekultur gewidmet.

Die Ernteerträge der Wiener Kleingärtner waren enorm. Eine Zählung der Kleingärten 1923 ergab, dass 70 000 Familien, das war ein Sechstel der Wiener Bevölkerung, 2400 Hektar Fläche bebauten.

Der große Festsaal des Rathauses war einer Plan- und Modellausstellung gewidmet. Stadtbauamt, Siedlungsamt der Gemeinde und unser Baubüro des Verbandes zeigten hier in den verschiedensten Varianten, wie sich Kleingärtner und Siedler mit den geringsten Mitteln gesunde und zweckmäßige Wohnstätten schaffen konnten. Hier waren 1921 eine Kochnische nach den damaligen technischen Möglichkeiten und Erkenntnissen arbeitssparender Haushaltsführung von mir und 1922 die Beton-Spülküche als naturgroße Modelle ausgestellt.

Siedlerhaus: Kernhaus, fertiges Haus der Type 4
Wien 1923

Die Kernhäuser

Das Hauptinteresse der Ausstellungsbesucher aber galt den 1923 auf dem Rathausplatz errichteten Siedlungshäusern mit kompletter Einrichtung. Damals lief die sogenannte »Kernhausaktion« an. Außer den Siedlern, die in Siedlungsgenossenschaften organisiert waren, gab es unter den 70 000 Kleingärtnern natürlich viele, die in ihrem Garten auch Wohnstätten errichten wollten. Daraus ergab sich der naheliegende Gedanke, Kernhäuser zu projektieren, bei denen mittels einer bestimmten Anzahl von Arbeitsstunden durch Selbsthilfe zuerst der Kern eines Siedlungshauses gebaut werden sollte, der später, je nach vorhandenem Geld und möglichem Zeitaufwand, etappenweise erweitert werden konnte, bis ein normales Reihenhaus daraus entstand. Eine große Aktion kam in Gang, bei der die Gemeinwirtschaftliche Siedlungs- und Baustoffanstalt GESIBA normierte Baubestandteile und das Baumaterial lieferte. In der ersten Etappe, dem »Kern«, gab es nur die Wohnküche und einen kleinen Schlafraum, alles erdgeschoßig. Der bebauten Fläche nach war das etwa die Hälfte der Grundfläche des fertigen Hauses. In der zweiten Etappe konnte entweder nach oben, ins Dachgeschoß, oder nach einer Seite erweitert werden. Das ergab Wohnküche mit Spülküche, Schlafzimmer und eine Schlafkammer. Dann kam die dritte Etappe, in der sich die Häuser zu einer Reihe zusammenschlossen, um schließlich, wenn nötig, in eine vierte Etappe zu münden, charakterisiert durch Schlafräume für eine Familie mit bis zu sechs Personen.

Als ich im Verband arbeitete, wurden 70 solcher Kernhäuser gebaut. Die Aktion der GESIBA ging nachher noch lange weiter. Auch standardisierte Kleingartenlauben und Siedlerhütten wurden von uns projektiert und von der GESIBA in Mengen an die Kleingartenvereine geliefert.

Damals auf der Ausstellung 1923 standen alle vier Etappen eines Kernhauses mit vollständiger Einrichtung auf dem Wiener Rathausplatz. Die Besucher drängten sich derart, dass die Zugänge immer wieder gesperrt werden mussten. Auch die Presse des In- und Auslands zeigte großes Interesse. Ich besitze heute noch englische Artikel darüber. Die Kernhausaktion zeigte über die Grenzen unseres Landes hinaus, wie die Stadt Wien in schwerster

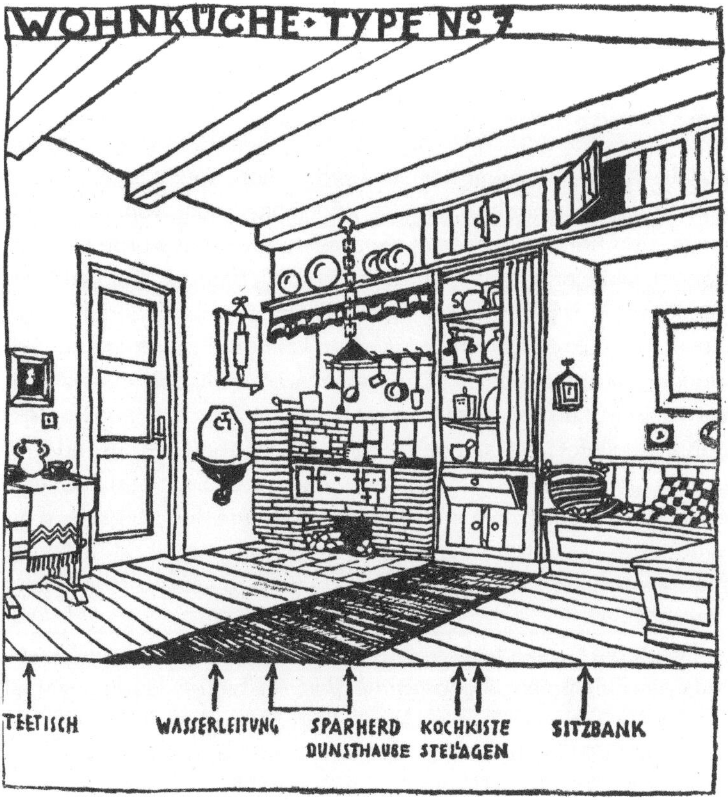

Siedlerhaus, Wohnküche des Kernhauses der Type 7
Wien 1923

Not das Wohnproblem für die Massen der Bevölkerung angepackt hat.

Die »Warentreuhand«

Auf der Ausstellung war das alles sehr schön, aber wie sah es mit der Wohnungseinrichtung in der Wirklichkeit aus, wenn die Siedlungs- und Kernhäuser fertig dastanden? Der Bau wurde subventioniert, die Einrichtung nicht. Wenn die Siedler das Geld aufbringen konnten, bauten wir alle Kastenmöbel fix ein. Dadurch wurde viel Platz gespart. Doch nur für einen kleinen Prozentsatz der Bewohner war dies möglich. Die Siedler waren bei der Anschaffung von Möbeln, Lampen, Stoffen usw. hilflos der bestehenden Konfektion ausgeliefert. Was konnte man tun? Wir hatten tausend Mitglieder, genug, um einen höheren Absatz zu garantieren. So kam es im Verband auf meinen Vorschlag dazu, eine Beratungsstelle für Wohnungseinrichtung, die sogenannte »Warentreuhand«, zu organisieren, um die Siedler vor Übervorteilung zu schützen. Wie ging das vor sich?

Damit die Mitglieder des Verbandes sich bei uns beraten ließen, mussten wir ihnen ökonomische Vorteile bieten. Zuerst einmal wählten wir fertige Gegenstände zu erschwinglichen Preisen, die wir für gut hielten, bei verschiedenen Firmen aus und veranlassten diese, den von uns gesandten Siedlern hohe Rabatte einzuräumen. Das taten sie, da sie dadurch ihren Absatz steigern konnten. Das betraf hauptsächlich Lampen, Stoffe und Ähnliches. Eine gute, billige Möbelkonfektion gab es aber nicht. So verpflichteten wir Tischlereibetriebe, nach unseren Entwürfen, entsprechend den Maßen der Räume in den Siedlungshäusern, für die von uns geschickten Kunden Möbel verbilligt anzufertigen.

Die »Warentreuhand« florierte bis zur Auflösung des Baubüros, denn sie wurde wegen der verbilligten Waren von vielen in Anspruch genommen. Dabei ließen sie sich auch von uns über Möbelstellung, über die Wahl der Modelle usw. beraten. So suchten wir Einfluss auf die Geschmacksbildung der Siedler und Kleingärtner zu gewinnen.

Einige Innenaufnahmen eines typisierten Hauses der Siedlung Eden sind mir erhalten geblieben. Es hatte eine bebaute Fläche von 6,5 zu 7,5 m. Der betreffende Siedler, ein Journalist, gab mir den Auftrag, es komplett einzurichten. Alle Schränke und Stellagen waren den Wänden vorgebaut, alle Holzarbeiten wurden von einem Tischlereibetrieb der »Warentreuhand« verbilligt durchgeführt. Man sah hier, welch hohen Wohnwert diese kleinen Siedlungshäuser hatten und wie gemütlich man darin leben konnte.

Siedlung Heuberg

In diesen Jahren entstand in Verbindung mit dem Baubüro des Verbandes auch die Mustersiedlung Heuberg. Loos schuf den Bebauungsplan, und je zwei Musterhäuser wurden von verschiedenen Architekten projektiert, darunter außer Loos auch Frank, Schuster und ich. Überall sahen wir sichtbare Balkendecken vor. Vor Kurzem besuchte ich diese Siedlung. Die Loos'schen Häuser stehen noch, wenn auch sehr verändert. Meine und die der anderen konnte ich nicht mehr erkennen. Beeindruckend aber war, dass inzwischen alt gewordene Siedler heute noch nach über 50 Jahren mir von dem Gemeinschaftsleben vorschwärmten, das sich dort damals entwickelte und auch noch lange Zeit erhalten hat. Wir hatten in der Siedlung Heuberg auch ein Klubhaus gebaut, das heute nicht mehr besteht. Es war eine der Leistungen der zwanziger Jahre, dass gleichzeitig mit den Wohnhäusern Gemeinschaftsräume errichtet wurden, in denen sich ein gesellschaftliches Leben entwickeln konnte und sich tatsächlich auch entwickelte. Die Siedlerbewegung war eine echte Bewegung geworden, die für die Bewohner nicht in dem Moment aufhörte, als sie ihr Haus bezogen – eine Bewegung, in der die Gemeinschaft mit anderen Menschen außerordentlich viel bedeutete.

Mit der Zeit jedoch, als sich die ärgste Notlage nach dem Kriege gemildert hatte, als die Währungs-, Finanz- und Wirtschaftskrise beendet war und sich auch die Bauindustrie erholt hatte, wurden die Widerstände gegen die Flachbausiedlungen mit ihrer improvisierten Selbsthilfe immer stärker.

Solche Widerstände waren von Anfang an im Rathaus vorhanden und die Diskussionen über Flach- und Hochbau rissen nie ab.

Interessanterweise waren anfangs die Argumente gegen den Flachbau nicht nur ökonomischer oder bodenpolitischer, sondern parteipolitischer Art. Es gab immer schon Leute im Rathaus, die die Meinung vertraten, dass der Siedler, wenn er einmal Haus und Garten besitze, alle Freizeit der Pflege dieser ihm lieb gewordenen Dinge widmen würde, ja sogar widmen müsste, und damit sein Interesse am politischen Leben, an seiner Betätigung für die Ziele der Allgemeinheit, der Verbesserung und Änderung der gesellschaftlichen Belange schwinden könnte. Aber gleich nach dem Kriege, in der ersten Hälfte der zwanziger Jahre, überrollte die Massenbewegung der Kleingärtner und Siedler alle theoretischen Erwägungen.

In dieser Zeit war die aus der Not geborene Siedlerbewegung eine fortschrittliche Bewegung, die den Menschen nicht nur materiell zu besserem Leben verhalf, sondern ihnen auch durch das Gefühl, Teil einer großen Gemeinschaft zu sein, Hilfe und Halt, das heißt, Lebensinhalt, bot. Das beweisen die in allen Siedlungen entstandenen kulturellen Zentren, die durch Lesungen, Vorträge, Musikpflege und vieles andere Bildung vermittelten und damit den Gesichtskreis der Siedler erweiterten und ihr Leben bereicherten. Doch was einmal fortschrittlich war, kann heute rückschrittlich sein, ja sogar zum Hemmschuh werden. Vor Kurzem habe ich einige dieser alten Siedlungen wiedergesehen. Mir, die ich seinerzeit für die Siedlerbewegung gearbeitet habe, kamen nun diese Ansiedlungen wie etwas aus längst und endgültig vergangener Zeit vor – die Häuser kleinformatig, die Menschen darin unverhältnismäßig groß und massig. Offenbar hat sich im Laufe der letzten 50 Jahre mit der Entwicklung der Technik und des ganzen Lebens in der zweiten Hälfte unseres schnelllebigen 20. Jahrhunderts auch unser Maßgefühl, der seinerzeit so viel gerühmte »menschliche Maßstab«, verändert.

Wie dem auch sei, was das Leben selbst betrifft, kann diese Wohnform dem Volk nicht mehr entsprechen. Man bedenke nur eine einzige grundlegende Veränderung: die allgemeine Berufstätigkeit der Frauen. Sie ist schon lange nicht mehr ökonomisch bedingt, wie viele Leute seinerzeit annahmen. Wie wäre es bei der damaligen Wohnart heute möglich, dem Beruf, der Ehe, der Erziehung der Kinder, dem Haushalt für die Frau und auch für den Mann gerecht zu werden? Nie sollten wir die Dinge statisch betrachten wie eine Momentaufnahme aus dem Blickwinkel unserer eigenen Zeit, sondern immer nur dynamisch, in ihrer Bewegung, in Verbindung mit Vergangenheit und Zukunft. »Vernunft wird Unsinn, Wohltat Plage«, um es mit einem klassischen Zitat auszudrücken. Und eben aus diesem Grunde starb die Siedlerbewegung als Massenbewegung der Wiener Arbeiter nach einigen Jahren ab. Es wurden auch weiterhin Flachbausiedlungen aus öffentlichen Mitteln gebaut, doch waren sie nicht mehr von einer Volksbewegung getragen und nie mehr entwickelte sich darin derselbe gesellschaftliche und kulturelle Zusammenhalt der Gemeinschaft aller Bewohner so, wie das zur Zeit der Siedlerbewegung der Fall war.

Die großen Wohnkomplexe

So setzte folgerichtig etwa 1923 der berühmt gewordene Wiener Volkswohnungsbau in großem Maße ein. Bis 1934 wurden 760 Wohnbauten in riesigen Komplexen errichtet, deren Projektierung an 190 verschiedene Architekten vergeben wurde. Die Auswahl dieser Architekten ging ziemlich unsystematisch vor sich, sodass, was die Architektur betrifft, ein Sammelsurium der verschiedensten Richtungen entstand. Nur dadurch, dass Wohnungs- und Zimmergrößen, Geschoßhöhen, Türen und Fenster, ja sogar Treppenbreiten und Handläufe genau vorgeschrieben waren, erscheinen uns heute die Fassaden bis zu einem gewissen Grade einheitlich.

Welche Wohnformen bildeten sich bei diesem Massenwohnungsbau heraus, welches waren die wohntechnischen Grundlagen? Die Wohnküche der Siedlungshäuser war hier überholt, denn überall gab es Gaszuführung. Das bedeutete Gasherde zum Kochen, die keine Wärme für den Aufenthalt der Familie im selben Raum abgaben. Man ging folgerichtig zur nächsthöheren Wohnform über, nämlich Wohnen und Kochen zu trennen. Das ergab

Wohnzimmer mit anschließenden Kochnischen. Diese Trennung war umso nötiger, als die meisten Wohnungen außer dem Wohnzimmer nur einen Schlafraum hatten, sodass fast in allen Fällen im Wohnzimmer noch ein Familienmitglied schlafen musste. Die meisten Bewohner trennten später die Kochnische sogar noch durch einen Vorhang oder eine Wand vom Wohnzimmer ab, was beweist, dass die Wohnküche beim Stand der damaligen technischen Einrichtungen und der Wohnbedürfnisse falsch gewesen wäre.

Das Verhältnis von Ein-, Zwei-, Drei- und in den seltensten Fällen auch Vierzimmerwohnungen war genau vorgeschrieben. Den weitaus größten Prozentsatz bildeten die Zweizimmerwohnungen, bestehend aus Wohnzimmer mit Kochnische und Schlafzimmer. Individuelle Badezimmer in jeder kleinen Wohnung zu installieren, wäre im Vergleich zur Errichtung gemeinsamer Badeanstalten viel zu kostspielig gewesen. Führt man sich die damaligen Wiener Wohnverhältnisse vor Augen, dann versteht man, dass Badezimmer innerhalb des Wohnungsverbandes beim Volkswohnungsbau gar nicht erst in Erwägung gezogen wurden. Ich selbst wohnte bis zu meinem siebzehnten Lebensjahr mit Eltern und Geschwistern in einer Wohnung ohne Badezimmer. Es war üblich, wöchentlich zu einem Wannenbad in eine Badeanstalt zu gehen. Bei uns lag eine solche 20 Gehminuten von der Wohnung entfernt. Es war ein ungeheurer Fortschritt, dass man in den neuen Gemeindewohnblocks zum Baden nur über den Hof gehen musste.

Problematischer war das Fehlen zentraler Beheizung. Die Öfen, einfache eiserne, runde Kanonenöfen (Dauerbrandöfen waren viel zu kostspielig) hatten sich die Bewohner selbst zu kaufen. Das Brennmaterial mussten sie im Keller lagern, da in der Wohnung kein Platz dafür war. Was es für einen Menschen bedeutet, nach achtstündiger Berufsarbeit noch fünf und sechs Treppen hoch Kohle zu schleppen, kann man sich vorstellen. Von Aufzügen konnte keine Rede sein. Musste man doch aus Steuermitteln der Allgemeinheit so schnell wie möglich so viele Wohnungen wie möglich bauen.

Der Winarsky-Hof, heute teilweise Otto-Haas-Hof

Otto Neurath hatte als Sekretär des Verbandes dem damaligen Baustadtrat eines Tages klargemacht, es sei eine Schande für die Gemeindeverwaltung, dass die großen Projektaufträge oft zufällig an irgendwelche Leute, die die nötigen Beziehungen zum Rathaus hatten, vergeben wurden, während international berühmte, in Wien lebende Architekten wie Behrens, Loos, Hoffmann und andere nicht herangezogen wurden. Das wirkte. Man wollte nicht als Banause gelten und der Stadtrat meinte: »Wir geben Euch, dem Verband, einen großen Wohnkomplex zur Projektierung in Auftrag, und Ihr verteilt ihn an die ›Modernen‹. Dann könnt Ihr Euch mit diesen Narren herumstreiten.« So berichtete uns Neurath und so geschah's. Auf diese Weise kam ich, kaum 26 Jahre alt, zu einem Gemeindeauftrag, zusammen mit sieben berühmten Architekten jener Zeit. Nach Berühmtheit wurde auch die Zahl der Wohnungen für die Planung aufgeteilt. Peter Behrens erhielt einen Löwenanteil, nämlich 200 Wohnungen, ich, als die weitaus Jüngste, 40. Die gemeinsamen Besprechungen dieser illustren Gemeinschaft fanden bei Behrens in der Akademie der schönen Künste statt, wo er als Professor wirkte. Sie sind mir genau im Gedächtnis geblieben – allein schon deshalb, weil der große Behrens als vollendeter Weltmann mir jedes Mal bei meinem Kommen die Hand küsste!

Doch Spaß beiseite. Zuerst galt es, für die allgemeine Aufteilung des umfangreichen Geländes, für die grundlegende städtebauliche Lösung, Vorschläge zu machen. Strnad schoss dabei den Vogel ab. Seine Idee, breite Öffnungen innerhalb von vier Baublöcken mit Durchgängen durch drei Gartenhöfe zu schaffen, wurde von allen sofort akzeptiert. Dieser Entwurf hatte den Vorteil schöner und ruhiger Gartenhöfe im Innern, ohne den Nachteil mangelnder Durchlüftung der Höfe, wie das bei vielen anderen Wohnkomplexen der Fall war. Alles ging glatt – die Zusammenarbeit dieser so verschiedenen Architektenpersönlichkeiten und Temperamente funktionierte die ganze Zeit erstaunlicherweise völlig konfliktlos. In den Wohnungsgrundrissen und Fassaden fielen die Baublöcke der verschiedenen Architekten ziemlich gleichartig aus. Was konnte man auch Verschiedenes machen? Ich zum Beispiel wollte, um

Querlüftung zu ermöglichen, statt vier Wohnungen nur drei an ein Treppenhaus legen. Auch schlug ich für jede Wohnung eine Loggia vor. Damals schon wussten die Hygieniker, dass die Sterblichkeitsziffer, ganz besonders bei Tuberkulose, in Wohnungen mit Querlüftung wesentlich niedriger war als in Wohnungen ohne eine solche. Doch sowohl die drei Wohnungen an der Treppe sowie auch die Loggien wurden von der Stadtverwaltung aus Ersparnisgründen abgelehnt.

Bei unserer Unzufriedenheit mit dem heutigen Wohnbau neigen wir allzu sehr dazu, die Volkswohnbauten der jetzt zu Ehren gekommenen zwanziger Jahre zu idealisieren. Davor sollten wir uns hüten. Es gab auch viele Mängel. Die Innenhöfe blieben lange Zeit Steinwüsten, und viele von ihnen hatten keine Durchlüftung. Bei Hitze entstand für die Zimmer der unteren Geschoße eine unerträgliche Stickluft, die lange nicht entweichen konnte. Die Alten und Kinderlosen beschwerten sich dauernd über den Lärm spielender Kinder und Jugendlicher in den Höfen, und an das Problem von Wohnungen für alleinstehende, berufstätige Frauen oder für alte Menschen ging man erst gar nicht heran.

Die Architektur der großen Wohnkomplexe wird heute meiner Meinung nach vielfach überbewertet. Sie war dem sozialen Inhalt nicht adäquat. Es gab dabei viel Zufälliges und Unharmonisches, ungelöste Ecklösungen und Verschneidungen, Verschwendung von Geld für irgendwelche Architekturmätzchen, unorganische Anwendung von »Kunst-Schmuck« usw.

Trotzdem – alles in allem: Der Bau der großen Wohnkomplexe war in jener Zeit eine beispiellose Leistung und ein ungeheurer Fortschritt in den Wohnverhältnissen der Wiener Bevölkerung. Gehen wir heute durch diese Wohnanlagen, so beeindrucken uns zwei grundlegende, positive Tatsachen: Zum Ersten die Höfe, die zu schönen Gartenanlagen im Innern der Blöcke geworden sind, abgeschlossen von Lärm und schädlichen Gasen des Großstadtverkehrs, und zum Zweiten die Gemeinschaftsanlagen, die in jedem großen Block gleichzeitig mit den Wohnungen errichtet wurden. Das waren vor allem Kindergärten und Krippen, mechanische Zentralwäschereien (kein Mieter konnte sich damals eine eigene Waschmaschine leisten), gemeinsame Badeanstalten, Klubräume, Ambulatorien usw. Diese positiven Tatsachen sind vor allem im

Winarsky-Hof
Wien 1924

Zusammenhang mit der großen sozialen Leistung der damaligen Wiener Stadtverwaltung zu sehen und nicht mit einer bahnbrechenden, zeitgenössischen Architektur.

Erste Begegnung mit May

Eines Tages, es mag im Frühjahr 1922 oder 1923 gewesen sein, klingelte das Telefon im Baubüro des Verbandes. Hans Kampffmeyer, damals Leiter des Siedlungsamts der Stadt Wien, rief an. Es sei ein Architekt May aus Breslau gekommen, der wolle die Wiener Siedlungen sehen. Loos hätte keine Zeit, ob ich ihn führen wolle. Bei dieser Gelegenheit brachte ich May in mein Privatatelier, einen großen Raum mit schönem Blick auf den Burggarten, hoch oben in der »neuen« Wiener Hofburg am Heldenplatz.

Es gibt Bilder, die dem Gedächtnis rasch entschwinden, und andere, die einem jahrzehntelang vor Augen stehen. So bleibt mir die erste Begegnung mit Menschen, rein optisch, oft das ganze Leben in Erinnerung. Das geht so weit, dass ich selbst Farbe und Form ihrer Kleidung nicht vergesse.

Das erste Mal – vor nunmehr fast 60 Jahren – erblickte ich May und seine Frau, auf einer Bank sitzend, zwischen blühenden Fliederbüschen am Wiener Heldenplatz, auf mich wartend. Er, ein sehr großer, kräftiger Mann von etwa 40 Jahren, mit einem markanten Kopf und riesigen Füßen, etwas merkwürdig jugendbewegt von anno dazumal angezogen, mit kurzen Hosen und faltigen schwarzen »katholischen« Schuhen (katholisch, weil Priester meist solche trugen), höflich und noch lange nicht von jenem Selbstbewusstsein geprägt, das er später zur Schau trug. Neben ihm eine reizende, zarte, junge Frau mit einem komischen kleinen Hütchen auf dem Kopf, freundlich, bescheiden, etwas linkisch, die manchmal bewundernd zu dem Riesen an ihrer Seite aufsah. Alles an ihnen kam mir typisch deutsch und etwas provinzlerisch vor. Bevor wir zu den Siedlungen fuhren, führte ich Mays durch die neue Wiener Hofburg, die 1914, als der Erste Weltkrieg ausbrach, innen noch nicht ganz fertiggestellt war. Hier hatte ich damals ein Atelier für meine privaten Arbeiten. Die Habsburger waren hinweggefegt worden, aber der für sie errichtete riesige Prunkbau stand da. Lange Zeit hatte man keine Verwendung für ihn. Unten in der großen Repräsentationshalle standen immer noch verlassene, verstaubte Werktische, darauf offene Farbtöpfe und unausgewaschene Pinsel aus dem Jahr 1914 in wüstem Durcheinander, wie wenn man erst gestern aufgehört hätte, Wände und Decken kunstvoll zu bemalen. Es war wie im Dornröschenmärchen, in dem nach hundertjährigem Schlaf der Küchenjunge seine noch ausstehende Ohrfeige bekam – es war, wie wenn die Habsburgermonarchie morgen wiedererstehen und die Maler wieder malen sollten, als wäre nicht inzwischen ein Weltkrieg über die Völker mordend hinweggezogen und das größte Land Europas von der Landkarte gelöscht worden und als kleine »Republik Österreich« neu erstanden. Immer wieder und noch in den sechziger Jahren, als ich May das letzte Mal sah, erzählte er amüsiert von dem grotesk-gespenstischen Eindruck, den die »neue« Wiener Hofburg damals bei ihm hinterließ.

In meinem romantischen Arbeitsraum hoch über den alten Bäumen des Burggartens hatte ich eine Menge theoretischer Studien und Zeichnungen über das Thema Wohnbau und rationelle Haushaltsführung. May stürzte sich geradezu darauf und fragte gleich, ob ich einen Artikel in seiner Zeitschrift *Das schlesische Heim* schreiben wolle. Das wurde der erste Artikel meines Lebens. Er ist bis heute erhalten geblieben und behandelte die Wiener Siedlungen im Zusammenhang mit den damaligen Erkenntnissen über Arbeitsersparnis im Haushalt. Prinzipiell stand darin schon alles, was ich fünf Jahre später in Frankfurt verwirklichen konnte.

Krankheitshalber musste ich im Sommer 1924 im Baubüro des Verbandes Urlaub nehmen. Dieser Urlaub dauerte 16 Monate! Zehn davon verbrachte ich in der Lungenheilstätte Grimmenstein, unweit von Wien.

Zwischenzeit 1925

Die TBC-Siedlung

Der Primararzt Dr. Mändl war ein verständnisvoller Mann. Nach einigen Wochen schon erkannte er, dass das viele Herumliegen ohne Arbeit einer Heilung nicht förderlich war. So stellte er mir für die »Freizeit« – man musste damals noch neun Stunden täglich Liegekur machen – zwei Aufgaben.

Zuerst gab er mir Lungen-Röntgenaufnahmen, die ich in Schwarz-Weiß-Zeichnungen zur Reproduktion für eines seiner Bücher umzeichnen sollte. Dann aber ließ er Reißbrett, Zeichenschiene und Dreiecke in mein Einzelzimmer, in dem ich gut arbeiten konnte, kommen und stellte mir eine Projektaufgabe. Ich solle den Entwurf für eine TBC-Siedlung machen. Was sollte das sein? Krankenkassen und Pensionsanstalt gaben damals sehr viel Geld für die Heilung TBC-Kranker aus. Alle Patienten mussten mindestens ein halbes Jahr, viele auch ein ganzes, in der Heilstätte verbringen. Nach ihrer Entlassung mussten sie, um existieren zu können, sofort wieder arbeiten gehen. Die meisten von ihnen hielten den Anforderungen eines normalen Achtstundentages in Fabrik oder Büro auf die Dauer nicht stand. Früher oder später kamen sie wieder in die Heilstätte. Das verschlang ungeheure Summen und verhinderte in den meisten Fällen eine definitive Ausheilung. Dem Projekt der TBC-Siedlung lag der Gedanke zugrunde, zwischen dem Aufenthalt in der Heilstätte und der Rückkehr in den normalen Arbeitsprozess eine Zwischenzeit einzuschalten, die die Patienten in der Siedlung verbringen sollten. Hier sollte es außer Schlaf- und Aufenthaltsräumen, Liegehallen, Lufthütten zur Nächtigung im Sommer, auch Werkstätten und andere Arbeitsräume geben, in denen sich die Patienten neben ihrer Liegekur betätigen könnten, um so allmählich in einen normalen Arbeitsprozess eingegliedert zu werden. Alles unter ärztlicher Aufsicht. Die Idee war faszinierend, und der Primararzt und ich gingen voller Eifer daran, ein solches Projekt für ein Idealgelände an einem Südhang durchzuarbeiten. Das Projekt wurde auf der internationalen Hygiene-Ausstellung in

Wien im Jahre 1925 gezeigt und fand vor allem bei Medizinern und Politikern des In- und Auslands viel Interesse. Ob jemals so etwas verwirklicht wurde, ist mir unbekannt. Bei der Abmontage der Ausstellung war ich nicht mehr in Wien, und so ist mir dieses Projekt leider abhandengekommen.

Als ich nach über einem Jahr Abwesenheit nach Wien zurückkehrte, gab es schon längst kein Baubüro des Verbandes, keine »Warentreuhand« und auch keinen Neurath als Generalsekretär mehr. Der Verband hatte sich aus finanziellen Gründen auf das Allernötigste einschränken müssen.

Das vorgebaute, raumangepasste Möbel

Gleich nach meiner Rückkehr – es war im Oktober 1925 – erhielt ich einen kleinen Privatauftrag. Es ging um die Einrichtung eines Zimmers mit den verschiedensten Funktionen. Dieser Auftrag gab den Anstoß zu systematischen Untersuchungen. Ich stellte Vergleiche an zwischen dem Aufwand an Grundfläche bei Einrichtung mit losen oder mit eingebauten bzw. den Wänden vorgebauten Möbeln. Da das Wort von »mobil« kommt, sind eingebaute »Möbel« eigentlich gar keine Möbel, sondern, räumlich gesehen, Teile des Raumvolumens und wären deshalb beim Bauprojekt notwendigerweise gleich mitzuplanen. Bis heute bezeichnet man auch den Wänden nur vorgebaute Möbel fälschlicherweise als eingebaut, was zu verhängnisvollen Missverständnissen führt, denn viele Leute meinen, diese Möbel kämen für sie nicht in Frage, weil keine Mauernischen in der Wohnung vorhanden sind. Doch lassen wir diese terminologische Konfusion beiseite.

Bei meinen damaligen Untersuchungen kam ich zu erstaunlichen Ergebnissen. Leider besitze ich darüber heute keine zeichnerischen Unterlagen mehr. Ich zitiere deshalb aus meinem 1925 erschienenen Artikel mit dem Titel *Das vorgebaute, raumangepasste Möbel*, der vorhanden ist: »Bei dieser Art der Einrichtung [gemeint sind durchwegs festgebaute, raumangepasste Möbel] sparen wir durchschnittlich 35 Prozent bis 40 Prozent der Grundfläche eines Raumes. Das bedeutet, dass wir entweder viel kleiner bauen könnten oder dort, wo schon sehr klein gebaut wird, die Räume bis zu 40 Prozent besser ausnützen könnten. Diese überraschend große Raumersparnis ist durch bessere Ausnutzungsmöglichkeit der Raumecken sowie durch häufiges Hochführen der Kästen fast bis zur Decke zu erklären [...] Auch die Reinigung des Fußbodens ist bei raumangepassten Möbeln weitaus einfacher, denn diese stehen mit dem Sockel unmittelbar am Boden. Durch die vollkommene Geschlossenheit der Möbel läuft der Sockel ohne Unterbrechung um den Raum herum, und es gibt keine engen Winkel und keine Möbelfüße mehr, die das Auskehren [Staubsauger kannte man noch nicht] behindern würden [...] Es wäre auch denkbar, derartige Möbel in einzelne Elemente zu zerlegen, diese Elemente serienweise zu erzeugen und jeweilig, dem Raum entsprechend, auf- oder nebeneinander zu stellen. Die Fugen zwischen Möbel und Wand oder Decke müssten dann durch Leisten verschiedener Breite ausgeglichen werden. Derartige Möbel könnten ohne Beschädigung der Wände aufgestellt und bei Wohnungswechsel wieder abmontiert werden. Bei subventionierten Neubauten aber wäre die Verminderung der Baukosten durch Verminderung der Kubikmeter umbauten Raumes weit größer als die Kosten dieser Möbel selbst, die den Baukosten zugeschlagen werden müssten.« Das hier bereits 1925 beschriebene Prinzip ist genau dasselbe, das wir später bei der *Frankfurter Küche* angewendet haben. Mitten in diese Untersuchungsarbeiten platzte im November 1925 ein Telefonanruf bei mir herein: »Hier May – ich bin Stadtrat für Bauwesen in Frankfurt am Main geworden. Wollen Sie nach Frankfurt kommen?« Ich eilte ins Hotel Imperial. May war geradezu trunken von Tatendrang, voll von Plänen und Ideen, die er unter Anwendung seiner reich blühenden und bestechenden Phantasie vor mir ausbreitete. Ich sagte zu. Ein neues Leben sollte beginnen.

Resümee der Wiener Jahre

Was hat mir die Zeit der ersten Hälfte der zwanziger Jahre beruflich, politisch und persönlich gegeben? Es war eine Zeit intensiver Arbeit und vieler Freundschaften, eine Zeit starker Erlebnisse, die meine spätere Entwicklung nicht unbeeinflusst ließen.

Ermers, Loos, Neurath, Kampffmeyer, Schuster, Frank und ich als die Jüngste, wir bildeten einen Kreis von Menschen, deren Beziehungen weit über das rein Berufliche hinausgingen. An den vergangenen Krieg dachten wir kaum mehr. Alles stand im Zeichen eines neuen Aufbaus – kommende Kriegsgefahren sah niemand. Persönliche Freundschaften, politisches Interesse, berufliche Arbeit, das gemeinsame Bestreben, zu einem besseren, schöneren Leben der Menschen beizutragen, all das verband uns. Und es ist kein Zufall, dass ich allen diesen Menschen – obwohl sie nachher durch die Weltereignisse in alle Winde verstreut wurden – immer wieder irgendwann begegnet bin und mit den meisten von ihnen bis zu ihrem Lebensende in Verbindung stand.

Nachdem mich diese Jahre meinem individuellen Leben des alten Wiener Bürgertums entrissen hatten – ein Prozess, der bereits während meiner Studienjahre durch Strnads Einfluss vorbereitet wurde –, fand ich die ersten Kontakte zu Arbeitern und zur Arbeiterbewegung. Ich fing an, mich theoretisch mit dem Marxismus auseinanderzusetzen. Die Verquickung von beruflicher Tätigkeit mit politischen Vorstellungen hatte damals schon auf die natürlichste Weise begonnen.

In diesen Jahren wurde mir zum ersten Mal bewusst, nur, wenn ich als Teil einer Gemeinschaft für gemeinsame Ziele eintrete und dafür auch kämpfe, erhält mein Dasein auch einen Sinn. In den vergangenen fast sechs Jahrzehnten hat sich diese Erkenntnis zwar erweitert, differenziert und um vieles bereichert, doch ist sie bis zum heutigen Tag Grundlage meines Lebens geblieben.

Ende Januar 1926 reiste ich nach Frankfurt ab.

IV. Die zweite Hälfte der zwanziger Jahre in Frankfurt am Main

Wieder war ich an einen Brennpunkt des Wohnungs- und Städtebaus geraten, der weltberühmt werden sollte. Doch davon ahnte ich damals noch nichts.

Die erste Zeit in Frankfurt kam ich mir wie ein Krösus vor. May forderte mich in Wien auf, ihm meine Gehaltsansprüche mitzuteilen. Im Siedlerverband waren wir mit materiellen Gütern nicht gesegnet. Meine »Ansprüche« waren offenbar zu gering. Ich erhielt das Doppelte von dem, was ich forderte. So mietete ich mir zwei Zimmer mit Terrasse und Zentralheizung im Frankfurter Westend. Nie zuvor hatte ich in Wien in einer Wohnung mit Zentralheizung gelebt.

Einige Tage nach meiner Ankunft bekam ich einen Fieberanfall. Als ich nicht zur Arbeit erschien, kam sofort Hans Leistikow, der Maler und Graphiker aus dem Hochbauamt, um zu fragen, ob er helfen könne. Ich war also nicht vereinsamt. Das habe ich Leistikow nie vergessen. Noch über zehn Jahre sollte ich mit ihm in Frankfurt und Moskau zusammenarbeiten.

Ernst May

Gleich nach meiner Ankunft eilte ich ins Frankfurter Rathaus zu May. Das Erste, worauf mein Blick in seinem Arbeitszimmer fiel, waren große, rote Lettern an der Wand hinter seinem Schreibtisch. Dort stand: »Fasse Dich kurz«. Ich erschrak. Doch sofort eilte mir Mays Hünengestalt mit dem energischen Cäsarenkopf entgegen und drückte mir herzlich die Hände. Gleich lud er mich für den darauffolgenden Sonntag zum Essen in seine Wohnung ein. Das stand in krassem Gegensatz zu der von mir so schnoddrig empfundenen

Schrift an der Wand. Beim Sonntagsessen fragte mich die sensible Frau May, was ich von dieser Aufschrift hielte. Wir waren derselben Meinung. Doch May verteidigte energisch sein »Fasse Dich kurz«, und die großen, roten Lettern blieben an der Wand, bis zu unserer gemeinsamen Abreise aus Frankfurt fast fünf Jahre später.

Damals, an meinem ersten Bürotag im Hochbauamt, sprach May genauso enthusiastisch von der bevorstehenden Arbeit wie seinerzeit in Wien. Hier jedoch, an der Stätte seiner Tätigkeit, spürte man vom ersten Augenblick an die Durchschlagskraft seiner Persönlichkeit in Verbindung mit sehr konkreten Aufgaben. Man wusste bei aller seiner Begeisterung und phantasievollen Schilderung der künftigen Stadt: Das sind keine Hirngespinste, keine Luftprojekte. Dieser Mann will nicht nur alles Gute und Schöne für seine Vaterstadt machen, er wird seine Pläne auch durchsetzen, seine Vorstellungen verwirklichen.

May war Frankfurter. Er hatte bei Theodor Fischer in München studiert und längere Zeit bei Raymond Unwin, dem großen englischen Städtebauer, an den Gartenstädten Letchworth und Welwyn-Garden-City mitgearbeitet. Jahrelang war er leitender Architekt der Baugenossenschaft »Schlesisches Heim« in Breslau und gab dort eine Zeitschrift gleichen Namens heraus. 1925 wurde er, ein parteiloser Fachmann, kaum 50 Jahre alt, als Stadtrat für Bauwesen in seine Heimatstadt Frankfurt zurückgeholt.

May war seiner Ausbildung und Neigung nach hauptsächlich Stadtplaner, gleichzeitig auch ein außerordentlich fähiger Organisator. Seine Idee war es, nach dem Trabantensystem die Hänge des Niddatales in Frankfurt, die von ihrer Natur her eine ideale Wohnlage boten, zu besiedeln und in den neuen Generalplan einzugliedern. In diesem großen Freiraum entstanden nun beiderseits der Nidda, eines kleinen Flüsschens, die großen Siedlungen Praunheim, Römerstadt, Bornheim und Ginnheim-Höhenblick. Auf dem Gelände zwischen den Siedlungen und dem Fluss wurden Kleingartenkolonien mit Lauben und Wohnhütten aus genormten Holzteilen angelegt.

May selbst bezeichnete dieses Großprojekt *Niddatal-Siedlung* als sein bestes Werk. Für die Siedlungen Praunheim und Römerstadt zusammen enteignete man 35 Hektar Boden und bezahlte dafür etwa ein Viertel des geforderten Preises. Mays Einstellung

Mit Wilhelm Schütte auf dem Dachgarten ihrer Wohnung
Frankfurt am Main 1929

dazu ist in einem seiner Artikel im *Neuen Frankfurt* ausgedrückt. Er schrieb: »Bei aller Härte, die jede Enteignung als Eingriff in das freie Eigentum nun einmal darstellt, kann doch kein Zweifel bestehen, dass eine moderne Großstadt, die planmäßig Städtebau betreiben will, ohne Enteignung nicht zum Ziele kommen kann.«

War May ein Gartenstadt-, ein Flachbaufanatiker, wie etwa Kampffmeyer oder Ermers? Ja und nein. Als begeisterter Gärtner hätte er selbst nie anders als im Flachbau wohnen wollen. Um sechs Uhr morgens schon arbeitete er in seinem Garten, bis er um halb acht ins Amt fuhr. Jedoch war er kein verbohrter Anhänger des Flachbaus. Das beweisen die Frankfurter Siedlungen, die fast alle Mischsiedlungen waren.

Vieles war im Frankfurter Hochbauamt Teamarbeit. Das Architekten-Spezialistenteam dieser Jahre gab seine ganze Kraft, um allem, was damals in Deutschland technisch und wirtschaftlich möglich war, funktionell und formal Gestalt zu geben. May war Mitglied des Stadtsenats. Er hatte alles, was wir machten, dort durchzuboxen, denn auf eine geistige Boxerei kam es fast immer heraus.

Wieder war ich in Frankfurt Teil einer Gemeinschaft geworden, der auch international verschworenen Gemeinschaft moderner Architekten, die für bestimmte Architekturvorstellungen eintraten und dafür kompromisslos kämpften. Denn Kämpfe, oft sehr harte, waren es, die ständig in Frankfurt ausgefochten werden mussten, beispielsweise um das »Flache Dach«, oder um die *Frankfurter Küche,* die mich persönlich in die übelsten Zeitungskampagnen, wüste diffamierende Gerüchte mit persönlichen Karikaturen und Spottgedichten hineinrissen.

Es war in Frankfurt der umgekehrte Weg als beim Bau der Siedlungen in Wien. Nicht von unten nach oben kamen die Triebkräfte für unser »Neues Bauen«, sondern von oben nach unten musste die Architektenelite, die sich May zusammengeholt hatte, ihre Vorstellungen der Bevölkerung verständlich machen. Das aber war nur ein Jahr lang schwierig. Denn als die ersten mehreren hundert Wohnungen in Niederrad-Bruchfeldstraße bezogen waren, wurden die Bewohner selbst zu den besten »Propagandisten« des »Neuen Bauens«. Sofort erhielt dieser Wohnkomplex den Namen »Zickzackhausen«, da er im Zickzack gebaut war. Allein dieser Name machte unseren ersten großen Etagenwohnungsbau populär. Wie überhaupt: Das »Neue Bauen« war in diesen Jahren das Gesprächsthema Nummer eins in der Stadt. Die ganze Bevölkerung sprach davon. In den »Appel«-Weinschenken konnte man die Leute darüber reden hören, und auf den Straßen sangen die Kinder: »Alles neu macht der May« oder »Der May ist gekommen, die Häuser schlagen aus«. Die Presse schrieb viel pro und contra. May war für jeden Bewohner dieser Stadt zum Begriff geworden – er war der Leiter all der Architekten, Stadtplaner, Techniker und Spezialisten, die er sich aus allen Himmelsrichtungen zusammengesucht hatte. Er war die Lokomotive, die alles bewegte. Hätte er nicht die Nerven, die Ellenbogen und vor allem die charakterliche Festigkeit in allen Architekturfragen besessen, um unsere damals so neuartigen Vorschläge in den öffentlichen Körperschaften durchzusetzen, keiner von uns hätte jemals das leisten können, was als »Das neue Bauen von Frankfurt« in die Architekturgeschichte eingegangen ist.

Meine politische Haltung in den zwanziger Jahren

Mein Vater war österreichischer Staatsbeamter, jedoch kein Anhänger der Monarchie. Er war erbitterter Kriegsgegner. Mit ihm zusammen stand ich 1914 im Straßenspalier, als der erste Transport Schwerverwundeter in Wien ankam. Teilweise auf Tragbahren liegend oder gestützt auf Kameraden zogen mit weißen Mullbinden bis zur Unkenntlichkeit verhüllte Krüppel an uns vorbei. Damals war ich 17 Jahre alt. Ich begann, den Krieg zu hassen. Wozu und wofür er geführt wurde, war mir völlig unklar. Im November 1918 stand ich, wieder zusammen mit meinem Vater, vor dem Wiener Parlament, als die Erste Republik Österreich ausgerufen wurde.

Meine berufliche Arbeit war von Anfang an mit der politischen Entwicklung der Ersten Republik eng verknüpft. Obwohl ich in sozialdemokratisch geleiteten Organisationen arbeitete (Genossenschaft der Kriegsinvaliden, Baugilde und Siedlerverband), trat ich erst 1924 der Österreichischen Sozialdemokratischen Partei bei. Bevor ich so einen entscheidenden Schritt tat, wollte ich mehr politisches Wissen erlangen und Programm und Ziele der Partei genau kennen. Beeindruckt durch die Leistungen der Wiener Sozialdemokratie auf dem Gebiet des Wohnungsbaus, des Gesundheits- und Schulwesens und der Kulturpolitik, glaubte ich ehrlich, das alles würde zum Sozialismus führen. Als Mitglied der Österreichischen Sozialdemokratischen Partei fuhr ich 1926 nach Frankfurt und zahlte von dort meine Beiträge in Wien weiter.

Als ich nach Frankfurt kam, war ich erstaunt und entsetzt über die politische Uninteressiertheit meiner Kollegen – der beamteten wie der nichtbeamteten. Ich war von Wien her anderes gewöhnt. Die Architekten und Techniker stammten fast alle aus kleinbürgerlichen oder intellektuellen Kreisen. Die meisten waren sehr engagiert und fleißig in ihrem Beruf. Darüber hinaus aber fühlten sie keine Verantwortlichkeit. Sie dachten etwa so: Wenn ich alle meine Kraft und Kenntnisse der beruflichen Tätigkeit widme, dann habe ich meinen Beitrag für das Wohl der Allgemeinheit voll entrichtet. Politik ist ein schmutziges Geschäft, ich aber wasche meine Hände in Unschuld. Heute bin ich davon überzeugt, dass diese Einstellung der Mehrheit der deutschen Intelligenz viel zum Sieg des Nationalsozialismus beigetragen hat. Meine Kollegen waren damals keine Nazis, aber durch ihre Gleichgültigkeit gegenüber der politischen Entwicklung ihres Landes hatten sie dem Nationalsozialismus keine feste Überzeugung entgegenzusetzen, wurden von ihm überrollt, manche verfielen ihm. Dagegen war ich von frühester Jugend an gefeit.

In Österreich gab es die Deutschnationalen. Die Mehrheit von ihnen bildete später den Kern der fanatischen österreichischen Nazis. Es ist kein Zufall, dass Hitler ein Österreicher war. Die Deutschnationalen stießen mich schon ab, als ich noch ein halbes Kind war. Es war vor dem Ersten Weltkrieg. Meine ältere, bereits erwachsene Schwester war mit deutschnationalen Studenten befreundet. Durch sie kamen wir zu einem Studentenkommers. Wir waren mit einigen jungen Leuten in einer Loge des großen Musikvereinssaals. Die Studenten in voller »Wichs« saßen im großen Parterre um bierkrügelbeladene Tische herum. Die Bierkrügel wurden nach einem bestimmten Rhythmus auf den Tischen in Kreisen gerieben. Ich glaube, man nannte das »Salamanderreiben«. Es wurde viel getrunken, es wurden Reden gehalten und Lieder mehr gebrüllt als gesungen. Worte wie »das deutsche Mädel«, »das deutsche Leid«, »das deutsche Schwert« beherrschten die Szene. Jedenfalls blieben mir nur diese in Erinnerung. Als wir nach Hause kamen, erklärte ich: »Nie mehr gehe ich zu so was hin.« Die deutschnationale Studentenbewegung war 1848 eine sicherlich wichtige, das deutsche Volk vorwärtstreibende Kraft, 1911 aber, als dieser Kommers stattfand, war sie zu einer für Österreich irredentistischen, gefährlichen und reaktionären Bewegung entartet. Natürlich wusste ich damals, als vierzehnjähriges Kind, davon nichts. Mir erschien das Verhalten dieser Menschen nur inhaltslos, ein abstoßender Unsinn. Sicher hat der damalige Eindruck seine Wirkung auf mein weiteres Denken nicht verfehlt.

In Frankfurt gab es kurz nach meiner Ankunft noch etwas, das mich enttäuschte. Am 1. Mai wollte ich, wie vorher in Wien, an der Demonstration teilnehmen. Man belehrte mich im Rathaus, dass ich mir bei der Personalabteilung den Tag freinehmen müsste. Dieser würde mir dann vom Urlaub abgezogen. Ich war empört, und ging natürlich jetzt erst recht mit. Seit 1918 war der 1. Mai in Österreich, als der große internationale Festtag, Staatsfeiertag.

Im Laufe der Jahre wurde ich in Frankfurt von Gemeinderäten und Reichstagsabgeordneten aufgefordert, der Deutschen Sozialdemokratischen Partei beizutreten. Teilweise aus eigenem Anschauungsunterricht und teilweise unter dem Einfluss des alten, bedeutenden Marxisten Carl Grünberg tat ich das nicht.

Wer war Carl Grünberg? Er stammte aus der Bukowina. Noch in der österreichisch-ungarischen Monarchie wurde er an der Wiener Universität Professor für Nationalökonomie. Diese Tätigkeit übte er, soweit mir bekannt ist, etwa 30 Jahre lang aus. Bis man ihn, den berühmten Wissenschafter, als Leiter des Instituts für Sozialforschung nach Frankfurt berief. Seine Werke sind Standardwerke, er war weltberühmt, Ehrendoktor einiger Universitäten, u.a. auch der Universität Leningrad. Neurath kannte ihn und schickte mich in Frankfurt zu ihm. Ich verkehrte Jahre hindurch im Hause Grünberg und war mit dem alten Ehepaar innig befreundet. Carl Grünberg war es, der mir die Augen über die österreichische Sozialdemokratie öffnete und mir bewies, dass sie das Land nicht zum Sozialismus führen würde. Nach den Ereignissen des 15. Juli 1927 in Österreich trat ich, nach zweieinhalbjähriger Mitgliedschaft, mit einem etwas pathetischen Brief aus der Österreichischen Sozialdemokratischen Partei aus.

Organisation des Frankfurter Hochbauamts 1925–1930

Wie war das Hochbauamt organisiert, damit die Gemeinschaftsarbeit so vieler, ganz verschiedener Menschen – Beamte und Vertragsangestellte, In- und Ausländer – Jahre hindurch gut funktionieren konnte? Auch heute noch scheint mir die Beantwortung dieser Frage für Stadtverwaltungen, Stadtplaner und Architekten nicht uninteressant zu sein.

May hatte zwei große Planungsabteilungen direkt unter seiner Leitung: erstens die Stadtplanungsabteilung, geleitet von Baurat Boehm, den May aus Breslau mitgebracht hatte. Hier arbeiteten die Architekten Bangert, der spätere Stadtbaurat von Kassel, Schwagenscheidt, der mit unserer Gruppe 1939 in die Sowjetunion fuhr, und andere; und zweitens die Abteilung T (sprich Typisierung), geleitet von Baurat Eugen Kaufmann, den May sich aus Südtirol holte. (Er lebt heute als E. C. Kent in London.) In der Abteilung T wurde alles Wiederholbare geplant: Wohnbauten, Kindergärten, Kleingartengebäude, Küchen, Schulküchen, Normenbauteile wie Türen, Fenster, Beschläge, Öfen usw., und zwar für alle städtischen Bauten sowie für die dazugehörigen Experimente, Modelle und Ausstellungen. Hier arbeiteten die Architekten Ferdinand Kramer aus Frankfurt, Adolf Meyer, vom Bauhaus geholt, ich selbst aus Wien, der Maler und Graphiker Hans Leistikow, den May aus Breslau mitbrachte, und andere. Dann gab es noch die Planungsabteilung des Stadtbaudirektors Martin Elsaesser. Bei ihm wurden alle nicht wiederholbaren Bauten wie Krankenhäuser, Schulen, Markthallen usw. projektiert.

Grundsätzlich wichtig und vorbildlich war die Verbindung zwischen Projektierung und Ausführung. Die Ausschreibungen und Vergebung aller Aufträge wurden von einer Verdingungsabteilung durchgeführt, die dem Stadtrat direkt unterstellt war. May sorgte energisch dafür, dass jede Ausschreibung und jede Vergebung in Verbindung mit dem planenden Architekten gemacht wurde. Die-

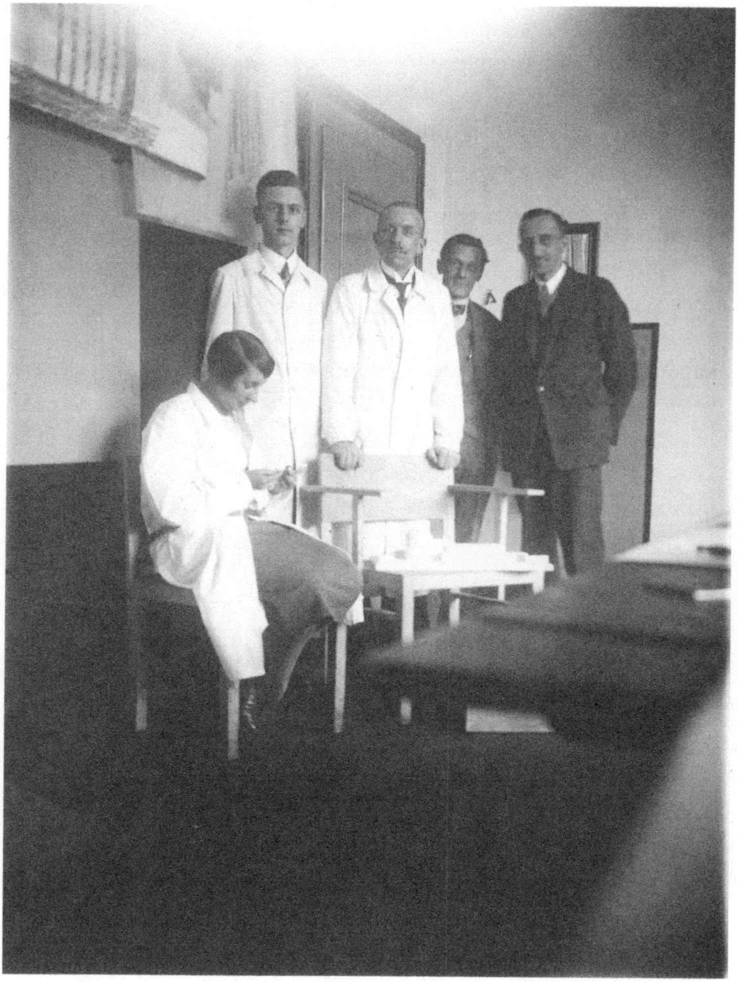

Am Hochbauamt
Frankfurt am Main 1928

ser musste alle Dokumente mit unterzeichnen. Die zu verwendenden Baumaterialien konnten nur gemeinsam mit dem Architekten bestimmt werden. Die Letztentscheidung, welche Firmen die Aufträge erhielten, durfte ebenfalls nur mit Zustimmung des planenden Architekten gefällt werden. Besonders wichtig war der Umstand, dass May auch Chef der Baupolizei war. Ebenso waren die städtischen Beamten, die die Bauleitung durchführten, ihm bzw. dem planenden Architekten unterstellt. Außerdem leitete May das Garten- und Friedhofsamt. So lag auch die ganze gärtnerische Gestaltung der Stadt in den Händen des Gartenliebhabers May. Der planende Architekt konnte so die unmittelbare Umgebung der Bauten auch gärtnerisch mit projektieren. Außerdem unterstand dem Stadtrat auch eine Bauberatungsstelle.

Auf diese Weise zog sich eine lückenlose Kette für alle Arbeiten, vom ersten Entwurf angefangen, der Vertretung desselben in den öffentlichen Körperschaften durch May, über Bau- und Ausführungspläne, Baudetails, Kostenvoranschläge, Vergebung, Bauausführung bis zum schlüsselfertigen Haus, ja sogar noch darüber hinaus bis zur Beratung der Bewohner über Einrichtung und Benutzung des Gelieferten.

Alles lag in der Hand des planenden Architekten, alle Fäden liefen hier zusammen, ein wohl ganz seltener Fall bei einer Stadtverwaltung. Und das funktionierte ausgezeichnet. Wäre diese Organisation mit den entsprechenden Machtbefugnissen nicht so konsequent durchdacht und, vor allem, nicht ebenso konsequent durchgeführt worden, niemals wäre unsere Leistung möglich gewesen. Immerhin bauten wir in manchem Jahr 4000 Wohnungen, bei einer Einwohnerzahl von rund 467 000 in Frankfurt eine beachtliche Zahl im damaligen Deutschland.

Und May ließ uns allen bei der Projektierung in höchstem Maße freie Hand. Natürlich musste er laufend informiert werden, doch war er nicht einer, der alles selber machen wollte, Voraussetzung für jeden guten Organisator. Nur so kann man seine Mitarbeiter anspornen und aus ihnen herausholen, was herauszuholen ist, nur so sind diese mit Freude bei der Arbeit. Und das war in Frankfurt in höchstem Maß der Fall.

Vergleich des Wohnbaus Wien – Frankfurt in den zwanziger Jahren

Zuerst ein Vergleich der Wiener und Frankfurter Voraussetzungen, der klar die grundsätzlichen Unterschiede aufzeigt, um beide Leistungen richtig beurteilen und bewerten zu können. Erstens: Wien begann mit dem Bauen früher als Frankfurt, schon 1920, in einer Zeit wirtschaftlicher Depression. Die Krise setzte hier bereits 1927 ein. Frankfurt begann mit dem Wohnbau erst 1926, zur Zeit der deutschen Prosperity. Die Krise kam später und strebte erst 1930 ihrem Höhepunkt zu.

In Wien war nach dem Kriege keine auch nur einigermaßen moderne Bauindustrie vorhanden. Als wir in Frankfurt anfingen, gab es bereits eine gut funktionierende Bauindustrie auf hohem technischen Niveau. Die Wohnungsnot war im Wien der Nachkriegszeit, das fast zwei Millionen Einwohner zählte, unvergleichlich größer als in der verhältnismäßig reichen Stadt Frankfurt mit damals weniger als einer halben Million Einwohnern.

Zweitens: Finanzierung und Mietenbildung waren in den beiden Städten völlig verschieden. Die Wiener Wohnbausteuer war zweckgebunden und progressiv. Aber nicht nur sie wurde zur Gänze für den Wohnbau verwendet, sondern auch große Teile der Luxussteuer, der Vergnügungssteuer und anderer Abgaben. Um den großzügigen Wohnbau zu ermöglichen, presste man aus Steuern heraus, was nur ging. Was dem Finanzstadtrat Breitner nicht gerade Sympathien einbrachte. Der Wiener Wohnbau wurde demnach ausschließlich aus Steuermitteln finanziert. Die Mieten mussten äußerst niedrig sein, wollte man dem Wohnungselend beikommen. Es gelang, ein System zu schaffen, bei dem die Mietenbildung nichts mehr mit den Baukosten zu tun hatte. Man setzte die Höhe der Miete einfach nach den niedrigsten Einkommen fest. Nur so ist es gelungen, die Ärmsten und Kinderreichsten aus ihrem Elend zu befreien, und das war letzten Endes die große Tat der Stadt Wien beim Wohnungsbau der zwanziger Jahre.

Wie waren nun Finanzierung und Mietenbildung in Frankfurt? Die 1924 eingeführte Hauszinssteuer, die der Staat und nicht die Gemeinden kassierten, war meines Wissens zwar auf dem Papier zweckgebunden, doch stopfte man damit auch andere Löcher im

Budget. Vor allem aber war sie nicht progressiv. Für eine Wohnung bekamen wir in Frankfurt weniger als die Hälfte der Baukosten aus der Hauszinssteuer, und auch dieser Betrag musste noch mit ein bis zwei Prozent verzinst werden, jeder andere weit höher. Diese Art der Finanzierung ergab 60 bis 70 Mark Monatsmiete. Das konnte ein Arbeiter, auch der gelernte, der damals 240 Mark verdiente, nicht bezahlen. Er hätte höchstens eine Miete von 48 Mark bezahlen können, wollte er mit seiner Familie das Auskommen finden. Erst vom Werkmeister aufwärts oder für Angestellte und Intellektuelle waren die Mieten tragbar. Da, wie gesagt, die Hauszinssteuer nicht progressiv war, ergab sich der Zustand, dass diejenigen, die den größten Teil der Hauszinssteuer aufbrachten, nicht in den Genuss der neuen Wohnungen kamen.

Man sieht, schon der Ausgangspunkt für den Wohnungsbau war in Wien und Frankfurt von vornherein völlig verschieden. In Wien war es die Aufgabe, so rasch es ging möglichst vielen der Mindestbemittelten ein menschenwürdiges Obdach zu schaffen. In Frankfurt hingegen war die Aufgabe von Anfang an, ein Beispiel für zeitgemäßes Wohnen mit den fortgeschrittensten technischen Mitteln der zweiten Hälfte der zwanziger Jahre zu geben, einschließlich aller dafür notwendigen Experimente. Deshalb baute man in Wien primitiver, deshalb nur Wohnküchen oder Kochnischen, deshalb keine individuellen Badezimmer, sondern Badeanstalten in den Großblöcken, deshalb keine Zentralheizung. Aber dafür Club- und Versammlungsräume in jedem Wohnblock, um ein gesellschaftliches Leben zu ermöglichen. Etwas, worüber man in Frankfurt nicht einmal diskutierte. In Wien sagte man, wie Loos das ausdrückte: »Das neue Bauen und Wohnen erfordert auch neue Menschen.« Die Bewohner müssen Räume haben, wo sie ihre Probleme diskutieren, sich weiterbilden können, wo sie die Möglichkeit haben, gemeinsam ein kulturelles Leben zu entwickeln. Und das war in den meisten Wiener Wohnblöcken der Fall.

Der durchschnittliche Bewohner der Frankfurter Siedlungen aber wollte sich damals in seiner Freizeit möglichst von den anderen abgrenzen und sein individuelles Leben führen. Das hatte natürlich sehr verschiedene, vielschichtige Ursachen, die hier nicht analysiert werden können.

Der Wohnbau in Wien entstand ursprünglich durch eine Massenbewegung, unter aktiver Beteiligung der interessierten Menschen, durch eine Volksbewegung. In Frankfurt hingegen gab es keine Volksbewegung. Es war eine Gruppe fortschrittlich-liberaler Politiker, wie der Oberbürgermeister Landmann, der Finanzstadtrat Asch und andere, die sich bekannte Architekten und Stadtplaner holten, in erster Linie Ernst May als Stadtrat und Martin Elsaesser als Stadtbaudirektor, welche sich dann ihrerseits wieder ihr Team zusammenstellten. Alles in allem berief die Stadtverwaltung damals etwa 40 Leute aus dem In- und Ausland nach Frankfurt. Ich gehörte direkt dem May-Team an. Wir im Hochbauamt der Stadt waren keine Beamten, sondern Vertragsangestellte mit beiderseitig kündbaren Verträgen – zum Unterschied von Mart Stam aus Holland, Franz Schuster und Anton Brenner aus Wien, die May später als Privatarchitekten nach Frankfurt holte.

In Frankfurt standen die genormten Bauteile von Architekt Kramer sowohl künstlerisch als auch technisch auf weit höherem Niveau als die in Wien verwendeten, was nur teilweise ökonomisch begründet war.

In Frankfurt konnte man an Neuerungen herangehen, an die in Wien nicht zu denken war. Eine solche Neuerung war die Frankfurter Beton-Plattenbauweise – meines Wissens überhaupt der erste Versuch, vorfabrizierte Bauteile in der Fabrik herzustellen. Oder die in jede Wohnung eingebaute Kücheneinrichtung, nach allen Regeln der Schritt- und Griffersparnis rationeller Haushaltsführung geplant. Trotz vieler Bemühungen meinerseits war in meiner Heimatstadt eine solche Rationalisierung nicht durchzusetzen.

Wien war die große soziale Tat der zwanziger Jahre – nicht mehr, aber auch nicht weniger! Frankfurt war gegenüber Wien in vieler Beziehung ein Qualitätssprung – funktionell, wohnmäßig, hygienisch-medizinisch, technisch und architektonisch. Das alles zusammen bedeutet letzten Endes Wohlbefinden der Menschen innerhalb von Räumen in der Stadt, Räumen in den Straßen, Räumen in den Häusern – Beglückung durch Schönheit der unmittelbar umgebenden Welt. Zwischen Wien und Frankfurt lagen zeitlich nur fünf Jahre. Auf den oben angeführten Gebieten jedoch war der Wohnungsbau in Frankfurt dem der Wiener um viele Jahre voraus.

Soweit der Vergleich Wien – Frankfurt, die zwei Beispiele der zwanziger Jahre, die heute, über 50 Jahre später, nicht mehr direkt

Beispiele sein können. Andere gesellschaftliche Verhältnisse, völlig andere bautechnische Mittel, und damit auch völlig andere künstlerische Ausdrucksmittel, kennzeichnen unsere Arbeit in der zweiten Hälfte des 20. Jahrhunderts. Das aber, was an diesen Beispielen interessieren kann, ist, so glaube ich, die große pionierhafte Leistung, die damals sowohl in Wien als auch in Frankfurt vollbracht worden ist.

Die Wohnungstypen

Die zentrale Aufgabe war der Wohnbau. Bereits bei der ersten Besprechung im Hochbauamt schlug May mir vor, mich mit den Typengrundrissen der Wohnungen im Hinblick auf die rationellste Haushaltsführung zu beschäftigen. Er machte mich mit Eugen Kaufmann, dem Leiter der Abteilung T (Typisierung), wo alle städtischen Wohnungen projektiert wurden, bekannt. Da wir die Hausarbeit auf ein Minimum herabdrücken wollten, standen wir, noch bevor auch nur ein Strich für die Entwürfe gemacht wurde, vor der Entscheidung der grundsätzlichen Fragen: Wo wird gewohnt? Wo wird gegessen? Wo wird gekocht? Das ergab wieder die Frage: Wohnküche? Kochnische, abschließbare Nur-Arbeitsküche oder Essküche?

In allen Frankfurter Wohnbauten, einerlei ob es Flachbausiedlungen oder Wohnblöcke mit Etagenwohnungen waren, gab es eine Gaszuführung für das Kochen. Die Brennstoffersparnis, die sich durch Wohnen und Kochen mit Holz und Kohle in ein und demselben Raum ergibt, fiel weg. Das bedeutete Abkehr von der Wohnküche. Auch die zum Zimmer offene Kochnische erschien uns in Frankfurt wegen der unangenehmen Küchengerüche im Wohnzimmer zu primitiv. Elektrische Dunstabzüge gab es noch lange nicht für den Durchschnitt der Bevölkerung. Die Essküche, wie sie in den dreißiger Jahren in Schweden oft gemacht wurde (ich bin damals sehr dafür eingetreten), hätte die Wohnung um den Essplatz, um mindestens 7 bis 8 m², vergrößert. Diese 8 m² plus aber konnten wir uns nicht leisten, da die Mieten wegen der Finanzierungsart sowieso sehr hoch wurden.

Wir entschieden uns daher für die vom Wohnzimmer abtrennbare Nur-Arbeitsküche unter folgenden Bedingungen:

1. Die Länge des Weges von Herd, Küchentisch und Spüle zum Essplatz im Wohnzimmer darf nicht mehr als 2,75 m bis 3 m betragen.
2. Der Wohnungsgrundriss muss so beschaffen sein, dass die Hausfrau und Mutter, während sie in der Küche beschäftigt ist, die Kinder im Wohnzimmer beaufsichtigen kann. Deshalb soll eine mindestens 90 cm breite Türöffnung zwischen Küche und Wohnraum vorhanden sein, die womöglich durch eine Schiebetür abschließbar ist.
3. Die Küche muss direkten Zugang zum Flur haben.
4. Die Belichtung bei Tag muss durch ein Außenfenster erfolgen. Die künstliche Beleuchtung muss dergestalt überlegt sein, dass man sich auf keiner Arbeitsfläche (Herd, Küchentisch, Spüle) Schatten macht.
5. Der Küchendunst muss durch eine Dunsthaube und einen besonderen Abzug über das Dach ins Freie entweichen können.
6. Die Nur-Arbeitsküche soll so klein als möglich sein, um maximale Schritt- und Grifffersparnis zu erzielen, jedoch so groß, dass darin zwei Menschen nebeneinander arbeiten können, ohne dass sich ihre Wege kreuzen.
7. Die Küchen können nur dann auf das für arbeitssparende Haushaltsführung nötige Maß heruntergedrückt werden, wenn sie mit allen nötigen festmontierten Einrichtungsgegenständen versehen sind. Diese werden den Bewohnern gleichzeitig mit der Wohnung fertig geliefert. Das bietet, zusammen mit dem vorher genau berechneten Raumformat, zwei große Vorteile. Zuerst: Die mit festgebauten Möbeln fertig eingerichtete Küche erfordert weniger Kubikmeter umbauten Raums, und zweitens: Für einen Teil des dadurch gesparten Geldes kann man den Bewohnern eine komplette, nach allen Regeln arbeitssparender Haushaltsführung durchdachte Kücheneinrichtung zusammen mit der Wohnung übergeben.

8. Wenn man die Kücheneinrichtung den Baukosten zuschlägt, wird diese, ebenso wie der Bau, durch eine öffentliche Subvention mitfinanziert. Die Mietkosten errechneten sich in Frankfurt aus den Baukosten. Diese erhöhten sich durch die Einrichtung der Küche um eine Mark im Monat, doch verringerte sich die Miete durch die Einsparung von Kubikmetern umbauten Raums um weitaus mehr, sodass die Bewohner durch den Einbau der kompletten Kücheneinrichtung letzten Endes keine Erhöhung der Miete zu erleiden hatten.

Das waren die grundlegenden Überlegungen, die zur *Frankfurter Küche* geführt haben. Sie ergaben, nach vielen Untersuchungen, als günstigstes Format für die Küche einen Raum von 1,90 m Breite und 3,40 m Länge, demnach knapp 6,5 m², mit einer 90 cm breiten Türe zum Flur sowie einem 1,40 m breiten Außenfenster. Diese bauliche Grundkonzeption der Normenküche bestimmte im Wesentlichen alle Typengrundrisse, einerlei, ob es sich um Etagenwohnungen oder um Siedlungshäuser im Flachbau handelte. Außer dieser Konzeption für die Grundrisstypen gab es noch eine Menge baulicher Vorkehrungen innerhalb der Küchen durchzuführen, auf die später im Abschnitt der detaillierten Normenkücheneinrichtungen eingegangen wird.

Leider wurden bei vielen der Wohnungen, die die Aktienbaugesellschaft und nicht das Hochbauamt projektierte, obige Bedingungen nicht immer voll eingehalten, was die *Frankfurter Küche* heute noch in Verruf bringt. So wurde zum Beispiel die breite Türöffnung zwischen Küche und Wohnzimmer häufig weggelassen und die unbedingt erforderliche Einheit Küche–Wohnraum zerstört, trotzdem aber die *Frankfurter Küche* eingebaut. Kleine Ursachen – große Wirkungen. Die Mutter konnte die im Wohnzimmer spielenden Kinder während ihrer Arbeit in der Küche nicht mehr beaufsichtigen, der Weg von Herd, Küchentisch und Spüle zum Esstisch wuchs von 3 m auf 6 m! Außerdem mussten auf diesem Wege zwei Türen geöffnet werden, und drittens wurde der Küchenraum in seinen Proportionen zu einem elenden, beengenden Schlauch, in dem sich niemand wohlfühlen konnte. Ich würde mich als Architekt schämen, so etwas je gemacht zu haben. Leider wurden in Westberlin, jetzt nach 50 Jahren, diese Küchen gebaut, und man beruft sich bei solchem Unsinn auch noch auf die *Frankfurter Küche* und ihre Urheberin!

Natürlich gab es auch manche Variation der *Frankfurter Küche*, zum Beispiel wenn es sich um Flachbauten handelte, bei denen, durch die Himmelsrichtung bedingt, die Küche einen Ausgang in den Garten haben musste, oder wenn es sich um vereinzelte Ecklösungen oder um die Frankfurter Einliegerwohnungen handelte, die für Alleinstehende in den obersten Etagen eingebaut wurden.

Alle Wohnungen, die in den Jahren 1926 bis 1930 ganz oder teilweise mit städtischen Mitteln in Frankfurt gebaut wurden, einerlei ob vom Hochbauamt, von Baugenossenschaften, Gesellschaften oder Privatarchitekten projektiert, mussten die komplette sogenannte *Frankfurter Küche* mit der gesamten Einrichtung versehen und obige Forderungen schon beim Bau berücksichtigen. Auf diese Weise sind in fünf Jahren, nach Aussage von Ernst May, 10 000 solcher Küchen den Bewohnern gleichzeitig mit der Wohnung übergeben worden.

Aus allem oben Beschriebenen ersieht man, dass die Entstehung der *Frankfurter Küche* in erster Linie eine Bauprojektierungs- und eine Finanzierungsentscheidung war, und erst in zweiter Linie eine Einrichtungsfrage. Diese soll in einem anderen Kapitel dieses Buches erläutert werden. Die Aufgabe, neue Wohnungstypen zu schaffen, war enorm. Die Stadt hatte ein Wohnbauprogramm für zehn Jahre aufgestellt. Dieses wurde mit 1200 fertiggestellten Wohnungen im ersten Jahr (1926) und 4000 Wohnungen bis 1930 erfüllt.

Alles in allem wurden 28 Grundrisstypen für Einfamilien- und Zweifamilienhäuser im Flachbau und für Etagenwohnungen ausgearbeitet. Der Bedarf an Zweizimmerwohnungen lag bei 72 Prozent, an Dreizimmerwohnungen bei 23 Prozent und an Vierzimmerwohnungen bei 4,9 Prozent (Aufgliederung 1926). Es stellte sich bald heraus, dass es sehr schwierig war, die Kopfzahl pro Familie festzustellen. Der Durchschnitt (Einwohnerzahl der Stadt geteilt durch die Anzahl der vorhandenen Wohnungen) ergab, dass die Frankfurter Familie aus vier Personen bestand. In Wirklichkeit aber musste man ganz andere Zahlen bei den Wohnungssuchenden und Wohnungsbedürftigten feststellen. Wer waren die Menschen, die am dringendsten Wohnungen benötigten? Interessanterweise gerade die einander entgegengesetzten Gruppen, was die Wohnungsgröße betrifft. Es waren nämlich zum Ersten: junge Paare und Alleinstehende, die die teuren Untermieten nicht bezahlen konnten. Das bedeutete Kleinstwohnungen. Es waren zum Zweiten: die kinderreichen Familien, die zahlenmäßig am meisten unter der Wohnungsnot litten. Die Wohnungsgrößen mussten demnach polarisiert werden. Deshalb bauten wir später einerseits mehr Kleinstwohnungen (von der CIAM Wohnungen für das Existenzminimum genannt), andererseits bauten wir eine bestimmte Zahl von Wohnungen für Kinderreiche.

Über die 28 Grundrisstypen beim Frankfurter Hochbauamt ist so viel veröffentlicht worden, dass ich hier nur einige allgemeine Gesichtspunkte für die Gestaltung der Wohnungen, die für unsere Planung wesentlich waren, nennen will.

Die Frage, wie sich durch richtigen Wohnungsbau die Hausarbeit verringern kann, erschöpft sich bei Weitem nicht mit der Entscheidung, ob Wohnküche, Kochnische oder Arbeitsküche. Wesentliche Arbeitsersparnis kann auch eintreten durch die richtige Anordnung der Räume, durch Vermeidung jeglichen toten Raums, durch richtige Verteilung von Türen, Fenstern und Mauerpfeilern, um möglichst gute und viele Stellflächen für die Möbel zu gewinnen, durch Vermeidung von Ecken und Winkeln, die das Reinigen erschweren, durch richtiges Aufschlagen der Türen, durch Fensterhöhen und Konstruktionen, die das Reinigen der Glasflächen erleichtern, und vor allem durch eine gute Normierung der Baubestandteile. Diese Normierung ist wichtig, nicht nur, damit durch eine industrielle Massenerzeugung die Baukosten gesenkt werden, sondern auch, um durch die Art ihrer Beschaffenheit Arbeit zu ersparen. Dafür wurden vom Hochbauamt gedruckte Normblätter ausgegeben. Sie betrafen, außer Fenstern und Türen, Beschläge, Öfen, die Kücheneinrichtungen, Dunsthauben usw. Die Verwendung dieser Normen war für alle städtischen Bauten oder solche, die teilweise von der Stadt finanziert wurden, obligatorisch. All das schien uns wichtig, denn unserer Überzeugung nach erhöhte das Bewusstsein, dass sich die alltägliche Hausarbeit in rascher und einwandfreier Weise abwickelt, ganz wesentlich die Behaglichkeit des Wohnens.

Man darf nicht vergessen: Der Entwurf von Wohnungsgrundrissen mit der Verteilung der Räume und Fenster wurde bis dahin mehr von der Fassade als von der Bewohnbarkeit im Inneren des Hauses bestimmt. Nur beides zusammen ergibt den Wohnwert und muss befriedigend gelöst werden: Der Mensch muss das Innere seiner Wohnung genauso harmonisch und schön empfinden können wie das Stadt- oder Straßenbild. Man muss heute verstehen, dass die Veräußerlichung der Wohnbauten in der zweiten Hälfte des 19. Jahrhunderts und bis zum Ersten Weltkrieg, die darauf abzielte, bei Vergewaltigung der Wohnbedürfnisse, möglichst viele prunkvolle, monumentale Fassaden zu schaffen (selbst bei Arbeiterzinskasernen), nach dem Ersten Weltkrieg eine erbitterte Gegnerschaft hervorrief (die »Funktionalisten«), bei der dann das Pendel manches Mal auch zu viel nach der anderen Seite ausschlug (»Was gut ist, ist auch schön«).

Für wen baute man bis zum Ersten Weltkrieg Wohnungen? In der Hauptsache für Familien, in denen die Frauen keinem Beruf nachgingen, ja vielleicht sogar Dienstboten im Haushalt beschäftigten. Einen von der öffentlichen Hand subventionierten sozialen Wohnbau gab es fast nirgends in Europa. Deshalb empfanden wir die in Frankfurt vor sich gehenden Veränderungen in Bauwesen und Architektur nicht als Ausdruck einer normalen Entwicklung, sondern als eine tiefgreifende Umwälzung, die sich zu dem unmittelbar Vorhergehenden in scharfem Widerspruch befand.

Von den vielen Siedlungen, die zwischen 1925 und 1930 mit städtischen Mitteln in Frankfurt erbaut wurden, sei hier nur eine derjenigen herausgegriffen, an denen ich selbst wesentlich beteiligt war, vor allem deshalb, weil sie, als eine der ersten, zur Experimentiersiedlung wurde.

Die Siedlung Praunheim

Die Siedlung Praunheim war mit dem Bau von vierzehnhundert Wohnungen die erste große Flachbausiedlung der Niddatal-Bebauung. Sie vereinigte die verschiedensten Grundrisstypen. Hier wurde die Plattenbauweise erprobt, hier wurden die ersten Kleinstwohnungen und die sogenannten »Einliegerwohnungen« ebenso wie Wohnungen für Kinderreiche gebaut, hier wurde das erste Mal das Frankfurter Farbenprinzip bei den Fassaden angewendet, hier gab es eine große Musterkleingartenanlage mit typisierten Lauben und Hütten.

Der große Baukasten, die Frankfurter Plattenbauweise

Es lag im Zuge der Zeit, dass man sich dort, wo es große Möglichkeiten für den Massenwohnungsbau gab, Gedanken darüber machte, dass die Herstellung der Baubestandteile immer weitergehender industrialisiert werden konnte. Die Wohnung wurde nach dem Ersten Weltkrieg zum Massenartikel. Sollte sie jedoch Massenartikel, das heißt, für die Masse der Bevölkerung auch bezahlbar sein, musste sie wie jeder andere Massenartikel weitgehend industriell herstellbar werden. In einer Zeit, in der es bereits eine moderne Flugzeugindustrie gab, baute man die Mauern der Wohnhäuser immer noch wie vor 3000 Jahren, indem man von Hand Stein auf Stein schichtete. Diesen so krassen Widerspruch zu lösen, war damals schon die historische Aufgabe aller Baufachleute, und sie ist es heute noch.

Da wir in Frankfurt die Möglichkeit hatten, zu experimentieren, lag es auf der Hand, an diese Aufgabe praktisch heranzugehen. Die Devise dabei war: Je weniger Arbeit an der Baustelle, umso rascher und wirtschaftlicher können wir bauen, desto erschwinglicher werden die Mieten, desto mehr Menschen kommen in den Genuss einer neuen und besseren Wohnung. Es gab aber noch einen zweiten Faktor, der für die industriell hergestellte Mauer sprach. Das Baugewerbe war bis dahin reines Saisongewerbe, die Arbeit am Bau war Sommerarbeit. In der Fabrik jedoch konnten die Außen- und Innenwände, unabhängig von der Witterung, das ganze Jahr hindurch hergestellt werden, und die Bauarbeiter konnten auch im Winter dort Beschäftigung finden.

Bereits im Herbst 1926 wurde in Frankfurt eine Fabrik zur Erzeugung großformatiger Bauteile in einer vorhandenen Werkhalle eingerichtet. Die Erzeugung lag in der Hand der Stadtverwaltung.

Aus einer Mischung von Bimskies, Bimssand und Zement wurden Platten von 3 m Länge, 1,10 m Breite und 20 cm Dicke hergestellt, die an der Baustelle mit einem Kran versetzt wurden. Die Platten waren verhältnismäßig leicht, nagelbar und wärmeisolierend. Eine Mauerfläche, die beim Plattenbau nur 35 Minuten Arbeitszeit benötigte, erforderte beim Ziegelbau fünf Maurerstunden. Die Kosten pro Quadratmeter Außenwand waren um 26 Prozent niedriger als beim Ziegelbau. In zwei bis drei Tagen war ein Haus in der Plattenbauweise im Rohbau fertig.

Aufgrund der sich aus den Geschoßhöhen und Zimmergrößen ergebenden Plattenmaße mussten neue Grundrisstypen ausgearbeitet werden. Auch mussten die Maße aller Frankfurter Normenbauteile, wie eiserne Türzargen, Normenfenster, Normenöfen, Normenküchen etc., berücksichtigt werden. Es ergaben sich andere Hausbreiten und leider auch, durch Geschoßhöhen und Deckenkonstruktion bedingt, 1,10 m hohe Fensterbrüstungen. Das fand ich für die Zimmer viel zu hoch. Das Empfinden für die Verbindung des Wohnens mit der Natur wurde dadurch wesentlich gestört. Ich sträubte mich dagegen, doch ohne Erfolg. Das Problem war natürlich, eine möglichst geringe Anzahl von Platten zu benötigen. Die Arbeit für die Grundrisse war, bei den kleinen Zimmern und all den sonstigen Bindungen, eine unbeschreibliche Rechnerei. Wir betraten mit dieser Plattenbauweise in der Praxis vollkommenes Neuland.

Nachdem die Ergebnisse der ersten zehn Versuchshäuser sich als befriedigend erwiesen hatten, wurden in Praunheim 200 »Plattenhäuser« errichtet. Uns war jedoch damals schon klar, dass es noch jahrzehntelanger Arbeit bedürfen werde, die Fragen des industriellen Wohnbaus zu lösen. Tatsache ist, dass man sich bis zum heutigen Tag beim Massenwohnbau auf die großformatige Betonplatte stützt. Meines Wissens waren die 200 Plattenhäuser der Siedlung Praunheim der erste Versuch in Deutschland, den industriell hergestellten Wohnbau in größerem Maßstab zu verwirklichen.

Natürlich wurde die Frankfurter Plattenbauweise von Anfang an erbittert bekämpft. Um sie schlechtzumachen, nannte man sie »Mays kleine Sowjetindustrie«.

Gropius, der sich ebenfall energisch für die Industrialisierung des Wohnbaus einsetzte, schrieb 1926 über die notwendige Forschung im *Neuen Frankfurt*: »Die Idee der Industrialisierung marschiert und ist unaufhaltsam, da sie in den Notwendigkeiten der Zeit begründet ist. Das Tempo der Entwicklung hängt weniger vom vorhandenen Gelde, als von der Entschlossenheit zur Umstellung und von der klaren Fassung des Problems ab. Im Kriege entstanden Tausende Kilometer Schützengräben und niemand fragte nach ihrer Rentabilität. Ist die Verteidigung der Volksgesundheit und der Familie weniger wichtig?«

Vor einem Jahr sah ich nach über 50 Jahren die Siedlung Praunheim das erste Mal wieder. Die Plattenhäuser stehen heute, genau wie alle anderen, in bester Verfassung da. Niemand kann von außen mehr erkennen, welches ein »Plattenhaus« und welches ein anderes ist. Sie sind von schönen Rasenflächen und Gärten umgeben, und man erlebt sie in den reizvollen Farben, die Leistikow damals angegeben hatte, mitten im Grünen – als schöne Zeugen der Pionierarbeit der zwanziger Jahre.

Alle auf Fernwirkung berechneten Flächen sind weiß (siehe Ansicht der Siedlungen Praunheim und Römerstadt vom Niddatal aus), die Fassaden an den Straßen und Plätzen, die Innenräume der Siedlungen blau und rot. Die Wirkung dieser starken Farben, inmitten grüner Rasenflächen, Bäume und Hecken, ist heute noch, oder vielleicht gerade heute, bei unserem turbulenten Stadtleben gleichzeitig harmonisch und doch belebt. Die Geraden der vom Menschen gestalteten Architektur bilden zusammen mit den bewegten Formen der Natur einen eigenen Reiz und strafen hier den heutigen Sturmlauf gegen eine angebliche Monotonie im »Funktionalismus« Lügen. Wir alle waren damals überzeugt, dass gewollte Variabilität nur die Gefahr der Anarchie in sich birgt, während Wiederholung gleicher Elemente nicht Monotonie, sondern wohltuende Harmonie erzeugt. Dafür gibt es unzählige historische Beispiele. Städtebaulich sind alle diese Siedlungen um das Niddatal herum.

Ein ähnlicher Vorwurf richtet sich heute gegen die Monotonie im Zeilenbau. Sicherlich hat der sture Zeilenbau in letzter Konsequenz zu Monotonie geführt, doch war er zu seiner Zeit ein Fortschritt. Warum? Der Zeilenbau ist gerade in dem Moment entstanden, als voraussehende Stadtplaner erkannten, dass die zunehmende Motorisierung ungeheure Lärmentwicklung und Luftverschmutzung mit sich bringen wird. Das bedeutete, Wohnhäuser nicht mehr als Begrenzung von Straße und Platz anzulegen. Und das bedeutete wieder, die Häuser mit den Giebeln zur Straße zu stellen, damit die Fenster aller Wohnungen auf Grünflächen gerichtet sind. Der Zeilenbau war die natürliche Folge der Motorisierung in unseren Städten. Er war damals ein Fortschritt, heute ist er überholt. Doch schon in Frankfurt suchten wir davon loszukommen, was der Etagen-Wohnkomplex in Niederrad-Bruchfeldstraße (Zickzackhausen) und die Siedlungen um das Niddatal beweisen. Hier wechseln Alleestraßen und Wohnwege immer wieder mit kleinen Plätzen ab, und es entstehen städtebaulich geschlossene Bilder.

Der Dachgarten, die schönste Konsequenz des flachen Dachs

Zum weiteren Experiment wurde das flache Dach. So merkwürdig es heute klingen mag, aber um die Durchsetzung des flachen Dachs musste damals schwer gekämpft werden. Der größte Gegner war bezeichnenderweise die Dachdeckerinnung. Doch auch die »Heimatschützler« und die »Deutschtümler« (spätere Nazis)* machten uns zu schaffen. Auch das flache Dach suchte man lächerlich zu machen. Man nannte Praunheim »Mays Neu-Marokko«, und die Häuser belegte man mit so liebevollen Ausdrücken wie »Eierkisten« oder »giebellose Hundeställe«.

Aber der Fortschritt lässt sich nirgends und auf keinem Gebiet endgültig aufhalten, und so ist heute das flache Dach zur Selbstverständlichkeit geworden. Das hängt auch mit dem technischen Fortschritt im Bauwesen, vor allem mit neuen Materialien zusammen. Wie dem auch sei – die Dachdecker sterben aus, wie auch die Kutscher ausstarben und den Chauffeuren Platz machen mussten.

Und so ist in den Frankfurter Siedlungen, vor allem auch in den Etagenwohnblöcken, eine große Anzahl Dachterrassen entstanden, die den Mietern den Aufenthalt im Freien ermöglichten. Die Bewohner von Praunheim, Römerstadt, Ginnheim, aller der Siedlungen, die um das Niddatal herum liegen, hatten von ihren Dachterrassen den schönsten Ausblick in die Landschaft.

Das Wohnen auf dem flachen Dach, zum Dachgarten ausgebaut, ist für viele Menschen in der Großstadt das ideale Wohnen. In 40 bis 50 cm hoher Erde in Bottichen oder Beeten wachsen alle Arten von Stauden, ja sogar Spalierobst. Der Dachgarten, ohne Stiege, direkt von den Zimmern aus erreichbar, erfordert zu seiner Pflege wesentlich weniger Zeitaufwand als ein Garten. Für alle Berufstätigen ist er von unschätzbarem Wert. Ich habe Erfahrung, denn ich habe selbst jahrelang in einer typischen Frankfurter Neubauwohnung mit Dachgarten gewohnt. Ich wohne auch heute wieder in einer Wohnung mit Dachgarten. Momentan hätten wir in Wien viel Gelegenheit, Dachgärten, direkt von den Wohnungen zugänglich, zu bauen. Da es vielleicht auch andere Städte mit solcher Gelegenheit gibt, will ich kurz darüber berichten. Wien ist in seiner Bausubstanz eine außerordentlich überalterte Stadt. Es gibt sehr viele enge Gassen, in denen jetzt alte Häuser niedergerissen werden müssen. Bei den an ihrer Stelle neu errichteten Wohnbauten (in einem solchen wohne ich) müssen, nach Bauvorschrift, die neuen Häuser ab dem vierten Stockwerk zurückspringen, um die Belichtung der gegenüberliegenden Wohnungen in den unteren Geschoßen zu gewährleisten. Dabei erhält man in den oberen Geschoßen des abgetreppten Baus Dachterrassen, die man als schöne Wohngärten ausbilden kann. Für Wien und andere Städte sei dies zur Nachahmung empfohlen.

Kleinstwohnungen, Einliegerwohnungen, die Wohnung für das Existenzminimum

Nach dem Frankfurter Wohnbauprogramm hatten den größten Anteil die Dreiraumwohnungen, beim zweigeschoßigen Reihenhaus im Flachbau die Vierraumwohnungen. Es stellte sich jedoch bei der Art der Frankfurter Finanzierung bald heraus, dass die für diese Wohnungen erforderlichen Mieten von 60 bis 70 Mark monatlich für Arbeiter nicht tragbar waren. Man musste also kleiner und sparsamer bauen. Das Hochbauamt entschloss sich deshalb, Kleinstwohnungen zu errichten. Die Miete dafür durfte den Wochenlohn eines Arbeiters nicht übersteigen. Das waren damals im Durch-

Mit Wilhelm Schütte auf dem Dachgarten
Frankfurt am Main 1929

schnitt 48 Mark. Die Schere zwischen 48 und 60 bis 70 Mark Monatsmiete musste demnach überbrückt werden. Das war nur unter den größten Schwierigkeiten möglich. Es erforderte strengste Rationalisierungsmaßnahmen am Bau und weiters eine Änderung bei Zuteilung der Wohnungen. Man müsse, so schrieb May, »künftig nicht mehr einer beliebigen Familie eine beliebige Wohnung zur Verfügung stellen, sondern für bestimmte Menschengruppen nach der Kopfzahl und Wirtschaftskraft das Wohnungsminimum festlegen und für jeden Menschen seine Ration Wohnung in technisch möglichst vollkommener und menschlich gestalteter Art und Weise zuteilen«. Das sagte zwar nichts präzise aus (heute würde man das einen Gummiparagraphen nennen), doch wurde es von May so formuliert. Mehr als alles sagen jedoch Pläne und Fotos der Frankfurter Wohnungen aus. Jedenfalls war die Kleinstwohnung Selbstbeschränkung und kein Vorbild oder Ideal.

Auch für Jungverheiratete, die noch keine Kinder hatten, oder für ältere Ehepaare, deren Kinder abgewandert waren, gab es eine Anzahl Wohnungen, deren Wohnfläche unter dem Normalprogramm lag. Das waren Zweiraumwohnungen von nur 38 bis 40 m², meist im Flachbau als Einetagenwohnungen in zwei Geschoßen übereinander errichtet, oder als sogenannte »Einliegerwohnungen« mit Dachgärten, auf zweigeschoßigen Reihenhäusern aufgebaut. Sie waren so konzipiert, dass sie später als Erweiterung der darunterliegenden Siedlungshäuser dienen konnten.

In der Siedlung Praunheim bauten wir 100 solcher Einliegerwohnungen. Sie waren sehr gefragt, besonders von alleinstehenden Berufstätigen. Keine Kleinstwohnung wurde ohne Bad oder Brause angelegt.

Es ist heute von Interesse, dass May selbst vor allzu kleinem Format der Wohnungen warnte. In einem Artikel vom Juli 1928 schrieb er: »Solche notwendige Einschränkung ist nur unter bestimmten Voraussetzungen zulässig. Dazu gehört vor allem eine sorgfältige, jährliche Wohnungskontrolle, ob die Kopfzahl der Familie mit der Zimmerzahl übereinstimmt. In einer Zweiraum-Kleinstwohnung dürfen höchstens vier Menschen wohnen. Diese Kontrollen müssen sehr streng durchgeführt werden, sonst könnten solche gesundheitlichen und moralischen Schäden auftreten wie vor dem Kriege.«

Eine so weitgehende Verringerung der Wohnfläche erforderte radikalste Raumausnützung. Aus diesem Grunde wurden viele der Kleinstwohnungen komplett möbliert, wobei die Betten tagsüber an die Wand geklappt oder unter einen Kasteneinbau gedreht werden konnten. Dadurch wurden die Räume zu anderer Benutzung freigemacht. Da gerade den minderbemittelten Schichten der Bevölkerung nicht zugemutet werden konnte, die bereits in ihrem Besitz befindlichen Möbel zu verschleudern, waren diese Möbel auf die Dauer der Benutzung der Kleinstwohnungen in einem Lager zu stapeln, falls der Mieter das wünschte. Die unerheblichen Stapelkosten wurden in die Miete eingerechnet. So war es im Wohnbauprogramm festgelegt worden.

Die Notwendigkeit, in den zwanziger Jahren Kleinstwohnungen zu bauen, bestand keineswegs nur in Deutschland. Wenn man nicht, wie in Wien, den Wohnungsbau zu 100 Prozent aus Steuermitteln finanzierte, war es in ganz Europa unmöglich, bei den nach dem Kriege so gestiegenen Baukosten und der Steigerung der Zinssätze für Wohnbauhypotheken Mieten zu erzielen, die für die breiten Massen der Arbeiter tragbar waren. Deshalb hatte die CIAM bereits bei ihrer Gründung im Jahre 1928 »Die Wohnung für das Existenzminimum« als dringendstes Problem beim Wohnbau erkannt und beschlossen, ihren ersten großen Kongress in Frankfurt unter dieser Devise abzuhalten.

Die Musterkleingartenkolonie in Praunheim

Wer hat nicht an der Peripherie unserer Großstädte Kleingartenkolonien gesehen, deren Baulichkeiten an Wildwestromantik erinnern? Wie überall, so bastelten sich damals auch in Frankfurt die Leute in den Kleingartenanlagen Lauben und Hütten aus Kistendeckeln oder Dachpappe und Konservendosen zusammen. Oft aber auch Hütten ganz anderer Art, kleine Villen, bei denen die verschiedensten »Motive« (besonders beliebt waren Schweizerhäuschen), entsprechend verkleinert, angebracht wurden.

Die Kleingartenbewegung war ursprünglich eine Selbsthilfebewegung, und wir haben allen Grund, die höchste Achtung vor jenen Menschen zu empfinden, die durch großen Fleiß und eigene Kraft dem ungesunden Großstadtleben in elenden Zinskasernen auf ihre Weise den Kampf ansagten. Das so abenteuerlich scheinende Durcheinander jener alten Kleingartenkolonien mag manchen jungen Menschen unserer Zeit positiv und recht romantisch erscheinen. Heute, wo man in jedem Bastlergeschäft Halb- und Fertigfabrikate, vom Uhu-Kleber bis zur Kunststoffplatte, alles bekommt, was die Herstellung einer Schrebergartenhütte zum lustigen »Hobby« werden lässt, hat man keinerlei Vorstellung mehr, wie diese »Brettldörfer« damals wirklich aussahen, wie sie die Umgebung unserer Städte verunzierten, Anlagen, die den Fremden bei der Zugeinfahrt oft den allerersten Eindruck von der Stadt und ihrer Bevölkerung vermittelten.

Vor allem aber lebten die Menschen in den damaligen Kleingartenkolonien in den unhygienischsten Verhältnissen. Alle Arten der Infektion wurden begünstigt und zur Gefahr auch für die andere Bevölkerung.

Zwischen der Bodenerhebung über dem Niddatal, auf der die Siedlung Praunheim gebaut wurde, und dem Ufer des kleinen Flüsschens gab es ein breites, leicht abfallendes Gelände, ideal geeignet für eine Kleingartenkolonie. Das gab der Stadtverwaltung den Anstoß, dort eine Muster-Kleingartenanlage zu errichten. Das Hochbauamt beauftragte mich, Typenentwürfe für die Baulichkeiten herzustellen. Diese Typen, von der kleinsten Gartenlaube bis zum fertigen Wochenendhaus aus normierten Holzteilen, wurden in Serien verhältnismäßig billig von verschiedenen Firmen hergestellt und an die Kleingärtner verkauft. Die Grundstücke wurden von der Stadt in Pacht vergeben. Von den Zeichnungen der Typen wurden Normenblätter gedruckt und an die Interessenten abgegeben. Der Verband der Kleingärtner übernahm die Propaganda in den Vereinen.

Da für diese Bauten keine Zuschüsse gegeben wurden, bestand auch keinerlei Verpflichtung, nach den vorgegebenen Typen zu bauen. Doch ist es interessant, dass alle Kleingärtner der Niddatal-Kolonie die nach den Normenblättern hergestellten Holzteile erwarben, aus denen sie selbst ihre Lauben und Hütten montieren konnten. Es war, hier wie überall, zuerst eine eingehende Aufklärung notwendig, die, außer den Vorteilen der Verbilligung durch

Typisierung, den Kleingärtnern vor Augen führte, dass die Schönheit einer gemeinsamen Anlage nicht in der Hervorhebung der einzelnen Individualität, sondern in der Betonung der Kollektivität einer Gemeinschaft liegt. Das hat nichts mit Gleichmacherei zu tun. Die Individualität hat noch tausendfach Gelegenheit, sich innerhalb der Bauten und Gärten auszudrücken. Hier jedenfalls gelang dieses Experiment ausgezeichnet.

Zur *Frankfurter Küche* – Einleitung oder Grundsätzliches

Es ist vollkommen verfehlt, anzunehmen, ein Mensch hätte in den zwanziger Jahren die »Idee« einer Wohnküche gehabt und alle anderen hätten ihm das nachgemacht. Die Arten des Wohnens entstehen nie durch die »Idee« *eines* Menschen, sondern nur nach den Gegebenheiten, den Lebensbedingungen, unter denen die Bevölkerung vorher lebte, also aus den Lebensgewohnheiten der Bevölkerung. Solange man für die Erwärmung der Räume nichts anderes kannte, als Holz und Kohle an irgendeiner Feuerstelle zu verbrennen (Herd oder Ofen), zu jener Zeit, die auch in Österreich bis heute noch nicht bei den Gebirgsbauern völlig ausgestorben ist, aßen und wohnten die Menschen in demselben Raum, in dem sich die einzige Feuerstelle befand. Dieses Sich-Scharen um das Feuer entsprang dem natürlichsten Instinkt der Menschen, und unsere Bauern leben in den so holzreichen Gebirgsgegenden heute noch so. Eine Trennung von Koch-, Ess- und Wohnraum existiert nicht. Lediglich das Schlafen findet in anderen Räumen statt. Die Arbeiter in den Städten kannten in den zwanziger Jahren keine räumliche Trennung von Essen und Wohnen. Der einzige große Tisch, umgeben von Stühlen oder einer Eckbank, war gleichzeitig Wohnplatz.

In Deutschland, wo die Wohnverhältnisse der Arbeiter etwas besser waren als in Österreich, begann man auch in Kleinwohnungen, die zwei Funktionen Essen und Wohnen voneinander zu trennen, und es entstand neben der Küche, in der man aß, in Arbeiterhäusern, die sogenannte »Gute Stube«. Sie wurde nur zu hohen

Festtagen geheizt und entwickelte sich in ihrer Einrichtung zur sogenannten »Kalten Pracht«, wurde zum Schaustück für Besucher, zur überladenen Kopie der Wohnung des Reichen. Die ersten kleinen deutschen Arbeitersiedlungshäuschen mit ihrer »Guten Stube« waren verkleinerte Nachahmungen der Großwohnung, so wie die ersten Autos die Formen der alten Pferdekutschen trugen. Wir fortschrittlichen Architekten bekämpften natürlich diese verlogene »Kalte Pracht«. In der ersten Hälfte der zwanziger Jahre, in der nur mit Steuermitteln der Wohnbau für Arbeiter möglich war, suchten wir nach einer eigenen Gesetzlichkeit der Kleinwohnung. So entstand die Wohnküche naturgemäß bei der Massenwohnung für Arbeiter. Im Moment aber, wo die Herde allgemein mit Gas betrieben wurden (Elektrizität war noch für Jahrzehnte hinaus zu teuer), begann man naturgemäß, das Essen vom Kochen zu trennen (Kochnischen, abgetrennte kleine Kochräume). Viel später erst kam die räumliche Trennung von Essen und Wohnen, die lange nicht für die Arbeiterwohnung Platz gegriffen hat. In Wien hatten nur reiche Leute einen Ess- *und* einen Wohnraum. Auch bei mir zu Hause gab es nur ein und denselben Platz zum Essen und Wohnen. Erst unter dem Einfluss der anglikanischen Wohnkultur entwickelte sich die Vorstellung, dass das Sitzen beim Essen etwas ganz anderes ist als beim Wohnen, das heißt, beim Ruhen in der Freizeit. Loos hielt ganze Vorträge darüber. Er propagierte die anglikanische Wohnweise, und in seinem Zimmer, das heute im Museum der Stadt Wien* ausgestellt ist, hatte er natürlich einen Ess- *und* einen Wohnplatz, den Essplatz mit Eckbank, den Wohnplatz mit Fauteuils und Armstühlen, wo man um den Kamin herum sitzen und seine Beine bequem ausstrecken konnte. Doch auch er war natürlich nicht in der Lage, in den mit öffentlichen Geldern erbauten Siedlungshäusern Essen und Wohnen als zwei so verschiedene Funktionen räumlich auseinanderzuhalten. Das kam auch ihm, wie uns anderen, damals gar nicht in den Sinn. Für den Projektanten von Wohnungen scheint es mir wichtig, die wechselnden Entwicklungen und Beziehungen der drei Funktionen Kochen, Essen und Wohnen untereinander klarzustellen. Heute liegen die Grundlagen und Möglichkeiten dazu völlig anders. Durch die Berufstätigkeit von Mann und Frau (das heißt noch zwingendere Zeitersparnis) und durch die technische Entwicklung bedingt streben wir die Essküche an. Wir brauchen diese Kombination heute nicht mehr zu scheuen, denn wir haben, was es vor 50 Jahren noch nicht gab: elektrische Dunstabzüge, Zentralheizung, vor allem fließendes warmes und kaltes Wasser, hygienische Küchenabfallbehälter etc. Damals aber schien uns Wohnen, Kochen und Essen in einem Raum zu vereinen, besonders unter den damaligen hygienischen Bedingungen, eine zu niedrige Form. Deshalb entschlossen wir uns in Frankfurt für die abgeschlossene Nur-Arbeitsküche.

Die Essküche mit einem extra Wohnraum ist, nachdem es nun alle oben genannten Veränderungen arbeitssparender, technischer und hygienischer Art gibt, heute die sicherlich wünschenswerteste Wohnform der Massenwohnung geworden.

Um es gleich vorwegzunehmen: Die *Frankfurter Küche* bedeutete damals einen großen Fortschritt. Sie hat in ihren zehntausend Exemplaren vielen Menschen das Leben erleichtert, sie hat sicher dazu beigetragen, dass mehr Frauen einen Beruf ausüben konnten, dass diese Frauen ökonomisch unabhängiger vom Mann geworden sind, dass sie sich mehr ihrer eigenen Bildung und auch mehr der Familie und Erziehung der Kinder widmen konnten. Trotzdem soll die *Frankfurter Küche* hier nicht für das Heute propagiert werden. Es wäre traurig um das Leben bestellt, wäre das, was damals Fortschritt war, heute immer noch vorbildlich progressiv. Durch die allgemeine Berufstätigkeit der Frau haben sich die Probleme für den Wohnbau völlig verschoben, es entstanden neue Probleme, die nun einer dringenden Lösung bedürfen, über die an anderer Stelle dieser Schrift noch einiges zu sagen sein wird. Wohnhäuser, auch diejenigen, die wir heute errichten, bleiben sicher noch 50 bis 80 Jahre stehen. Wir müssen also in ihrer Konzeption weit vorausschauen. Einrichtungen innerhalb der Bauten – und das gilt vor allem auch für die *Frankfurter Küche* – sind von ihrem Material her, in diesem Fall gestrichenes Holz, höchstens 30 bis 35 Jahre haltbar. Also alles, was heute noch als *Frankfurter Küche* bezeichnet wird, hat mit der *Frankfurter Küche* der zwanziger Jahre nicht mehr das Geringste zu tun, auch nicht die Küchen in den Räumen der alten Frankfurter Wohnbauten.

Deshalb hier eine sehr detaillierte Beschreibung der *Frankfurter Küche*, von deren Entwicklung und Erfahrung wir immer noch, sowohl im Prinzip als auch im Detail, einiges lernen können.

Aus allem Vorhergesagten geht hervor, dass der Name *Frankfurter Küche* irreführend ist, denn es handelt sich dabei ja keineswegs nur um die Gestaltung einer Küche – mit mehr oder weniger praktischer Aufstellung, mehr oder weniger praktischen Einrichtungsgegenständen. Soviel ich mich erinnere, hat May diesen Namen erdacht und propagandistisch verwendet. Ebenso wie er immer wieder in Wort und Schrift betont hat, dass es kein Zufall ist, dass die *Frankfurter Küche* von einer Frau für Frauen geschaffen wurde. Es kam den damaligen bürgerlichen und kleinbürgerlichen Vorstellungen entgegen, dass die Frau im Wesentlichen am häuslichen Herd arbeitet. Deshalb wisse auch eine Frau als Architekt am besten, was für das Kochen wichtig ist. Das machte sich eben damals propagandistisch gut. Aber, um der Wahrheit die Ehre zu geben, ich habe bis zur Schaffung der *Frankfurter Küche* nie einen Haushalt geführt, nie gekocht und keinerlei Erfahrung im Kochen gehabt. Rückblickend auf mein Leben muss ich feststellen, dass ich mich in beruflichen Belangen für einen systematischen Menschen halte und dass ich naturgemäß *jede* mir gestellte Projektaufgabe immer in systematischer Weise begonnen habe.

Die *Frankfurter Küche*

Welche theoretischen Grundlagen, welche *Beweggründe* führten zur *Frankfurter Küche*, die zu Tausenden vervielfältigt werden sollte? Für mich gab es *zwei* Beweggründe, die zur Schaffung der *Frankfurter Küche* führten.

Der *erste* war die Erkenntnis, dass die Berufstätigkeit der Frau in absehbarer Zeit nicht mehr nur dem Dazuverdienen zum Einkommen des Mannes dienen wird. Ich war überzeugt, dass das Streben nach ökonomischer Unabhängigkeit und Selbstverwirklichung der Frau Allgemeingut werden wird, dass deshalb die Rationalisierung aller Hauswirtschaftsarbeit zur zwingenden Notwendigkeit wird. Da ich bis dahin immer mit Wohnungsbau beschäftigt war, war der Gedanke naheliegend, dass die Art und Weise der Wohnung, das heißt, vor allem ihre Projektierung, grundlegenden Einfluss auf die Arbeitsersparnis hat. Die Entwicklung der Berufstätigkeit

Frankfurter Küche, Blick vom Gang gegen das Fenster
Frankfurt am Main 1927

der Frauen in den vergangenen 50 Jahren hat obige Erkenntnis bestätigt, doch haben die Veränderungen im Wohnungsbau mit der zwingenden Notwendigkeit der Rationalisierung der Hauswirtschaft nicht Schritt gehalten.

Der *zweite* Beweggrund: Für mich war die *Frankfurter Küche*, mit ihren mit dem Bau fest verbundenen, raumangepassten Einrichtungsgegenständen, nur der *allererste Beginn* einer neuen Entwicklung des Wohnens und damit auch des Baus von Wohnungen. Ich war 1925 schon (siehe mein Artikel mit Abbildungen über das *vorgebaute, raumangepasste Möbel* in der Zeitschrift *Das schlesische Heim*) davon überzeugt, und bin es heute noch, dass die Menschen, zumindest ein Teil der Bevölkerung, vor allem durch die rapide Entwicklung der Verkehrsmittel immer beweglicher werden. Dass weiters durch die notwendige Lösung der wissenschaftlich-technischen Probleme, die weit über Landesgrenzen hinaus immer mehr zu Weltproblemen werden, immer mehr Menschen ihren Wohnsitz öfter und auf immer größere Entfernung wechseln werden.

Aufgrund dieser Erkenntnis habe ich in Wien, noch bevor ich nach Frankfurt übersiedelte, begonnen, mich mit der Frage des festgebauten, raumangepassten Möbels, keineswegs nur für Küchen, zu beschäftigen. Aus meinen Untersuchungen ging hervor, dass man bei dieser Art der Einrichtung außerordentliche Ersparnisse an Kubikmeter umbauten Raums erzielen kann (siehe Kapitel *Die erste Hälfte der zwanziger Jahre in Wien* in diesem Buch). Die Menschen würden dann beim Umzug an Mobiliar nur mehr Tische und Stühle mitnehmen, falls sie es nicht vorzögen, auch diese zurückzulassen und sich diese Dinge an Ort und Stelle neu anzuschaffen. Diese völlig andere Art der Wohnungseinrichtung wirft naturgemäß veränderte Eigentumsverhältnisse auf. Da die raumangepassten »Möbel« fest mit dem Bau verbunden sind, bleiben sie beim Umzug der Bewohner Eigentum des Hauseigentümers. Damit sind sie nicht mehr individuelles Eigentum der Bewohner, sondern bei städtischen Bauten Eigentum der Allgemeinheit. Das war natürlich auch bei der *Frankfurter Küche* der Fall und ist eines ihrer Hauptmerkmale. Die Kosten aller ihrer festmontierten Einrichtungsgegenstände wurden den Baukosten zugezählt und, entsprechend der Art der Finanzierung, mitsubventioniert. Das boxte May mit großen Schwierigkeiten im Gemeinderat (Stadtverordnetenversammlung) durch. Die Bewohner ersparten sich dadurch das Geld für Küchenmöbel (die sowieso viel zu groß für so kleine Räume gewesen wären) und bekamen für eine minimale Erhöhung der Miete (es war eine Mark monatlich) die ganze raffinierte Einrichtung der *Frankfurter Küche*, die viel Arbeit sparte. Das Hochbauamt aber sparte dabei eine Menge Kubikmeter umbauten Raums, die viel mehr gekostet hätte als die ganze Einrichtung der *Frankfurter Küche*. Diese Art der Finanzierung wurde von mir von Anfang an immer wieder ins Treffen geführt. Ich hätte noch so schöne und gute Küchen entwerfen können, *nie* wären so viele Frauen und Männer – 10 000 Wohnungen wurden mit diesen Küchen gebaut und eingerichtet – in den Genuss der großen Arbeitsersparnis gekommen.

Nur durch die projektmäßige, technische und finanzielle Verschmelzung von Wohnungsbau und Einrichtung konnten wir in Frankfurt so vielen Menschen zwei bis drei Jahrzehnte hindurch Arbeit und Kräfte sparen. Das war das Bahnbrechende an der *Frankfurter Küche*, und es ist merkwürdig, dass diese Zusammenhänge fast nie erwähnt werden.

Damals dachte ich, und ich denke heute noch so, dass die *Frankfurter Küche* nur der Beginn einer Entwicklung ist, durch die, im Interesse der immer größer werdenden Beweglichkeit der Erdbevölkerung, das System der festgebauten, raumangepassten »Möbel« auch auf alle anderen Räume der Wohnung übergreifen wird.

Nun zu den Grundlagen der *Frankfurter Küche* im Einzelnen: Schon viele Jahre vor 1926 hatte man nach eingehenden Untersuchungen erkannt, dass es für jede Arbeit eine bestimmte Art der Verrichtung gibt, die die einfachste, am wenigsten anstrengende und ermüdende ist. Daraus entstand ein ganzes System, das man »wissenschaftliche Betriebsführung« nannte. Wie bei jedem arbeitstechnischen System ist jedoch ausschlaggebend, *wofür* man es einsetzt, wem es nützt, ob es zum Segen oder Fluch der Menschheit wird. Während die wissenschaftliche Betriebsführung in unserem System in der Industrie und im Handel dem Profitinteresse der Besitzer der Produktionsmittel dient und Probleme wie Lohndruck und Arbeitslosigkeit aufwirft, kommt sie, auf die Hauswirtschaft übertragen, lediglich der Entlastung der Frau und auch des Mannes, der Erziehung der Kinder und der kulturellen Bildung der Familie zugute. Wie beseitigt man in der Hauswirtschaft die unrationelle, oft so primitive, auf jeden Fall zeit- und kraftraubende Arbeitsweise? Wie setzt man an ihre Stelle wissenschaftlich durchdachte Arbeitsmethoden?

Bereits seit 1922 beschäftigte ich mich mit diesen Fragen, die durch die zunehmende Berufstätigkeit der Frau immer aktueller wurden. Die erste Anregung erhielt ich von dem Buch *Die rationelle Haushaltsführung*, einer betriebswissenschaftlichen Studie von Irene Witte.* Sie beschäftigte sich mit den einzelnen Arbeitsvorgängen im Haushalt, arbeitssparenden Geräten und anderem, aber nicht mit dem Wohnungsbau. Mir als Architektin kam der Gedanke: Eine der wichtigsten Grundlagen zur Lösung der Fragen rationeller Haushaltsführung bildet die Konzeption der Wohnungen, denn was bei deren Planung nicht von Anfang an berücksichtigt wird, ist von den Bewohnern nicht mehr auszugleichen. Außerdem vervielfältigt sich beim Massenwohnungsbau jeder Fehler in ungeahnter Weise. Man spricht nicht ohne Grund von »Bausünden«. Die Leidtragenden dieser Sünden sind aber in der Hauptsache die Frauen. Auch heute noch.

Nachdem wir uns in Frankfurt für die Nur-Arbeitsküche entschlossen hatten, Form, Belichtung und Verkehrswege der Einheiten Wohn-, Essraum und Küche durch die Typengrundrisse festgelegt waren, ging es nun um die Anordnung der einzelnen Gegenstände und Möbel und die davon abhängige Stellung der Türen, Fenster, der Wasser- und elektrischen Installationen und alle anderen baulichen Notwendigkeiten. Wichtigstes Prinzip für deren Anordnung war weitgehendste Schritt- und Griffersparnis für alle Arbeiten. Die Breite der Küche war so berechnet, dass man sich von der Schrank- und Spülwand zur Herdwand nur umzudrehen brauchte, ohne einen Schritt zu tun. Vorbild war hier die alte Speisewagenküche, in der zwei Leute Essen für 80 Menschen in kürzester Zeit vorbereiten müssen. Dieselbe Leistung hätte das Personal niemals in derselben Zeit erbringen können, hätte es in einem großen Raum, in dem sich die Wege kreuzen, hin- und herlaufen müssen.

Für den Einbau der Einrichtungsgegenstände der *Frankfurter Küche* mussten jedoch vorher noch andere bauliche Vorkehrungen, als da sind vier Wände samt Türen und Fenstern, getroffen werden: Es mussten sogenannte Schoferkamine mit Abzugskanälen und Abluftgittern für die Dunstabzüge über den Herden eingebaut werden. Die Dunsthauben mussten aus Rabitz hergestellt werden, ebenso die senkrechten Wände oberhalb der Schränke, die unnötige, horizontale Staubablagerungsflächen vermieden. Es mussten, bevor die Tischler die Möbel einbauten, rund um den Raum 10 cm hohe Betonsockel, mit abgerundeten keramischen Sockelplatten verkleidet, hergestellt werden. Diese Sockel, auf denen alle Kästen standen, vermieden Möbelfüße, Ecken und Winkel und erleichterten so die Reinigung des Fußbodens. Die Sockel sprangen 7 cm hinter die Kastenvorderkanten zurück, damit man näher an die Tischflächen herantreten konnte. Gegenüber dem Schoferkamin wurde, ebenfalls aus Rabitz, ein Schrankraum gebaut, dessen unteres Abteil für den Mülleimer, der obere Teil für Besen und Putzzeug vorgesehen war. Der Mülleimer hatte zwei Zugänge, einen von der Küche aus für die Küchenabfälle, einen zweiten, zwecks Vermeidung von Staubaufwirbelung in der Küche, vom Flur aus für den Kehricht. Der Besenraum war nur vom Flur aus zugänglich. Zentrale Müllschlucker haben wir ernstlich erwogen, nur waren sie damals noch teuer und keineswegs vollkommen. Deshalb blieben wir beim individuellen Mülleimer, doch in speziell hergestellter Umwandung. In der Außenmauer musste eine Öffnung für die Speiseschrankentlüftung vorgesehen sein – elektrische Kühlschränke konnte sich damals kein Bewohner leisten. Die Unterkante des Fensters saß 11 cm über dem Fensterbrett, um zusätzliche Abstellfläche zu gewinnen und möglichst zu vermeiden, dass abgestellte Gegenstände vor dem Öffnen der Fensterflügel weggeräumt werden müssen, damit sie nicht heruntergestoßen werden. In die Küchendecke wurde eine Laufschiene für eine Schiebelampe, deren Lichtkegel genau auf die Küchenbreite berechnet war, eingegipst.

Das alles waren *bauliche* Maßnahmen, die, bevor die einzubauenden Gegenstände kamen, genauest von der Bauleitung vorbereitet sein mussten. Zu diesem Zweck haben wir Normenblätter mit allen nötigen Maßangaben herausgegeben. Trotzdem – die präzise Einhaltung aller baulichen Vorkehrungen musste genau überwacht werden. Oft raste ich frühmorgens von Baustelle zu Baustelle, damit kein Leerlauf für die Arbeiter entstand, durch den die Kosten rapide gestiegen wären. Es ist naiv, zu glauben, man könne jetzt irgendwo eine *Frankfurter Küche* ohne all diese baulichen Vorkehrungen individuell einbauen. Alles war auf den Massenwohnbau und eine serienmäßige Herstellung berechnet.

Was die Einrichtung anbelangt, so bedeuteten die räumlichen Spiegelbilder im Grundriss keineswegs genaue Spiegelbilder für die Einrichtung. Da die meisten Menschen Rechtshänder sind, war es zum Beispiel notwendig, dass die Abtropfbretter immer links neben den Spülbecken angebracht waren, aber die Ablegefläche für das zu spülende Geschirr ebenfalls links von den Spülbecken angeordnet sein musste. Deshalb in einem Fall ums Eck, im Spiegelbild mit extra Platte (herausziehbar) projektiert. Nur so war das ständige Übergreifen der Arme und Hände beim Spülen zu vermeiden. Auch die Herde waren nicht einfach spiegelbildlich anzuordnen. Unter den Abstellplatten waren kleine Schubkasten für Salz und Zucker angebracht, für jene Lebensmittel, die man beim Kochen unbedingt rechts zur Hand haben soll. Auch die Gaszuführung zum Herd konnte nicht spiegelbildlich gemacht werden, obwohl der Grundrisstyp spiegelbildlich gebaut war. Man sieht, das Gesetz der Schritt- und Griffersparnis bedingte auch für den Bau eine Reihe bis dahin ungewohnter Maßnahmen und verlangte ein Durchdenken der Probleme bis ins Letzte.

Außerdem gab es in diesen Küchen völlig neue, für die Massen der Bevölkerung bis dahin völlig unbekannte Gegenstände: die hölzernen Tellertropfgestelle, die das Abtrocknen von Geschirr ersparten; oder die in die Arbeitstische eingeschobenen emaillierten Metallrinnen, in die man den beim Putzen und Schälen von Gemüse anfallenden Abfall schieben und von dort aus direkt in den Mülleimer leeren konnte. Eine Neuerung war auch die Kochkiste. Diese Kochkisten sparen Energie = Geld und Zeit = Kraft der Bewohner. Ein wärmeisolierter Holzkasten, in den Blechzylinder der dicht abschließbaren Kiste schob man das angekochte Kochgut vom Herd samt Kochtopf hinein, die Speisen kochten darin von selbst gar. Solche Kochkisten gab es in Wien, gleich nach dem Ersten Weltkrieg, allerdings in weit primitiverer Ausstattung. Die Kochkisten der *Frankfurter Küche* waren gleich neben dem Herd eingebaut, hygienisch und einfach zu reinigen. Unter diesen Kochkisten gab es zwei Schubladen für größere Vorräte, eine davon aus Eichenholz, weil die Gerbsäure dieses Holzes verhindert, dass Würmer ins Mehl kommen. Überhaupt wurde auf die praktische Art der Aufbewahrung von Lebensmitteln größten Wert gelegt. Es war notwendig, von der Aufbewahrung in den unpraktischen, leicht zerreißbaren Papiersäcken loszukommen. Plastiksäcke gab es damals noch nicht. An den Aluminiumschubladen für die Vorräte arbeitete ich sechs Monate mit der Herstellerfirma Harrer in Frankfurt, bis die beste und billigste Form für die Massenproduktion herausgefunden war. Aluminium erwies sich als das geeignetste Material, weil es billig, leicht und unzerbrechlich ist. Nichts an diesen Schubladen war geschraubt, alles genietet. Die Schnauzen der Alu-Schütten, aus denen man Lebensmittel wie Reis, Grieß usw. direkt in den Kochtopf schütten konnte, hatten einen kleinen Metallsteg eingearbeitet, um beim Gießen die Menge genau dosieren zu können.

Die Tischbeläge waren damals ein schwieriges Problem. Plastik- oder Hartfaserbeläge, wie zum Beispiel Resopal, gab es noch nicht. Lediglich Linoleum stand zur Verfügung, das aber war weder schneid- noch hitze- oder säurefest. Deshalb entschied ich mich bei den Arbeitstischen für rohes Buchenholz, das zwar schön ist, aber gescheuert werden muss. Alle anderen horizontalen Flächen belegte ich mit schwarzem Tischlinoleum. Die Spülbecken waren aus Holz, innen mit Metall ausgeschlagen, weil sich solche Kasten leicht einbauen ließen. Zwischen Holz und Metall gab es eine Isolierschicht, um Warmwasser zu sparen. Fayence-Spülbecken wurden nicht verwendet, sie waren zu teuer, zu hart und wärmeschluckend. Ein an die Wand klappbares Bügelbrett vervollständigte die Einrichtung. Es legte sich beim Herunterklappen auf das Spülbecken, sodass kein Fuß das Bügeln behinderte.

Auch sonst gab es noch einige raffinierte Details. Die Kochtöpfe standen in den Topfschränken nicht auf festen Holzböden, sondern lagen auf vertikal und horizontal verstellbaren Holzleisten, die in ihrem Profil der Rundung der Töpfe angepasst waren. Die Schranktüren hatten oben und unten Luftschlitze. So konnten die Töpfe, die erwiesenermaßen nie ganz trocken in den Schrank kommen, durch Luftzirkulation innerhalb der Schränke weitertrocknen. Auch die Schiebelampe, auf einer Rolle leicht verstellbar, war für den glatten Ablauf der Arbeitsvorgänge von Bedeutung. Man konnte die Lampe gerade dorthin rollen, wo man das Licht brauchte, ohne sich bei der

Arbeit Schatten zu machen. Röhrenlicht gab es noch nicht. Eines Tages erfuhr ich, dass Fliegen die blaue Farbe meiden. Von da an wurden alle Holzteile der Küchen in schönem Kornblumenblau gestrichen.

Die Kosten der Einbaunormenküche betrugen anfangs 400 Mark. Das war zu viel. Durch einige Einsparungen und viele Verhandlungen mit den Lieferfirmen konnte ich den Betrag auf 280 Mark herunterdrücken. Es ist interessant, dass sich – bei den damaligen Herstellungsmethoden – die Tischlerarbeiten nur bis zu 50 Stück serienmäßig hergestellter Einrichtungen verbilligten. Die Metallteile wurden zu Hunderten, die Aluminiumschubkasten zu Tausenden an Spezialfirmen in Auftrag gegeben.

Endlich nach über einem halben Jahr war es so weit, dass im Herbst 1926 eine Musternormenküche im Frankfurter Rathaus aufgestellt werden konnte. Die Leute kamen in Scharen. Führungen wurden von Hausfrauenvereinen, Schulen und anderen Institutionen veranstaltet. Für die Popularität der Küchen hatten die Zeitungen schon vorgesorgt, und alle *Lächerlichmachung* von früher war plötzlich verstummt.

Die bisherige Beschreibung der *Frankfurter Küche* handelt nur von funktionellen Problemen. Jedoch sind die Funktionsfragen in Bezug auf die Rationalisierung der Hauswirtschaft einmal gelöst, dann fängt die architektonische Gestaltung erst richtig an. Durch rhythmisch gute Verteilung der Kuben (Schränke und Dunsthauben) usw., durch Art der Raumbelichtung, durch gute Proportionen und Farben stehen dem Architekten genügend Mittel zur Verfügung, auch die Nur-Arbeitsküche wohnlich zu gestalten. Am Beispiel der *Frankfurter Küche* sah das so aus: Die Schiebetüre, die nur geschlossen wurde, wenn, was selten eintraf, der Kontakt Kochteil/Wohnteil unerwünscht war – zum Beispiel nicht gespültes Geschirr, wenn Besuch kam –, die nur auf einer Seite und nur teilweise hochgeführten Schränke, der obere, weiß verputzte Rabitzteil, die weiße Dunsthaube, die helle Verkachelung, das breite Fenster, der niedere Rabitzsturz über der Eingangstüre, die optische Erweiterung des Raumes dem Lichte zu – das alles waren Mittel, die Proportionen des Raumes optisch zu verändern, was bei einer Breite von 1,90 m / 3,40 m Länge wichtig war. Und das geschah ganz bewusst. Die Farbkombination der blau gestrichenen Holzteile mit

Frankfurter Küche, Blick in die Spülecke
Frankfurt am Main 1927

den hellocker getönten Kacheln, die Alu- und Weißmetallteile, dazu die schwarzen horizontalen Flächen, wie Fußboden, Herd und einige mit schwarzem Linoleum bedeckte Tischflächen, machten diese Küchen nicht nur zu arbeitssparenden, sondern auch zu gemütlichen Räumen, in denen man sich gerne aufhielt. Ich kann das bezeugen, denn ich habe selbst über drei Jahre in einer Wohnung mit einer *Frankfurter Küche* gelebt.

Was können wir heute aus den Erfahrungen der *Frankfurter Küche* lernen? Schon damals, vor über 60 Jahren, habe ich die Küche als ein modernes Laboratorium betrachtet, in dem man seine Arbeit so zeitsparend wie nur irgend möglich verrichten konnte. Doch im Unterschied zu jedem anderen Laboratorium – als ein Laboratorium mit gestaltetem Wohnwert.

Die technischen Grundlagen haben sich in den letzten Jahrzehnten völlig verändert. Leuchtstoffröhren, Kunststoffplatten, elektrische Geräte, Kühlschrank, Geschirrspülmaschine, elektrisch betriebene Dunstabzüge und anderes sind bereits Gemeingut oder werden es bald sein. Die Lebensmittelindustrie hat sich vervollkommnet und bietet halbfertige oder auch fertige Speisen an, die man nur mehr mixt. Die heute so rapiden technologischen Veränderungen in der gesamten Arbeitswelt, natürlich auch in der Arbeit im Haushalt, bedingt durch weitere Entwicklung der Computer und der Mikrotechnik, lassen die Art der Räume zur Zubereitung unserer Ernährung in Zukunft nur schwer abschätzen. So wie auf vielen anderen Gebieten scheint uns hier die technologische Entwicklung zu überrollen. Das Problem selbst aber, nämlich die alltägliche Hausarbeit zu verringern, ist heute gewiss nicht kleiner. Die Berufstätigkeit der Frau ist inzwischen selbstverständlich geworden und Stress und Belastung sind oft noch größer als damals.

Ich bin auch heute noch davon überzeugt, dass die *Frankfurter Küche* vielen Tausenden Menschen Jahre hindurch das Leben außerordentlich erleichtert und besonders den Frauen unendlich viel Mühe und Kraft erspart hat, die sie für Besseres verwenden konnten. Und auch heute würden solche Küchen für einen Teil der Bevölkerung, nämlich denjenigen, der in Einfamilienwohnungen in Etagenhäusern leben will, unter Berücksichtigung der inzwischen eingetretenen technischen Veränderungen, eine genauso begrüßenswerte Erleichterung schaffen wie damals.

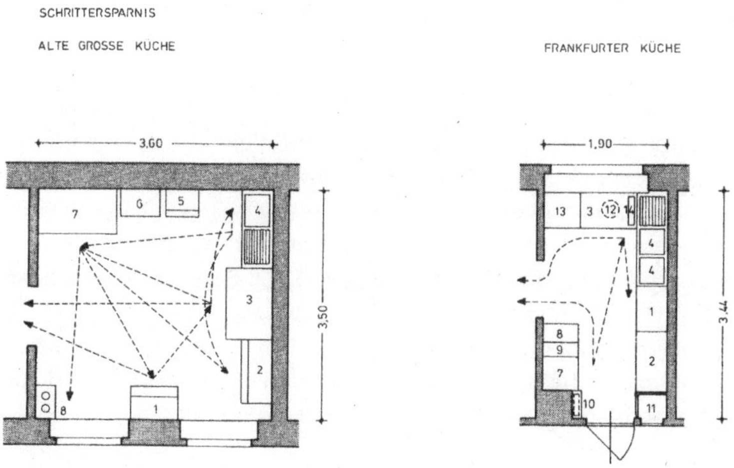

Frankfurter Küche, Schrittersparnis

Die allgemeine Berufstätigkeit der Frau bewirkt jedoch jetzt die Tendenz zur Großfamilie, zumindest den Wunsch nach möglichst weitgehenden zentralen Dienstleistungen wie Wäsche waschen, Kochen, Schuhe- und Kleiderreinigung, deren Reparaturen und anderes mehr. Aber auch den Wunsch nach Nachbarschaftshilfe, nach Kommunikation und Diskussion, den Wunsch, zusammen mit anderen gemeinsame Probleme zu lösen. Solche Vorstellungen sind heute, besonders unter der Jugend, unverkennbar. Deshalb glaube ich, dass wir für einen Teil der Bevölkerung in Zukunft zu ganz anderen Wohnformen als in den zwanziger Jahren kommen werden, etwa zu Einküchenhäusern, Kommune- und Servicehäusern, oder wie man sie auch nennen mag. Das aber, was uns am Beispiel des Frankfurter Wohnbaus der zwanziger Jahre interessieren kann, das ist die pionierhafte Leistung, die damals weit vorausblickend zur Arbeitsentlastung der Frauen vollbracht worden ist.

Die Kojen-Schul- und Lehrküchen

Die durch die *Frankfurter Küche* entstandenen Diskussionen über Rationalisierung der Hausarbeiten konnten ihren Einfluss auf den hauswirtschaftlichen Unterricht nicht verfehlen. Es hatte keinen Zweck, rationelle Arbeitsmethoden zu lehren, wenn die Schülerinnen in Räumen arbeiten mussten, die jeder systematischen Tätigkeit widersprachen.

So grotesk es auch heute klingen mag, in Frankfurt hatten damals alle Mädchen in der letzten Schulklasse Kochunterricht. Natürlich nur die Mädchen, die Buben lernten Tischlern und Schlossern.

In den Schulen gab es bis dahin große Räume, die wie Großküchen in Hotels eingerichtet waren. Darin mussten die Mädchen dauernd hin- und herrennen, sollten sie nur so viel kochen lernen, wie sie es für den Familienhaushalt brauchten. Wir fingen deshalb an, in den Kellern vorhandener Schulen Kojenlehrküchen zu erproben. Die Schülerinnen arbeiteten zu zweit in einer Koje, die nach dem Prinzip der *Frankfurter Küche* eingerichtet war. Im zentralen Mittelraum fand der theoretische Unterricht statt. Das System bewährte sich ausgezeichnet.

Die idealste Form für einen solchen Unterrichtsraum war die kreisrunde. Bei neuen und alten Schulen haben wir später, wo möglich, erdgeschoßige, halbrunde Anbauten vorgesehen. An der runden Außenwand lagen die gut belichteten Arbeitskojen und im geräumigen Mittelteil gab es kreisrunde Tische mit Gaszuführung für den theoretischen Unterricht und spezielle Versuche.

Alles in allem wurden in 14 alten oder auch neuen Frankfurter Schulen Kojen-Schul- oder Lehrküchen eingebaut.

Kinderanstalten in Frankfurt

Auch das wurde beim Hochbauamt bald mein »Ressort«. In Frankfurt waren damals, im Vergleich zu Wien, verhältnismäßig wenige Frauen berufstätig. Wo Kinderanstalten dringend notwendig waren, wurden sie in vorhandene oder neue Schulen eingebaut. Erst 1928 projektierte ich, zusammen mit Eugen Kaufmann, einen kleinen Montessorikindergarten für nur eine Gruppe auf dem Gelände der Siedlung Ginnheim. Dieser Kindergarten wurde jedoch nie verwirklicht. Das Erziehungssystem der großen italienischen Pädagogin, in Reinkultur angewandt, war in Frankfurt und auch anderwärts heftig umstritten. Wie sich heute zeigt, hat sich im Laufe der Jahrzehnte in den meisten Ländern die Mischung montessorischer und fröbelscher Grundsätze durchgesetzt. 1929 endlich war es notwendig geworden, einen Kindergarten mit drei Kindergruppen auf einem reizvollen Gelände der Siedlung Praunheim zu projektieren. Das Projekt wurde mir übertragen.

Planung und Bau von Kinderanstalten, wie Krippen, Kindergärten, Clubs, Horte, Heime, Bibliotheken, waren vor 50 Jahren ein verhältnismäßig neues Gebiet der Architektur. Die ersten Krippen und Kindergärten – und das waren die am häufigsten geforderten Anstalten – waren in ihrer Raumgestaltung nichts anderes als schreckliche Kinderaufbewahrungsstätten, die wir in Frankfurt damals strikte ablehnten. Dabei wurden Zimmer beiderseits langer Gänge gedankenlos aneinandergereiht, wie das auch bei den alten Schulen üblich war. Eigengesetzlichkeit und damit auch eigene Formen von Bauten für die Kleinsten waren noch nicht entwickelt. So

oben: Klassenraum der Kojen-Schulküche Marienschule
unten: Lehrküche des Berufspädagogischen Instituts
beide: Frankfurt am Main 1929

musste man völlig traditionslos an diese Arbeit herangehen. Vor- und Nachteil zugleich.

Schon damals war ich überzeugte Anhängerin eines Pavillonsystems für Kinderanstalten unter unseren klimatischen Bedingungen. Die Hauptgesichtspunkte für die Planung lassen sich in drei Gruppen teilen: erstens pädagogische, zweitens medizinische und drittens architektonische.

Zuerst die pädagogischen Gesichtspunkte: Diese sind im Kindergarten bedeutungsvoller als in den Krippen. Der Kindergarten stellt für die drei- bis sechsjährigen Kinder den Übergang aus dem Leben in der Familie zum Lernbetrieb in der Schule dar. Dieser Übergang soll allmählich erfolgen, das Kind darf das Leben im Kindergarten gegenüber dem in der Familie nicht als krassen Einschnitt empfinden. Die Kinder werden im Kindergarten in Gruppen geteilt, und das Kind soll sich in seiner Gruppe wie in einer vergrößerten Familie fühlen. Das muss sich auch im Raumorganismus ausdrücken. Gleichzeitig aber erlebt das Kind im Kindergarten das erste Mal sein Dasein als Teil einer Gemeinschaft von Gleichaltrigen. Zumindest stundenweise entsteht ein Leben, das über die familienhafte Gruppe hinausreicht. Auch das muss sich im Bau ausdrücken, nicht nur funktionell, sondern auch emotionell, also architektonisch. Das Familienhafte einer Gruppe, ihre Zusammengehörigkeit, lassen sich nur im Pavillonsystem, im eigenen Haus mit eigenem Gruppengarten verwirklichen. Außerdem ist es für dieses Alter eine pädagogische Forderung, dass sich ein oder mehr Kinder von der Gruppe, die meist 25 Kinder umfasst, zeitweise absondern können. Es gibt immer Kinder, die das Bedürfnis haben, sich zu verkriechen, sich etwas zu isolieren. Auch dieser Tatsache trägt das Pavillonsystem Rechnung.

Die medizinischen Forderungen: Bei Infektionsgefahr muss jede Gruppe einzeln gesperrt werden können, während die anderen weiterarbeiten. Alle Gruppenräume sollen Querlüftung haben. Die Sandspielbecken müssen gruppenweise getrennt werden können, da der Sand ein Herd der Infektion ist. Diese drei medizinischen Forderungen lassen sich nur im Pavillonsystem verwirklichen.

Und nun zu den architektonischen Gesichtspunkten: Aus dem Gesagten ergibt sich, dass der Bau von Kinderanstalten (hier am Beispiel der meistgeforderten, der Kindergärten, behandelt) seine eigenen Gesetzmäßigkeiten hat, die in der Architektur zum Ausdruck kommen müssen. Die Problematik, nämlich Leben in der erweiterten Familie und erster Eintritt in eine größere Gemeinschaft, macht die Aufgabe nicht leicht. Die Räume sind sehr differenziert, sowohl in der Horizontalen wie in der Vertikalen. Sie sollen vom Blickwinkel des Kindes gesehen werden und ausgesprochenen Wohncharakter tragen. Alle Kinderhäuser müssen außerdem die innige Verbindung zwischen den Räumen und der Natur zum Ausdruck bringen. Pergolen, Terrassen, Staudenbeete direkt vor den tiefliegenden Fenstern sind Mittel, das zu erreichen. Wie überall in der Architektur, so spielen bei Kinderbauten Farben eine besondere Rolle. Ärzte, die sich auch schon damals speziell mit Farbwirkungen auf Menschen beschäftigten, erklärten mir in Frankfurt die starke Reaktion von Farben auf das Nervensystem von Kindern.

Zusammenfassend: Für den Architekten erweist sich dieses heute noch verhältnismäßig neue Gebiet als äußerst reizvoll. Die unmittelbare Umgebung, die wir Architekten gestalten, übt einen nachhaltigen Einfluss auf Menschen im frühesten Kindesalter aus. Wir wissen aus Lebensbeschreibungen berühmter Leute, wie bestimmend das Kleinkindalter auf die Entwicklung ihres Charakters war, wie wichtig die Atmosphäre war, in die der kleine Mensch gestellt wurde. Die Architektur aller Kinderhäuser soll Klarheit, Licht, Luft und Sonne atmen und die Heiterkeit einer fröhlichen Kindheit ausstrahlen.

Nach vielen Gesprächen mit Ärzten, Pädagogen und auch Architekten bin ich damals zu den oben postulierten Gesichtspunkten gelangt, die ich bei meinem ersten Projekt, einem Kindergarten für die Siedlung Praunheim, wie auch bis zum heutigen Tage angewendet habe. Die äußere Gestalt mag sich durch neue technische, pädagogische und medizinische Erkenntnisse geändert haben, die Grundprinzipien sind dieselben geblieben.

Unbedingt wollte ich beim Kindergarten der Siedlung Praunheim vom bisher üblichen Gangsystem wegkommen. Von den Strnadschen Gedanken beeinflusst, wie wichtig es für das Empfinden und die Stimmung der Menschen ist, in welcher Weise sie ein Haus betreten, hasste ich alle Kinderbauten, in denen man vom Eingang aus auf eine geschlossene Wand zurennt, und sei sie noch so schön bemalt oder dekoriert.

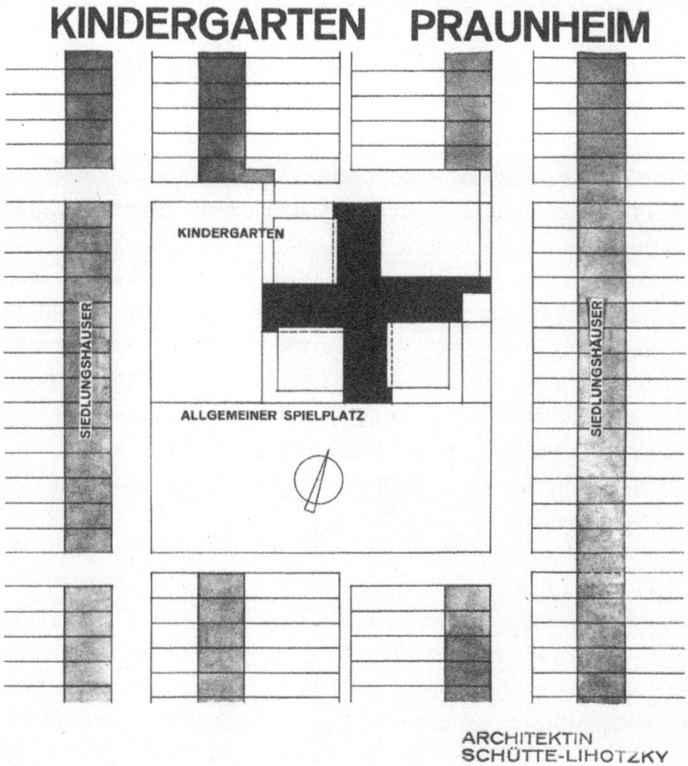

Kindergarten Praunheim, Lageplan
Frankfurt am Main 1929

So entstand für Praunheim, meines Wissens das erste Mal, ein Pavillonkindergarten, bei dem die Gruppenpavillons sowie alle gemeinsamen Räume durch eine zentrale Gartenhalle miteinander verbunden sind. Gänge dienen nur dem Verkehr und haben keinerlei Wohnwert. Eine Zentralhalle, die sich durch große Glasflächen zum Garten hin öffnet, betont bereits beim Betreten des Hauses die Verbindung mit der Natur und bietet außerdem die kürzesten Wege für das Personal, beispielsweise für den Essenstransport und anderes mehr. Jede Gruppe kann bei solcher Anordnung in Haus und Garten einzeln arbeiten, sodass im Infektionsfall nicht gleich das ganze Gebäude geschlossen werden muss. Der Bau dieses Kindergartens in der Siedlung Praunheim schwebte mir damals als Ideal vor. Alle Pläne waren schon genehmigt, doch dann kam die Krise, die Einschränkung der finanziellen Mittel, unsere Berufung und Abreise nach Moskau, und das »Ideal« blieb auf dem Papier.

Seither hat die Berufstätigkeit der Frauen auf unserem Kontinent in außerordentlicher Weise zugenommen. Sie ist keine vorübergehende Erscheinung mehr – wie viele ursprünglich dachten –, sondern Teil des historischen Prozesses der Gleichberechtigung der Frau in unserem Jahrhundert.

Die Misere der berufstätigen Frau, die ihre Kinder im Vorschulalter während der Arbeitszeit nicht unter pädagogisch geschulter Aufsicht unterbringen kann, ist bekannt. Die Lösung dieses Problems kann nicht der Abbau berufstätiger Frauen, sondern nur der Aufbau zahlreicher Kindereinrichtungen sein. Diese Erkenntnis brachte mich auf die Idee, ein Planungssystem für Kindertagesheime im Fertigteilbau auszuarbeiten.

Das war bereits lange nach dem Zweiten Weltkrieg, doch bot mein erster Entwurf des Kindergartens für die Siedlung Praunheim bereits die Grundlage dafür. Deshalb will ich hier eine genaue Beschreibung dieses Systems, das ich für die Zukunft für wichtig halte, geben, obwohl das einen Zeitsprung in der chronologischen Folge dieser Erinnerungen bedeutet.

Projektsystem als Grundlage zur Herstellung von Kinderanstalten in vorgefertigten Bauteilen

Die wissenschaftlich-technische Revolution hat auch das Bauen erfasst. Die massenweise notwendig gewordenen Wohn- und Sozialbauten, zu denen die Kindereinrichtungen wesentlich gehören, zwingen zu größter Sparsamkeit und zur Verringerung der Handarbeit am Bau auf ein Minimum. Das bedeutet Fertigteilbauweise für alle wiederholbaren Bauten – auch für Kindereinrichtungen.

Die Raumprogramme der verschiedenen Kinderanstalten (Krippen, Kindergärten und Horte) sind, zum Unterschied von denen des Wohnungsbaus, sehr kompliziert und differenziert. Es geht darum, von den Wand- und Deckenelementen ausgehend, ein Projektsystem zu schaffen, bei dem die in ihren Größen sehr verschiedenen Räume der Kinderbauten auf einheitliche Flächenmaße gebracht werden und diese Räume so verbunden werden, dass gleich große Baukörper entstehen, die untereinander austauschbar sind und, den verschiedenen Bedürfnissen entsprechend, immer wieder verschieden miteinander kombiniert werden können.

Das bedeutet ein Baukastensystem in doppelter Hinsicht, nämlich im Grundriss, der das Zusammensetzen immer gleicher Baukörper ermöglicht, und im Konstruktionssystem (Zusammensetzen gleicher Plattenelemente aus Beton, Holz oder anderem).

Kinderanstalten werden von Kindern verschiedener Altersgruppen besucht. Es gibt Gruppen für Kinder von 4–12 Monaten, von 1–2 und von 2–3 Jahren in den Krippen, solche von 3–6 Jahren in Kindergärten und von 6–10 bzw. 10–14 Jahren in den Horten. Die Räume für diese Altersstufen lassen sich klar in drei Raumgruppen teilen:

1. Die Kinderräume für die verschiedenen Altersstufen.
2. Die allgemeinen Räume wie Büro, Arztzimmer, Wirtschafts- und Personalräume etc.
3. Die Verbindungsräume, das sind alle jene, die sämtliche Kinder- und Bedienungsräume miteinander verbinden. Diese Raumgruppe besteht normalerweise aus Gängen.

Beim vorliegenden Projektsystem sind jedoch alle Quadratmeter, die sonst für die Gänge notwendig sind, in einer Zentralhalle vereinigt, die sowohl alle Gruppenräume als auch die allgemeinen Räume auf kürzestem Weg miteinander verbindet, aber auch gleichzeitig als großer Speisesaal und Mehrzweckraum (für Gymnastik, Puppentheater, gemeinsame Veranstaltungen, Ausweichraum beim Lüften der Gruppenzimmer usw.) verwendet werden kann.

Bei diesem Projektsystem gibt es, entsprechend den oben genannten drei Raumgruppen, nur drei verschiedene Baukörper. Diese für alle Altersstufen, Bedürfnisse und Gruppenzahlen immer gleichbleibenden Baukörper sind untereinander austauschbar und können in den verschiedensten Varianten miteinander kombiniert werden. So entsteht ein System mit immer gleichbleibenden Baukörperelementen sowohl für Krippen als auch für Kindergärten oder für gemischte Kindertagesheime, das heißt für Häuser für zwei bis acht Kindergruppen. Es gibt drei Baukörper: den Gruppenpavillon mit Aussparung für den Baukörper der allgemeinen Räume, den zweiten für die Bedienungsräume und den dritten Hallenbaukörper.

Sechzehn verschiedene Kombinationen dieser Baukörper ergeben Kinderheime für alle Altersstufen und für alle Hausgrößen für 50 bis zu 240 Kindern. Sie bieten:

Größte Isoliermöglichkeit der einzelnen Gruppen durch das Pavillonsystem, Querlüftung aller Kinderräume und Orientierung nach allen Himmelsrichtungen für ausreichende Besonnung. Weiters: kürzeste Verbindungswege für das Personal. Drittens: kostenlose Gewinnung eines gemeinsamen Saals durch Einsparung jeglicher Gänge. Viertens: größtmögliche Wandelbarkeit durch vielfältige Kombinationsmöglichkeit. Fünftens: große Wirtschaftlichkeit durch massenweise Herstellung einer geringen Zahl von Fertigteilen in der Fabrik.

Auf diese Weise wäre der große Bedarf an Kinderbauten in unseren Großstädten rascher und billiger zu befriedigen und die Lösung des Problems der Überforderung berufstätiger Frauen nähergerückt.

Die Wohnung der alleinstehenden berufstätigen Frau

Die Aufgabe, alleinstehenden berufstätigen Frauen ein menschenwürdiges Wohnen zu ermöglichen, war im damaligen Frankfurt ein schwieriges, jedoch dringendes Problem.

40 Prozent der werktätigen Frauen wohnten weder im Familienverband, noch zusammen mit einem Partner. Traurige Folge der Dezimierung der Männer im Ersten Weltkrieg. Auf Untermiete angewiesen, fanden diese zahlreichen Frauen nur sehr schwer Zimmer. Von den Vermietern wurden Männer bevorzugt, denn diese hatten höhere Einkommen und konnten höhere Mieten bezahlen. Außerdem waren weibliche Mieter unbeliebt, weil gerade sie wegen ihres niedrigen Verdienstes mehr zu Hause kochten, wuschen und bügelten. Damit fiel bei den Frauen für die Vermieter noch manch zusätzlicher Nebenverdienst weg. Wenn eine Frau schließlich ein Zimmer fand, verschlang die Miete oft bis zu einem Drittel ihres Einkommens. So kam es, dass die meisten dieser Frauen elend hausten. Deshalb stellten die weiblichen Stadtverordneten den Antrag (ich glaube, es war schon im Herbst 1927), »... nach dem Vorbild anderer Städte auch in Frankfurt ein Heim für Frauen und Mädchen zu errichten und baldigst Mittel für diesen Zweck bereitzustellen«.

Dem Plan, spezielle Frauenheime zu bauen, stellte ich mich energisch entgegen. Bevor ich aber an einen anderen Vorschlag heranging, mussten die Grundforderungen für die Anlage solcher Wohnungen geklärt werden. Es waren drei. Erstens: Es müssen Wohnungen, den verschiedenen Einkommensgruppen entsprechend, als Beispiel zur Vervielfältigung geplant werden. Zweitens: Alleinstehende Frauen suchen in ihrer Freizeit Kommunikationsmöglichkeiten mit Männern, Frauen und Kindern. Sie dürfen nicht gezwungen sein, isoliert von der übrigen Bevölkerung zu leben. Drittens: Bei der Anlage von Wohnungen für berufstätige Frauen müssen Möglichkeiten zur Nachbarschaftshilfe und für zentrale Dienstleistungen geschaffen werden.

Als Folge solcher Erwägungen entstand im Jahre 1928 nachstehend beschriebener Vorschlag und Entwurf:

Mit Bezug auf die erste Forderung ergaben sich vier verschiedene Einkommensgruppen. Die monatliche Miete einer Wohneinheit für eine berufstätige Frau durfte meiner Meinung nach keinesfalls mehr als 20 Prozent des Monatseinkommens betragen. Daraus ergaben sich für die einzelnen Wohnungstypen, nach Einkommen abgestuft, 18 bis 60 Mark einschließlich Heizung, elektrischem Strom und Gas (siehe Tabelle: Einkommen und Miete).

Zur zweiten Forderung: Wir bauten Etagenwohnungen für Familien in großem Umfang. Mein Vorschlag war, über den Normaletagenwohnungen in der obersten Etage Wohneinheiten für berufstätige alleinstehende Frauen aufzubauen, damit die Frauen nicht isoliert von der übrigen Bevölkerung lebten. In den unteren Etagen wurden zwei Wohnungen an ein Treppenhaus gelegt. Das ergab Baukörpereinheiten von 16,5 m Länge innerhalb der Etagenwohnblöcke. Über jeder dieser Einheiten projektierte ich, je nach Einkommen der Frauen, bei Typ I acht Wohneinheiten mit gemeinsamen Nebenräumen, bei Typ II auf derselben Grundfläche sechs Wohneinheiten, bei Typ III fünf Wohneinheiten und bei Typ IV zwei Zweizimmerwohnungen für die höchste Einkommensgruppe (siehe die vier Typengrundrisse). Hausrücksprünge in dieser für die Frauen reservierten obersten Etage ermöglichten Terrassen für jede Wohneinheit.

Zur dritten Forderung: Man konnte auf diese Weise mehrere Etagenwohnblöcke von 16,5 m Länge zusammenfassen und die Wohneinheiten der Frauen gleicher oder verschiedener Einkommensgruppen durch einen langen Mittelgang miteinander verbinden. So wurden Nachbarschaftshilfe erleichtert und zentrale Dienstleistungen ermöglicht. So wäre es denkbar, dass eine Frau die Reinigung der Wohnung, der Kleidung usw. für eine bestimmte Anzahl anderer übernimmt. Es war gedacht, die Wohneinheiten mit eingebauten Möbeln zu vermieten. Breite Schrankwände waren beispielsweise von den Zimmern ebenso wie vom Gang aus zugänglich, sodass zur Reinigung der Kleider und Schuhe diese von außen entnommen werden konnten (siehe Abbildung des Grundrisses der Typ III). Diese zeigen, dass die Räume, trotz eingebauter Möbel, individuell gestaltet werden konnten und angenehm zu bewohnen waren.

Die Mieten lagen nach der damaligen Art der Frankfurter Finanzierung höchstens bei 20 Prozent der Einkommen einschließlich Heizung, Gas, Elektrizität sowie der eingebauten Möbel. Der Vorteil war, dass solche Wohnungen, da sie in allgemeinen Wohnhausblö-

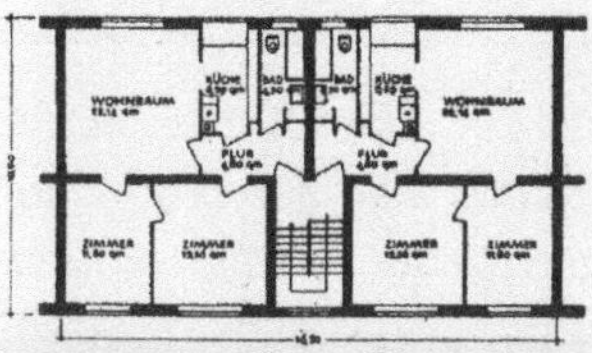

Aufgebaut auf 2 normalen 3-Zimmer-Wohnungen.

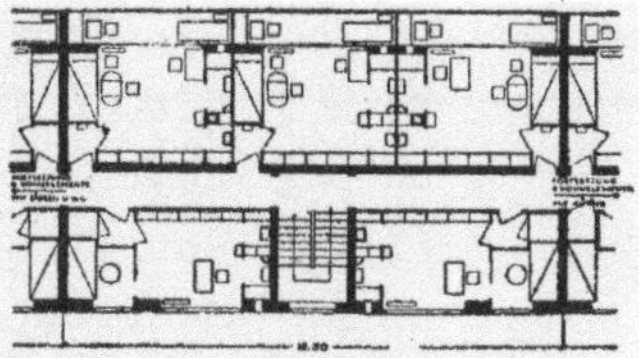

Typ III
5 Wohnelemente (Einbaumöbel).

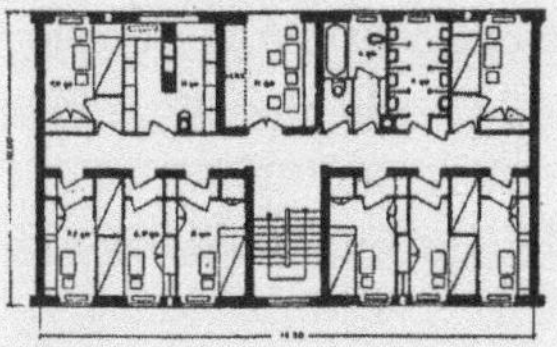

Typ I
8 Einzelzimmer mit gemeinsamen Nebenräumen (Einbaumöbel).

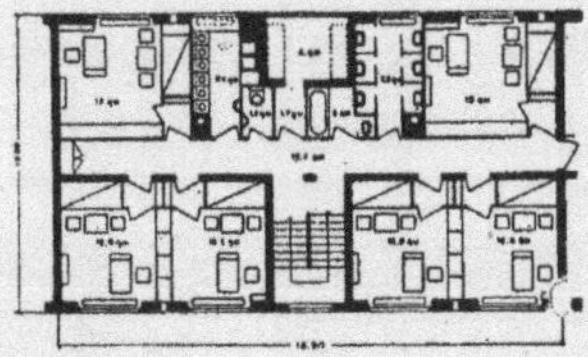

Typ II
6 Einzelzimmer mit gemeinsamen Nebenräumen (Einbaumöbel).

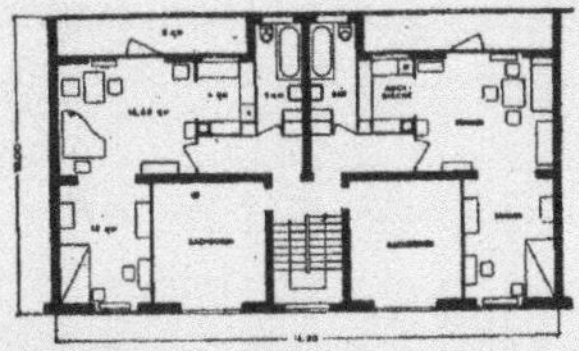

Typ IV
2 Wohnelemente (nicht möbliert); 2 Dachböden sind abgetrennt.

EINKOMMEN UND MIETE

Gruppe	Aufteilung	Monatl. Ein-komm.	m² pro Perf.	Miete	Heiz.	Elekt. und Gas	Summe	% des Gehalts
A. Arbeiterinnen	24 Zimmer auf 3 Wohnungselemente	80 100	13	12	3	3	18	ca. 20 %
B. Studentinnen und Berufstätige (Verkäuferinnen, Schreibkräfte)	18 Zimmer auf 3 Wohnungselemente	100-160	18	17	3.50	4	24,50	ca. 15-20%
C. Poft- u. Telef.-Beamtin, Verkäuterin, Schreibkräfte, Sozial-Beamtin, Krankenpflege ufw.	10 Zimmer auf 3 Wohnungselemente	160-30.	27.5	28	6	4	38	ca. 13-20 %
D Höhere Beamtinnen, Akademikerinnen, Lehrerin. ufw.	6 Zimmer auf 3 Wohnungselemente	über 300	45'5	50	10	6	66	ca. 13-20 %

Wohnung für berufstätige Frauen, Grundrisse und Tabelle
Frankfurt am Main 1928

cken lagen, genauso aus öffentlichen Mitteln subventioniert werden konnten wie die Einfamilienwohnungen.

Mein Vorschlag wurde akzeptiert und ein neuer Antrag in der Stadtverordnetenversammlung eingebracht. Man schrieb in der Presse unter dem Titel *Sonderwohnungen für berufstätige Frauen:* »... inzwischen hat der Plan eine begrüßenswerte Wandlung erfahren. Heime sind nicht erwünscht. Der mit dem Heimleben verbundene Zwang, die Gebundenheit an eine bestimmte Heimordnung ist für viele nur schwer zu ertragen.« Und im Hinblick auf meinen Vorschlag: »... So wird den Wünschen der Wohnungssuchenden der neue Antrag mehr entsprechen. Damit wird der Magistrat ersucht, in den neuen Wohnblocks eine größere Anzahl Einzelzimmer mit allem Zubehör einzubauen, die ausschließlich alleinstehenden weiblichen Bewohnern vorbehalten bleiben sollen. Angeschlossen an Heizung und Warmwasserbeschaffung und versehen mit Kochgelegenheit, werden solche Wohnelemente die Möglichkeit behaglichen und gesunden Wohnens geben. Es ist wohl zu wünschen, dass das Hochbauamt in den nächsten Plänen für die neu vorgesehenen 4000 Wohnungen solche Garçonnièren berücksichtigt. Die Überwindung technischer Schwierigkeiten darf man dem findigen Hochbauamt, dem ja auch eine Frau angehört, zutrauen. Und die rasche Lösung des Problems wäre angesichts der aus der wirtschaftlichen Lage bedingten, ständig wachsenden Zahl von berufstätigen Frauen eine soziale Tat.«

Leider kam die große Wirtschaftskrise der Durchführung dieses Plans zuvor, und solche Wohnelemente für alleinstehende berufstätige Frauen wurden nicht mehr gebaut. Jedoch wurden die verschiedenen Typen und das ganze System der auf die Wohnblöcke aufgebauten Wohnelemente auf verschiedenen Ausstellungen gezeigt. So beispielsweise in Essen, Nürnberg und vor allem auf der großen Ausstellung *Heim und Technik* 1928 in München. Es wurden in vielen Zeitschriften Pläne und Fotos dieser Wohnungen publiziert, und viele Anfragen, auch von Stadtverwaltungen, zeigten das Interesse an diesem Vorschlag. Doch wurde davon nichts mehr verwirklicht.

Hätte man damals solche Wohnungen für alleinstehende berufstätige Frauen gebaut, sie wären bestimmt ein Beispiel dafür geworden, wie man den Wünschen Alleinstehender nach Kommunikation mit anderen sowie nach zentralen Dienstleistungen gerecht werden kann.

Heute wären sie zwar für einen Teil alleinstehender Menschen noch immer eine gute Lösung, jedoch keine für die Allgemeinheit. Der große Frauenüberschuss nach dem Ersten und dem Zweiten Weltkrieg hat sich bei den nachwachsenden Generationen ausgeglichen. Er besteht nur mehr bei den Alten. Die berufstätige Frau lebt heute fast immer mit einem Lebensgefährten oder Ehemann zusammen, kann also nicht mehr als alleinstehend betrachtet werden. Die Berufstätigkeit der Frau gilt heute als Gemeingut. Damit wird ihre ökonomische Unabhängigkeit vom Mann allgemein. Der Wunsch der jungen Paare, mit oder ohne Kinder, nach Kommunikation und Diskussion ist stärker, die Forderungen nach zentralen Dienstleistungen sind weit zwingender geworden. Der Trend zur Großfamilie und Nachbarschaftshilfe wird naturgemäß immer stärker.

Ich war erstaunt, vor Kurzem zu lesen, dass in unserem kleinen Land Österreich 20 000 junge Menschen in Großfamilien wohnen. Mit diesen Tendenzen haben wir Architekten uns ernsthaft auseinanderzusetzen. Nicht mehr die Wohnung der alleinstehenden berufstätigen Frau ist das Gebot, sondern vielmehr Häuser, in denen sich, weit über die Kleinfamilie hinaus, Gemeinschaften bilden können, die die gewünschte Kommunikation unter den Menschen sowie zentrale Dienstleistungen in breitem Umfang ermöglichen. Sogenannte Service-, Einküchen-, Kommunenhäuser oder wie man sie auch nennen mag. Gelingt uns das wenigstens für einen Teil der Bevölkerung nicht, bleibt die ungeheure Überbelastung der berufstätigen Frau weiter bestehen, bleibt unsere Forderung nach Chancengleichheit der Frau, nach gleicher Aufstiegsmöglichkeit auf dem Papier, werden die Frauen in Zukunft nicht in der Lage sein, Stress, Überbelastung physisch und psychisch zu verkraften.

Nach dieser Abweichung in die Gegenwart nun wieder zur Vergangenheit der zwanziger Jahre in Frankfurt.

Möblierung der Frankfurter Wohnungen

Die Möblierung der neuen Wohnungen war von vornherein nicht Aufgabe des Hochbauamts. Doch wurde es im Laufe der Jahre unmöglich, an diesem Problem vorbeizugehen, wollten wir zur vollen Auswertung der Wohnungen durch die Bewohner gelangen. Die Umwälzung im Wohnungsbau nach dem Ersten Weltkrieg, vom Bau durch den privaten Unternehmer bis zum sozialen, öffentlich subventionierten Kleinwohnungsbau, konnte nicht ohne Einfluss auf die Möbelgestaltung, auf die Möbelproduktion bleiben. Gleichzeitig hatte die Umwandlung von der handwerklichen zur maschinellen Arbeit in den Formen der Möbel ungeheure Verwirrung angerichtet.

Dazu kam noch in Frankfurt die so weitgehende Verringerung der Wohnfläche der Kleinstwohnungen, die eine radikale Raumausnutzung forderte. Aus diesem Grund wurden viele der Kleinstwohnungen möbliert geliefert, wobei die Betten, also die größten Möbel, an die Wand geklappt oder in einen Einbau geschoben wurden. So wurde tagsüber Raum frei, um anderer Benutzung zugeführt zu werden. Trotz der räumlichen Sparsamkeit ließen diese Zimmer ausreichend Bewegungsmöglichkeit und ergaben mit ihren Glastüren zum Garten architektonisch angenehme, in ihren Proportionen harmonisch wirkende Räume.

Wir vom Hochbauamt traten mit Herstellerfirmen in Verbindung, die Betten aller Art billig lieferten. Es gab solche, die der Länge nach an die Wand zu klappen waren, und solche, die an der Schmalseite hochgeklappt wurden; es gab Drehbetten, die auf Rollen unter eine Sitzbank gedreht werden konnten.

Wir suchten auch Einfluss auf die Mieter bei der Möblierung zu gewinnen. Ich bin heute noch im Besitz eines Programms für eine Beratungsstelle für Wohnungseinrichtung. Es ist mit 3. Dezember 1929 datiert. Ich hatte es für das Hochbauamt ausgearbeitet, damit es mit dessen Hilfe von verschiedenen Organisationen realisiert werden konnte. Darin heißt es:

»Zweck: Die Beratungsstelle hat die Aufgabe, das Wohnniveau, vor allem der Arbeiterschaft, welche geringe Wohntradition, daher weniger Vorurteile hat, zu heben. Der Käufer ist bisher dem Rat des Verkäufers, der lediglich Geschäftsinteresse im Auge hat, vollkommen ausgeliefert. Es fehlt eine neutrale Stelle, die ohne eigene Geschäftsinteressen Einfluß auf die Wohnungsgestaltung der Menschen ausübt und den Kampf gegen Möbelschund und Kitsch, besonders für den Minderbemittelten, aufnimmt. Aus diesem Grund darf diese Stelle in keiner Weise von Erzeugern oder Händlern abhängig sein, da sonst der Hauptwert, nämlich Treuhand für den Käufer zu sein, verloren geht.

[...] Die Stelle hat zuerst dafür Sorge zu tragen, von allen für die Wohnung nötigen Gegenständen (Möbel, Lampen, Stoffe usw.) formal und technisch einwandfreie Modelle und Muster auszuwählen [...] Wo geeignete, billige Modelle, die sich der Arbeiter auch kaufen kann, fehlen, was leider oft der Fall sein wird, ist es Aufgabe der Beratungsstelle, Entwürfe anzufertigen, die notwendigen Verhandlungen mit der Industrie zu führen, um gut geformte und billige Einrichtungsgegenstände in den Handel zu bringen [...]«

Aber die Krise kam. Knapp ein halbes Jahr nach Aufstellung dieses Programms schloss May für sich und seine Mitarbeiter Arbeitsverträge mit der Sowjetunion ab, und so kam es nicht mehr zu solch einer Beratungsstelle.

Arbeiten außerhalb des Hochbauamts der Stadt

Es waren so viele, dass ich sie nur teilweise rasch und gekürzt hier aufzählen kann: für das Wohnbauprogramm des französischen Ministers Loucheur, Küchen für eine große Siedlung eines modernen Architekten in Warschau (ausgeführt, jedoch durch die Kriegsereignisse dem Erdboden gleichgemacht), in beiden Fällen nach dem System der *Frankfurter Küche*, literarische Arbeiten für den internationalen Verband für Wohnungswesen, die Reichsforschungsgesellschaft für Bau- und Wohnungswesen in Berlin, das neue Handwörterbuch für Wohnungswesen und anderes. Vorträge in Nürnberg, München, Wien, Köln, Düsseldorf, Hamburg, Lübeck und anderen deutschen Städten, Entwurf und Überwachung von Lampen und anderen Industrieerzeugnissen, Unterrichtskurse über Wohnungsbau an der Wohlfahrtsschule in Frankfurt usw. An Entwürfen: ein Studentinnenheim in Frankfurt, ein TBC-Krankenhaus in Marburg an der Lahn, eine Berufsschule in Kassel, ein Privathaus in Amsterdam etc.

Die schönste Privatarbeit der Frankfurter Jahre war jedoch Projektierung und Bau zweier Häuser in der Internationalen Werkbundsiedlung in meiner Heimatstadt Wien. Den Entwurf der Gesamtanlage machte Josef Frank. Etwa 30 Architekten des In- und Auslands wurden aufgefordert, dort ein oder zwei Einfamilienhäuser zu bauen.

In dieser Siedlung stellte ich mir die Aufgabe, Häuser für Durchschnittsverdiener zu bauen. Ich hätte hier auch zwei schöne große Villen für Familien mit Hausgehilfinnen bauen können. Das wäre gewiss verlockend gewesen, doch schien es mir nicht von allgemeiner Bedeutung. Wesentlich wichtiger war mir, durch das Beispiel eines mustergültigen Einfamilienreihenhauses mit drei Zimmern zur Lösung der anstehenden Wohnprobleme beizutragen. Jedes meiner zwei Häuser ist im Grundriss 6 × 6 m groß und etwa 6 m hoch, also praktisch ein Würfel. Trotz seiner Kleinheit hat es einen fast 6 m langen Wohnraum, der sich mit breiten Glasflächen dem Garten zu öffnet, und einen 6 m langen Schlafraum im Obergeschoß mit beiderseitiger Belichtung nach Ost und West, dazu einen Balkon, der Morgensonne zugekehrt, ein Kinderzimmer, Küche, Bad- und Duschraum, WC und eine kleine Werkstatt im Keller. Tatsache ist, dass diese zwei Häuser die ersten waren, die verkauft wurden, Beweis dafür, dass damals ein echter Bedarf nach so kleinen Einfamilienhäusern bestand, die trotz ihrer Kleinheit wohlproportioniert in enger Verbindung zu Garten und Natur standen.

Vor Kurzem durchschritt ich ganz langsam und beobachtend diese Siedlung. Meine Häuser sind völlig umgrünt, gartenumsponnen, und die Rosen wachsen bis hinauf zum Balkon. In dem einen wohnt heute ein weißhaariger Mann, der damals, es war 1932, in dasselbe Haus einzog. Im anderen wohnt die Witwe jenes Lehrers, der das Haus als erster Bewohner der Werkbundsiedlung kaufte. Niemand wollte weg. Ich selbst würde mit Vergnügen in einem der beiden Häuser wohnen, hätte ich ein Auto, um rasch und bequem in die Stadt zu kommen.

Wandert man heute durch diese Siedlung, so sieht man, welch Könner Josef Frank gewesen ist. Kleine Wohnstraßen wechseln mit Plätzchen, immer schließt sich das Bild dieser heute noch so

Zwei Häuser für die Wiener Werkbundsiedlung
Garten- und Straßenfassade
Wien 1930–32

modernen Ansiedlung, nie zerreißt ein Loch die harmonische Folge der Hauskörper. Überall fühlt man den Reiz des Gegensatzes zwischen den einfachen geraden Linien der Häuser und der bewegten Zeichnung der erfinderischen Natur.

Die Häuser der Siedlung sind sehr unterschiedlich, es wurde viel experimentiert, und manches wirkt verkrampft. So etwa die Häuser von Lurçat (Frankreich), der versucht hat, durch vorgezogene runde Treppenhäuser Plastik in die glatte Fassade zu bringen, zum Unterschied zu Rietveld (Holland), der in derselben Absicht durch vorgeschobene, von innen her logisch entstandene Baukörper die Fassadenfläche in interessanter Weise belebt hat. Am schönsten jedoch sind jene Bauten, bei denen es gelang, »Einfachheit und Zweckmäßigkeit zu Schönheit zu vereinigen« (Zitat von Josef Frank aus dem Ausstellungskatalog der Werkbundausstellung 1932 in Wien).

Frankfurt am Main, kulturelles Zentrum der zwanziger Jahre

Das »Neue Bauen« in Frankfurt gewann mit den Jahren starke Ausstrahlung im In- und Ausland. Prominente Besucher kamen aus aller Herren Länder angereist, und umgekehrt wurden auch wir von überallher aufgefordert, über unsere Arbeiten zu sprechen und zu schreiben. Es gab kaum eine deutsche Großstadt, in der ich damals nicht einen Vortrag hielt, kaum eine Fachzeitschrift, für die ich nicht einen Artikel schreiben musste. Die Veranstalter der Vorträge, Organisationen oder Einzelpersonen, umfassten die verschiedensten Schichten der Bevölkerung, es waren städtische Bauämter ebenso wie Frauen- und Kulturorganisationen, Volksbildungsvereine ebenso wie religiöse Gruppen, Schulen und Bildungsstätten verschiedenster Art. Zusammen mit dem Bauhaus wurde so eine Bewegung für ein neues, modernes und gesundes Wohnen angefacht, wie sie nach den zwanziger Jahren nie mehr entstanden ist.

Zu der Ausstrahlung von Frankfurt trug wesentlich die von May gegründete Zeitschrift *Das neue Frankfurt* bei, als deren Leiter er den Kunsthistoriker Josef Gantner aus der Schweiz holte. Durch die Baumöglichkeiten in Frankfurt angezogen, kamen auch ein-

HEIMBAUHILFE GEMEINDE WIEN - GESIBA
WERKBUNDSIEDLUNG
HÄUSER Nr. 61 UND 62
ARCHITEKTIN GRETE SCHÜTTE-LIHOTZKY, MOSKAU

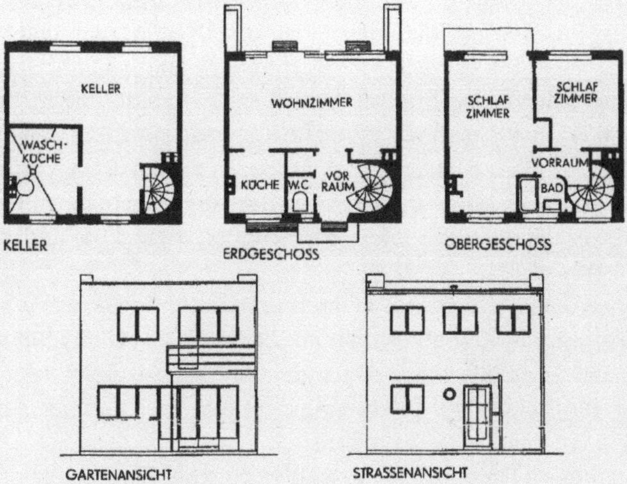

(Unverbindliche Planskizze)

Verbaute Fläche pro Haus 35 m²

1 Zimmer 5·60 × 3·30 m
1 Zimmer 5·40 × 2·80 „
1 Kammer 3·30 × 2·75 „
1 Küche 2·00 × 1·90 „
Vorraum, Bad, Speis, Waschküche, Keller

Voraussichtlicher Preis: Haus Nr. 61 S **25.000**
Haus Nr. 62 S **25.500**

Zwei Häuser für die Wiener Werkbundsiedlung
Grundrisse, Garten- und Straßenansicht
Wien 1930–32

zelne Architekten wie Mart Stam aus Holland oder Franz Schuster aus Wien, um als Privatarchitekten zu arbeiten. Und es kam auch der leider bald verstorbene Architekt Adolf Meyer vom Bauhaus. Er arbeitete direkt im Hochbauamt als Vertragsangestellter wie wir. Der Sitz des internationalen Instituts für Städtebau und Wohnungswesen wurde nach Frankfurt verlegt, mit seinem Generalsekretär Hans Kampffmeyer, den ich schon aus der Siedlerbewegung in Wien gut kannte. Zahlreiche Kongresse und Ausstellungen, die das Bauen zum Inhalt hatten, fanden in diesen Jahren in Frankfurt statt. Gestaltung und Organisierung der Ausstellungen lagen meist in meiner Hand, sofern das städtische Hochbauamt daran beteiligt war.

Eines der wichtigsten und interessantesten Ereignisse war der erste große CIAM-Kongress, der im Oktober 1929 in Frankfurt stattfand. 120 Architekten aus 18 Ländern kamen angereist. Hier kurz einige Worte über die Entstehung der CIAM, weil darüber vielfach falsche Vorstellungen verbreitet sind.

In La Sarraz in der Schweiz gab es zu jener Zeit eine kunstsinnige, reiche Dame, eine leidenschaftliche Anhängerin des »Funktionalismus«. Sie lud im Juni 1928 die bekanntesten Vertreter der modernen Architektur auf ihr Schloss in der Schweiz zu einer Zusammenkunft ein. Darunter waren außer den Schweizern Moser, Steiger, Roth, Hans Schmidt und anderen auch Aalto (Finnland), Markelius (Schweden), Le Corbusier (Frankreich), Syrkus (Polen), Frank (Österreich), Gropius, May, Häring und andere aus Deutschland. Frank fuhr hin, lehnte aber später die CIAM bei dem ihm angeborenen Skeptizismus als eine snobistische Angelegenheit ab. Diese Meinung äußerte er mir gegenüber 1939, als ich ihn in Stockholm besuchte. Sie war die Ursache, weshalb bis nach dem Zweiten Weltkrieg in Österreich keine CIAM-Gruppe entstand.

Auch May fuhr skeptisch nach La Sarraz und machte sich vor seiner Abreise über die Einladende etwas lustig, kam jedoch äußerst positiv beeindruckt zurück. Trotz Snobismus gab die Dame doch den ersten Anstoß, dass alle diese vorwärtsstürmenden Architekten, die damals noch keineswegs so bekannt waren und in ihren Ländern schwer zu kämpfen hatten, um ihre Ideen durchzusetzen, sich zusammenschlossen. Nur gemeinsam konnten sie jene Stärke gewinnen, die nötig war, sich gegen die konservativen Kräfte in der

Architektur zu behaupten. Es kam in La Sarraz eine gemeinsame Erklärung zustande, die Eindruck in der Welt hinterließ. May schlug vor, den ersten großen CIAM-Kongress in Frankfurt abzuhalten, da diese Stadt schon einige fertige Wohnsiedlungen zu zeigen hatte. Das Thema des Kongresses, schon in der Schweiz festgelegt, lautete: »Die Wohnung für das Existenzminimum«, das war das große Problem, das es zu lösen galt.

Zusammen mit dem Architekten Eugen Kaufmann (er lebt heute, über 90-jährig, in London) ging ich sofort daran, eine Ausstellung zu diesem Thema vorzubereiten. Ihr Zweck war, entsprechendes Studienmaterial zu vermitteln. Zuerst sandten wir Fragebögen aus, um die Grundlagen für Projekte zu sammeln, wie die verschiedenen Einkommenshöhen der Arbeiter, die klimatischen Verhältnisse usw. Schließlich wurde ein Höchstmaß für die Kleinstwohnung von 70 m² festgelegt. Es kamen 100 Vorschläge. In der Darstellung waren wir bemüht, das Problem stark herauszuarbeiten. Wir verzichteten bewusst auf alles, was vom eigentlichen Zwecke, nämlich vergleichbares Studienmaterial zu bieten, ablenkte. – Deshalb keine Ansichten, keine Fotos, keine Modelle oder eingerichtete Wohnungen, wie das bisher auf Ausstellungen üblich war. Wir zeichneten nur die Grundrisse in einheitlichem Maßstab, mit Einzeichnung der vorgesehenen Möbelstellungen, dazu lediglich die zum Verständnis nötigen Schnitte und Lagepläne, alle in möglichst einfacher Darstellung und in gleichen Maßstäben mit den für eine vergleichende Auswertung notwendigen Zahlen, Angaben von Wohnfläche, umbautem Raum, Fensterfläche und Bettenzahl. So entstand eine Wanderausstellung aus 100 Tafeln und 100 Beispielen für Ein- und Zweifamilienhäuser oder Stockwerkswohnungen in einer Ebene. Ein Buch, das aus diesem Material im Verlag Hoffmann (Stuttgart) erschienen ist, erlebte mehrere Auflagen.

Das Hauptreferat an diesem Kongress hielt Gropius. Den größten Teil seines Vortrags nahmen »die soziologischen Grundlagen der Minimalwohnung für die städtische Bevölkerung« ein. Er sprach über die Vergesellschaftung der Arbeit, über die Veränderungen der Struktur und die Bedeutung der Familie, sprach von Konzentrierung und Spezialisierung der hauswirtschaftlichen Arbeit in der Kleinfamilie und bereits auch schon vom künftigen Großhaushalt. Alles das 1929. Hier zwei Zitate aus diesem Vortrag: »Die Erkenntnis der

Schwächen der individuellen Hauswirtschaft erweckt den Gedanken an neue Formen von Großhaushalten, die der einzelnen Frau Teile ihrer hauswirtschaftlichen Obliegenheiten durch zentrale Organisation besser und wirtschaftlicher abnehmen, als sie diese allein auch unter Einsatz aller Kräfte zu erfüllen vermag ... fast alle Länder richten ihre Politik der städtischen Wohnungsbeschaffung noch in zu weitgehendem Maße auf die alte familiäre Form des Lebens ein, mit der allein die wirklichen Bedürfnisse heute nicht mehr erfaßt werden können. Vielmehr scheint die Zusammenfassung einer Reihe von Wohnungen in Großhaushalten notwendig geworden zu sein, um das Arbeitsleben der berufstätigen Frau zweckmäßig zu entlasten ...« – Was Gropius gedacht, war Beginn einer neuen Zeit, nicht mehr Ende einer alten Kultur. Er berichtete sehr fundiert, wie ein gewissenhafter Wissenschafter. Mir gab das Referat damals viel Stoff zum Nachdenken.

Bei diesem Kongress lernte ich Le Corbusier, Moser, Markelius, Rietveld und andere kennen, mit denen ich teilweise bis zu ihrem Lebensende verbunden blieb. Damals wurde ich Mitglied der CIAM.

19 Jahre später, 1947, erhielt ich plötzlich eine Einladung nach Zürich. Es fand dort die erste CIAM-Besprechung nach dem Krieg, in verhältnismäßig kleinem Rahmen, statt. Außer den Schweizern war Aalto mit seiner Frau, ebenfalls Architektin, aus Finnland gekommen; Szymon Syrkus aus Polen; Vertreter aus der Tschechoslowakei und Ungarn. Aus Österreich war ich die Einzige und sagte zu, dass wir in der Lage sein würden, endlich eine österreichische Gruppe auf die Beine zu stellen. Nach meiner Rückkehr schaltete sich mein Mann sehr aktiv in die CIAM-Arbeit ein. Wir gingen zuerst zu Haerdtl, der den Vorsitz der österreichischen Gruppe übernahm. Sie umfasste zuerst außer Haerdtl und uns beiden die Wiener Roland Rainer, Schwanzer und den Grazer Zotter. Ich selbst nahm nach dem Krieg nur noch an den Kongressen in Bridgewater (1947) und in Bergamo (1949) teil. Die weitere Geschichte der CIAM ist ja vielen bekannt. Heute ist die CIAM so gut wie gestorben. Ihr Sinn, der gemeinsame Kampf für eine funktionelle Architektur, eine Architektur, die aus den Bedingungen des 20. Jahrhunderts gegen den Eklektizismus entstand, dieser Kampf ist heute längst überholt. Die zweite Hälfte des 20. Jahrhunderts stellte uns vor ganz neue, andersgeartete Probleme.

Eine Reihe anderer Ausstellungen zog viele Besucher nach Frankfurt. So eine Bauausstellung auf der Frankfurter Frühjahrsmesse. In diesem Rahmen gab es in der Messehalle des städtischen Hochbauamts eine große Sonderschau mit dem Titel: »Die neue Wohnung und ihr Innenausbau«. Hier wurden vier Wohnungen der Praunheimer Siedlung in natura gezeigt, eine davon in der Plattenbauweise. Eine ganze Abteilung war dem neuen Haushalt gewidmet, mit Küchenvorschlägen verschiedener Art, wie Metallküchen, Betonplattenküchen, solche für Kleinstwohnungen und sogar auch für Wohnungen, die mit einer Haushaltshilfe bewirtschaftet werden konnten, wie zum Beispiel in der Siedlung Ginnheim. In dieser Ausstellung wurden in der großen Halle eine Kleingartenhütte und ein Wochenendhaus mit kompletter Einrichtung aufgebaut, da wir auch an diesen Problemen nicht einfach vorbeigehen wollten. Ein anderes Mal gab es in der Messehalle eine Ausstellung der Reformhäuser für moderne Ernährung. Doch auch hier war eine Schau des Hochbauamts angeschlossen mit Plänen und ausgeführten Modellen.

Aber nicht nur in Frankfurt, auch in anderen deutschen Städten beteiligte sich das Frankfurter Hochbauamt an Ausstellungen. So stellten wir bei der Werkbundausstellung *Die Wohnung* in Stuttgart ein ganzes Plattenhaus auf. In Essen und auf der Münchner Ausstellung *Heim und Technik* zeigte ich meine Vorschläge für Wohnungen für berufstätige Frauen, in natura aufgebaut und mit kompletter Einrichtung, so wie ich überhaupt an allen diesen Ausstellungen an Entwurf und Durchführung beteiligt war.

Das alles war neben den Arbeiten im Büro, den Vorträgen und dem Artikelschreiben eine äußerst starke Beanspruchung, und ich weiß heute kaum, wie ich das fertiggebracht habe. Aber es fiel mir trotzdem nicht schwer, und es blieb immer noch Zeit für Erholung, Urlaub, Lesen und Theater, Freundschaften und Unterhaltung. Man lebte intensiv, und dieser Schwung entstand aus der Aufgabe, die jedem von uns Kräfte verlieh, die er sonst kaum aufgebracht hätte.

Ich erinnere mich an viele Reisen. Einmal wurde ich als Vertreterin des Hochbauamts zur Leipziger Messe geschickt, ein anderes Mal fuhr ich nach Celle, um mir die Bauten des Rationalisten Otto Haesler anzusehen, oder nach Hilversum in Holland, wo der musikalische, äußerst feinfühlige Architekt Dudok fast die ganze Stadt gebaut hatte, ich fuhr öfter nach Berlin, wo ich bei Hugo Häring, einem heute viel zu wenig gewürdigten Architekten, und seiner Frau, einer berühmten Schauspielerin, die schönsten Abende verbrachte.

Ich hielt Kurse über Wohnbau für Gewerbeschullehrerinnen in Hamburg, wo die so fortschrittliche Dr. Olga Essig die Leitung der Frauenberufsschulen hatte. Unvergesslich die Reise, die ich nach Aufforderung des Rhein-Mainischen Volksbildungsverbands nach Luxemburg und Belgien unternahm. In Belgien wurde ich in das ärmste Gebiet, zu den Arbeitern des Kohlegebiets längs der französischen Grenze, geschickt. In zwei Tagen hielt ich vier Vorträge, je einen nachmittags und je einen abends, in verschiedenen Orten, und vormittags zeigte man mir, wie die Leute dort wohnten und lebten. Ich schämte mich etwas, über Wohnbau zu sprechen. Natürlich behandelte ich nur die Wohnung für das Existenzminimum, trotzdem scheint es mir heute Größenwahn zu sein, anzunehmen, dass damals so etwas realisiert werden könnte. In großen, verrauchten Sälen hielt ich meinen Vortrag, aber alle hörten interessiert und ruhig zu. Sie, die in bitterer Armut lebten, und ich glaubten damals, dass so etwas mit der Zeit verwirklicht werden könnte. Vier Jahre später kamen die Nazis in Deutschland zur Macht, und schließlich wurde gerade dieses Kohlengebiet vom deutschen Militärstiefel zertrampelt, vom Krieg überrollt.

Zum Aufschwung des kulturellen Lebens in Frankfurt trug unter anderen Faktoren unser »Neues Bauen« seinen Teil bei. Die Kunstgewerbeschule erlebte ihre lebendigste Zeit. Oft kam Schlemmer vom Bauhaus. Das Konzertleben war äußerst lebendig, mit dem berühmten Dirigenten Clemens Krauss, der später Dirigent der Wiener Oper wurde. »Luise geht ins Opernhaus, denn heute dirigiert der Krauss!«, riefen die Kinder auf der Straße. Das Frankfurter Schauspielhaus holte die interessantesten Darsteller aus Berlin und dem Ausland. Damals schon sah ich Friedrich Wolfs Stück *Cyankali*, das für die Abtreibung Stellung nahm. Es kam Piscator mit Tollers Stück *Hoppla, wir leben,* eine unvergessliche Aufführung, es kam das Meyerholdtheater aus Moskau mit dem Gogol'schen *Revisor* und viele andere. Es kamen alle fortschrittlichen Filme zu uns, die großen revolutionären Filme, Eisensteins *Panzerkreuzer Potemkin,* es kam Dziga Vertov, der Gründer des »Kinoki« (Kino-Auge), der ersten Vereinigung für Dokumentationsfilme.

Und natürlich viel Prominenz, die mit Bauen zu tun hatte. So der französische Bautenminister Loucheur mit einem ganzen Team. Für sein Programm arbeitete ich Grundrisse und Küchenpläne aus. Ein sehr fähiger polnischer Architekt kam angereist, er baute in Warschau eine große Siedlung, auch für sie arbeitete ich, und ich glaube, meine Projekte wurden auch ausgeführt. Aber der Krieg hat alles zerstört!

Oft kam Karsen aus Berlin, der große Pädagoge, der die Karl-Marx-Schule gründete und leitete, manches Mal auch Bruno Taut, der in diesen Jahren in Berlin so viel baute, dass er kaum zum Reisen kam. Auch Martin Wagner, der Stadtbaurat von Berlin, kam. Am öftesten aber erschien von den Deutschen Walter Gropius. Meine Erinnerungen an ihn aus jener Zeit und auch noch von später möchte ich etwas ausführlicher hier niederlegen.

In seiner ganzen Art, seinem Verhalten gegenüber Menschen, habe ich ihn als liebenswürdigen, freundlichen und sehr kultivierten Menschen in Erinnerung. Er hatte feine Gesichtszüge und war eine elegante Erscheinung. Sein Kopf erinnerte mich immer wieder an den von Loos. Nicht, dass er ihm direkt ähnlich sah, aber er war äußerlich der gleiche Typ. Wie Loos sprach er ruhig und leise. Er, so wie auch Loos, ist für mich, dem Äußeren nach, das Urbild des Architekten. Beider Interessen und Gedanken gingen weit über ihr »Fach« hinaus. Beide sahen, Gropius sicherlich noch mehr als Loos, den gesellschaftlichen Hintergrund ihrer Zeit und dessen Weiterentwicklung als Grundlage ihres Schaffens an. Gropius besuchte uns bis 1928 aus Weimar kommend, später aus dem neuen Bauhaus in Dessau. Das erste Mal kam er zu der Ausstellung *Die neue Wohnung und ihr Innenausbau* mit einer Extraabteilung *Der neue Haushalt*, die ich im Anschluss an die Frühjahrsmesse 1927 gestaltet hatte. Gropius interessierte sich ganz besonders für die Beziehung zwischen neuzeitlicher, rationeller Haushaltsführung und Wohnungsbau. Da das nun im Frankfurter Hochbauamt mein Spezialgebiet war, gab es viele Anknüpfungspunkte zu Gesprächen zwischen ihm und mir. Gleich nachdem ich ihn kennengelernt hatte, führte ich ihn durch die Ausstellung. Naturgemäß waren die industriell hergestellten, arbeitssparenden Küchen, von denen einige Exemplare in natura gezeigt wurden, der Hauptanziehungspunkt für ihn. Außer der sogenannten *Frankfurter Küche* aus Holz, die in jede städtische Neubauwohnung eingebaut wurde, gab es auf dieser Ausstellung auch Metallküchen und Betonküchen zu sehen, die ich zusammen mit Fabriken ausgearbeitet hatte. Diese letzteren Arbeiten waren damals technisch und kostenmäßig schon weit fortgeschritten. Im Endergebnis aber waren sie, trotz Massenherstellung für Haushaltsküchen, gegenüber den Holzküchen zu teuer.

Die Idee war, bei vorfabrizierten Wohnbauten in Plattenbauweise komplette Kücheneinrichtungen, aus einem Betonblock in der Fabrik gegossen, mit dem Kran in die vorgefertigten Küchenräume zu setzen. Dafür zeigte Gropius das größte Interesse und meinte so wie auch ich, in jener Zeit, als Kunststofferzeugnisse noch in den Kinderschuhen steckten, das wäre die Zukunft.

Mehr als 20 Jahre später traf ich ihn in England wieder, es war beim CIAM-Kongress in Bridgewater. Was für 20 Jahre waren das gewesen! Gropius war vor der Nazibarbarei in die Vereinigten Staaten von Amerika geflohen, und bei mir lagen die Jahre in Moskau, Paris, Istanbul und eine lange Gefängniszeit in Deutschland dazwischen. Bei einer Busfahrt zu einer Besichtigung von Aluminiumhäusern trafen wir uns wieder. Gropius war äußerlich nur wenig gealtert, sah jedoch blass und elend aus und war äußerst deprimiert. Er kam aus Deutschland, wohin er das erste Mal nach dem Kriege gereist war. Der Eindruck der bombenzerstörten Städte war für ihn niederschmetternd. »Gewiss, man kann noch so viel vom Krieg hören und lesen«, sagte er, »aber aus der Ferne blieb die Vorstellung weit, weit hinter der Wirklichkeit zurück!« Man sah Gropius, der mir gegenüber saß, die große Erregung an, mit der er darüber sprach. Ich dachte: Er muss sehr an seiner alten Heimat hängen. Und er erzählte weiter, wie freundlich man ihn als einen der großen Kulturschaffenden des Deutschlands der zwanziger Jahre in Ost und West aufgenommen hatte und welch ehrenvolle Arbeitsanträge man ihm in den beiden Teilen Deutschlands gemacht habe. Doch er könne sich nicht entschließen, zurückzukehren. Damals hatte er eine große Siedlung in Amerika in Bau, die müsse er noch fertigstellen, und nachher würde er schon zu alt sein, um nochmals neu anzufangen. In Wirklichkeit, glaube ich, überlegte er immer noch, ob er nicht doch zurückkehren sollte. Aus allem sprach seine ungeheure Niedergeschlagenheit über die Folgen des Kriegs. Während der Kongresstage, an denen man immer wieder zusammenkam, habe ich ihn nicht ein einziges Mal lächeln sehen!

In Bridgewater erfuhr Gropius von meiner Verhaftung und Zuchthauszeit unter den Nazis, offenbar durch Kollegen, ebenso, dass ich in Wien keine richtige Tätigkeit gefunden hätte. Längere Zeit später erhielt ich von der Stelle für Städtebau bei der UNO in New York ein Schreiben, in dem man mir antrug, als Expertin mitzuarbeiten. Der Vorschlag käme von Gropius, dem man gerne zustimme. Ich war gerührt.

Allein dieses Verhalten zeigt, dass Gropius nicht nur ein großer Architekt mit verfeinerter Geistesbildung, sondern auch ein Mensch mit Herzensbildung war.

Die Kontakte zwischen uns in Frankfurt und dem Bauhaus waren naturgemäß eng und vielfältig.

Im Jahr 1947 fuhr ich anlässlich des allerersten internationalen Kongresses, der nach dem Zweiten Weltkrieg auf deutschem Boden stattfand (es war ein Kongress der ehemaligen Nazigefangenen und KZler), mit einem Bus durch Dessau. Man zeigte mir den Platz, wo einmal das Bauhaus stand. Ich stieg aus und fand einen Trümmerhaufen. Die Bedeutung des Bauhauses als Lehrstätte zur Zeit der Weimarer Republik, als Einflusszentrum für Formgebung im Zeitalter der Industrialisierung ging mir durch den Kopf. Von all den Menschen aber, die ich aus dem Bauhaus kennenlernte, ist mir Gropius als der bedeutendste in Erinnerung geblieben.

Die neue Baugesinnung und ihre Ausdrucksform, der »Funktionalismus«

Zum Abschluss der Frankfurter Zeit hier noch eine kurze Betrachtung über die Architektur der zwanziger Jahre. Das »Neue Bauen« von Frankfurt – heute bereits in die Architekturgeschichte eingegangen – segelt zusammen mit dem Bauhaus und manchem anderen aus jener Zeit unter dem Namen »Funktionalismus«. Doch schon der Name ist irreführend und führt zu fatalen Missverständnissen.

Will man zu einem richtigen Urteil über die Architektur jener Zeit kommen, muss man sich fragen: Woher kam sie? Wieso entstand sie gerade zu diesem Zeitpunkt? Wohin führte sie? Was können wir heute daraus lernen? Nichts ist statisch, alles ist dynamisch. Auch der »Funktionalismus« war eingebunden in Vergangenheit, Gegenwart und Zukunft.

Bis etwa in die Mitte des 19. Jahrhunderts war alles mit der Architektur sozusagen in Ordnung. Jeder wusste, wie er es innerhalb seiner Stilepoche zu machen hatte. Der eine besser, der andere schlechter, jeder nach seinem Vermögen und Können. Plötzlich jedoch geriet alles durcheinander. Man verlor die Beziehung zur Gegenwart. Es kam zum Eklektizismus, zur Nachahmung alter Stile, zur Flucht aus der eigenen Zeit. Wieso? Vom Ende des 18. Jahrhunderts angefangen kam es zu umwälzenden technischen Erfindungen, wie die der Dampfmaschine, des mechanischen Webstuhls und mancher anderer. Mit einer allgemeinen Industrialisierung entstand eine allgemeine, sogenannte »Kunstindustrie«, mit ihr das sogenannte »Kunstgewerbe«. Bis dahin gab es das Kunsthandwerk. Der Kunsthandwerker selbst schuf die Form der Gegenstände, die er herstellte, der Kunstgewerbler dagegen entwarf sie für einen anderen Hersteller. Die Entstehung der Kunstindustrie wurde enthusiastisch gefeiert. Das zeigt folgendes Zitat aus einer Zeitschrift des Jahres 1883: »Wie der Frühling in der Natur lebensspendend seinen Einzug hält, nach und nach den Winter in seiner Öde besiegt, so zeigt sich beim Einzug der Kunst im Haus die gleiche Vielfältigkeit. [...] Reicht das Geld nicht zu Echtem, so schafft die Kunst Surrogate [...] Kann sich nur der Reiche ein Original anschaffen, so ist es dem Minderbemittelten möglich, eine Galvanische Kopie zu erwerben. Was der eine in Marmor, besitzt der andere in Gips. Das Ölbild des Meisters im Prunksaal des Fürsten schmückt als Ölfarbdruck die Zimmerwand des Arbeiterheims.« Es entstand der sogenannte Makartstil, eine totale Überladenheit und Verlogenheit in Material und Form. Jeder wollte den anderen übertrumpfen. Die neuen Möglichkeiten erzeugten eine neue, jedoch äußerst verwirrende, ins Unerträgliche gesteigerte Vielfältigkeit. Es entstand eine allgemeine Geschmacksunsicherheit, die jegliche Gesinnung in der Architektur leugnete. Man kopierte die verschiedensten Stile und vergaß dabei die Gegebenheiten der eigenen Zeit. Alles war erlaubt unter dem Deckmantel »die Geschmäcker sind verschieden«, wohl eine der gedankenlosesten Redensarten, die es gibt.

Secession und Jugendstil waren eine Revolte gegen die Verlogenheit äußerer Formen. Man suchte Entwicklung statt Verwicklung. Die Secessionisten traten in einer Zeit des bereits entwickelten Kapitalismus und der wachsenden Arbeiterbewegung auf den Plan.

Das war eine Zwischenzeit, in der das Handwerk hoch entwickelt war und gleichzeitig aber eine moderne industrielle Produktion für das Bau- und Einrichtungswesen noch in den Kinderschuhen steckte. So kam es, dass die Secessionisten und auch die Vertreter des Jugendstils bald im Ornament erstickten. Kein Zufall, dass zu jener Zeit der Loos'sche Artikel *Ornament und Verbrechen* erschien.

Schließlich waren Secession und Jugendstil überlebt, und so gab es nach dem Ersten Weltkrieg ein Vakuum, in das der »Funktionalismus« nicht zufällig hineinstieß. Er trat praktisch erst in der zweiten Hälfte der zwanziger Jahre in Erscheinung, erst als die schlimmsten Kriegsfolgen überwunden waren und sich bereits eine moderne Bauindustrie entwickelt hatte und sich dadurch ganz neue Möglichkeiten ergaben. Nach all der Überladenheit und Verlogenheit der Formen der vorhergehenden Jahrzehnte entstand naturgemäß der Wunsch nach Absolutem und Eindeutigem, nach Vermeidung alles Spielerischen und rein Äußerlichen ohne Ausdruck des Inhalts, eine geradezu fanatische Sehnsucht nach Formenklarheit. Gegenüber der Vorkriegszeit hatte sich das Lebens- und Arbeitstempo in der zweiten Hälfte der zwanziger Jahre außerordentlich gesteigert. Man suchte nach Ruhe, Einfachheit und Konzentrationsmöglichkeit sowohl im städtischen Raum wie auch innerhalb der Wohnung, innerhalb der eigenen vier Wände. Mit der sich rapide entwickelnden Industrialisierung aber entwickelte sich gleichzeitig auch die Arbeiterbewegung weiter. Das Wohnungselend und das wachsende Selbstbewusstsein der Arbeitenden forderten kategorisch den sozialen Wohnbau, den Massenbau von Kleinwohnungen. Bis dahin waren Arbeiterwohnungen, falls überhaupt neu gebaut, verkleinerte Wohnungen der Bürger und Kleinbürger. Nun aber suchte man nach eigenen Gesetzen der Kleinwohnung für die Massen. Auch das musste in der Architektur seinen Ausdruck finden und trug gemeinsam mit der geforderten Sparsamkeit bei Verwendung öffentlicher Mittel zum Entstehen des »Funktionalismus« gerade damals bei. Viele meinen heute, die »Funktionalisten« wären Leute gewesen, die von vornherein glaubten, »was gut ist, ist auch schön«. Das ist ein verhängnisvoller Irrtum, zu dem die unsinnige Bezeichnung der Architektur mit diesem »Ismus« viel beigetragen hat. Doch die häufige Wiederholung des Satzes »Was gut ist, ist auch schön« macht ihn nicht wahrer. Aus eigener Erfahrung weiß ich, dass keiner von uns in Frankfurt je so gedacht hat. Wir alle waren zutiefst davon überzeugt, dass, wenn die Funktion bei einem Entwurf einigermaßen gelöst ist, die schöpferische Gestaltung, die Architektur überhaupt erst anfängt. Welcher gute Architekt könnte mit der Lösung der Funktion allein zufrieden sein? Ich persönlich empfinde eine solche Unterstellung als Beleidigung. Wir alle waren davon durchdrungen, dass diese so puritanisch scheinende Architektur der zwanziger Jahre ein Zwischenstadium und im besten Fall der allererste Beginn einer neuen Architektur des 20. und 21. Jahrhunderts sein konnte.

Es war wie hier ausgeführt, kein Zufall, dass der »Funktionalismus« zeitlich mit einer rapide verlaufenden Industrialisierung gegenüber dem Handwerk zusammenfiel, dass er in eine Bruchstelle fiel, die ungeheure gesellschaftliche und kulturelle Probleme aufwarf. An diese Probleme ist aber der »Funktionalismus« mutig herangegangen.

Resümee der Frankfurter Jahre

Für uns alle bedeutete die zweite Hälfte der zwanziger Jahre und alles, was unter der Bezeichnung »Das neue Bauen in Frankfurt« läuft, außerordentlich viel. Das können außer mir die zwei noch lebenden Architekten unserer Frankfurter Zeit bezeugen: Ferdinand Kramer in Frankfurt und Eugen Kaufmann, E.C. Kent, in London. Gropius, May, Hugo Häring, Bruno und Max Taut und auch mein Lehrer Tessenow, sie alle gehörten zu der »Großfamilie des Neuen Bauens« im damaligen Deutschland. Und wieder war ich in Frankfurt Teil einer großen Gemeinschaft geworden, die gemeinsam für gemeinsame Ziele eintrat. Und doch war dort ein Sprung in meinem Denken eingetreten.

Sich der Vergangenheit zu erinnern ist nicht Selbstzweck. Mir scheint das nur sinnvoll, wenn man daraus Schlüsse für die Gegenwart ziehen kann. Beim Frankfurter Wohnungsbau gab es im Vergleich zum Wiener Wohnbau einen Qualitätssprung, hygienisch, funktionell und architektonisch – einen Qualitätssprung also, der das Wohlbefinden der Menschen erhöhte. Aber wie steht die Qualität der Frankfurter Wohnungen der zweiten Hälfte der zwanziger Jahre zu den Problemen und Erfordernissen der heutigen Zeit?

Ich sah nach über 50 Jahren vor Kurzem die Frankfurter Siedlungen auf den Höhen des Niddatals wieder. Ich fand sie städtebaulich, architektonisch und farbig wunderschön und äußerst harmonisch, und ich würde heute, als alte Frau, sehr gerne so wohnen. Trotzdem halte ich das Leben in einer Flachbausiedlung für einen bedeutenden Teil unserer Bevölkerung für überholt. Ganz abgesehen von den großen hygienisch-medizinischen und technischen Erkenntnissen der letzten fünf Jahrzehnte zwingt uns Architekten die große Veränderung der gesellschaftlichen Struktur zu grundsätzlichem Überdenken der heutigen Forderungen an den Wohnungsbau. Diese den bisherigen Wohnbau umwälzende Veränderung ist in vielen Industrieländern die allgemeine Berufstätigkeit der Frau. Der Massenwohnungsbau trägt bisher der Überforderung der Menschen, vor allem der Frauen, nicht Rechnung. Wir haben die Pflicht, durch richtigen Wohnungsbau den Menschen im täglichen Leben so viel wie nur irgend möglich Arbeitszeit zu sparen, statt diese noch durch Einzelheime mit Gärten im Flachbau zu vermehren. Aus diesem Grund werden wir in Zukunft zu ganz anderen Wohnformen und damit auch zu ganz anderen städtebaulichen und architektonischen Lösungen kommen, zu Lösungen, die sich grundsätzlich von denen der zwanziger Jahre unterscheiden müssen. Die Flachbausiedlung war damals ein Fortschritt gegenüber den großen Arbeiterzinskasernen der Großstädte der vorhergegangenen Jahrzehnte. Heute gibt es allerdings wieder Bestrebungen dahingehend, unter den Slogans »Flucht aus der städtischen Steinwüste« und »Do it yourself«, den Menschen in gedankenloser Schwärmerei ein Ideal vorzugaukeln, das dem realen gesellschaftlichen Leben nicht mehr entspricht.

Doch nicht nur im Wohnungsbau gab es in Frankfurt gegenüber

Wien einen Qualitätssprung, auch in meinem Denken vollzog sich ein Umschwung in diesen Jahren.

Manche machten uns in Frankfurt den Vorwurf, die Kleinheit der Wohnung, vor allem die Problemstellung der »Wohnung für das Existenzminimum«, und die ganze Rationalität des »Funktionalismus« seien derart auf die kapitalistischen Produktionsverhältnisse zugeschnitten, dass sie die niedrigen Löhne und die kapitalistische Wirtschaftsordnung nur noch zementieren helfen. Auch in Bezug auf die *Frankfurter Küche* kam mir diese Theorie zu Ohren, was mich sehr erregte. Die These wäre darauf hinausgelaufen, dass wir, weil wir für die Gleichberechtigung der Frau waren, in den zwanziger Jahren den Frauen, die durch Doppelbelastung vorzeitig alterten und sich der Erziehung ihrer Kinder nicht genügend widmen konnten, durch Arbeitsersparnis das Leben nicht erleichtern durften. Die *Frankfurter Küche* jedoch erleichterte das Leben vieler Frauen mindestens drei bis vier Jahrzehnte hindurch. Nach dieser Zeit war die *Frankfurter Küche* aus ganz anderen Gründen sowieso schon überholt. Es ist grotesk, anzunehmen, Einrichtungen für die Arbeitsersparnis im Haushalt der zwanziger Jahre hätten den Weg zur Gleichberechtigung der Frauen verbaut und die damaligen Zustände zementiert. Ein kleines Stück sind wir in der Gleichberechtigung auch unter kapitalistischen Bedingungen in den letzten fünf Jahrzehnten sicherlich weitergekommen. Ihre volle Erfüllung liegt aber bei den herrschenden Regimen auch heute noch beim Nimmerleinstag. Ich hoffe, dass die jetzige Jugend an diesem Beispiel erkennen wird, dass man für verschiedene Gebiete – einerseits gesellschaftliche Strukturveränderung, andererseits Lebenserleichterung –, die beide notwendig sind, getrennt marschieren muss. Die Unsinnigkeit solch »Linker Abweichung«, solch revolutionär klingender Slogans, deren Inhalt bis zur letzten Konsequenz nicht durchdacht ist, ist evident. Die oben angeführten Anschauungen basieren auf einem gefährlichen Trugschluss. Wollte man sie zu Ende denken, wäre ihre letzte Konsequenz: Wir, die Projektanten von Wohnungen und Sozialbauten, müssen uns gar nicht bemühen, die momentanen Lebensbedingungen der Bevölkerung durch gute, gesunde und schöne Wohnungen zu verbessern. Im Gegenteil. Je schlechter, umso besser für die Beseitigung der kapitalistischen Profitwirtschaft, umso rascher kommen wir

Frankfurt am Main 1927

zum Sozialismus. Das wäre grotesk, und obige Theorie ist ad absurdum geführt. Der Kampf um bessere Lebensbedingungen der Bevölkerung, um höhere Löhne, bessere Bildungsmöglichkeiten und Krankenfürsorge und natürlich auch um bessere Wohnmöglichkeiten innerhalb des kapitalistischen Wirtschaftssystems ist unerlässlich. Er ist Aufgabe der Gewerkschaften, aber auch verschiedener anderer Institutionen und Organisationen. Es wäre jedoch verhängnisvoll, zu glauben, dass uns der Kampf um bessere Lebensbedingungen innerhalb des kapitalistischen Wirtschaftssystems den politischen Kampf erspart. Auch ich habe als junge Architektin geglaubt, dass uns gute und schöne Wohnungen oder Kindergärten dem Sozialismus näherbringen, bis ich in Frankfurt schließlich begriff: Bauen ist nicht das Wichtigste. Die Kinder, die in einem wunderschön gesunden Kindergarten der zwanziger Jahre aufwuchsen, wurden deshalb noch lange keine Kämpfer für den Sozialismus. Wer weiß, wie viele solcher Kinder später SS-Leute geworden sind und Häftlinge in Konzentrationslagern hingemordet haben. In der ersten Zeit der Frankfurter Jahre glaubte auch ich noch, das »Neue Bauen« werde dazu beitragen, einen besseren Menschen zu bilden, auch ich unterlag diesem Trugschluss. Nein, nicht durch schönes und gesundes Bauen kommen wir zum Sozialismus, sondern umgekehrt. Nur durch den politischen Kampf für ein sozialistisches Gesellschafts- und Wirtschaftssystem werden wir schließlich allen Menschen gute Wohnungen, allen Kindern schöne Kindergärten schaffen können. Diese Erkenntnis, dieser Sprung in meinem Denken vollzog sich bereits in den Frankfurter Jahren.

Politische Einstellung bis zur Abreise in die Sowjetunion

In Wien war ich 1923 oder 1924 in die Österreichische Sozialdemokratische Partei eingetreten. Auch in Frankfurt zahlte ich meine Beiträge nach Österreich bis zu meinem Austritt aus der Partei weiter.

Als ich nach Frankfurt kam, war ich über die politische Uninteressiertheit und die damit verbundene Unwissenheit meiner Kollegen entsetzt. Sie spöttelten nur über Politiker, sie hielten sich von allem fern, sie waren vielfach der Ansicht, die Politik sei ein widerliches, wenn nicht sogar ein schmutziges Geschäft, damit wollten sie nichts zu tun haben, nach dem Prinzip: »Sollen sich andere damit herumschlagen, ich wasche meine Hände in Unschuld. Wenn ich in meinem Beruf alles tue, was mir nur möglich ist, habe ich meine Verpflichtungen gegenüber der Allgemeinheit erfüllt.« So jedenfalls beurteilte ich meine Kollegen damals, ich, die aus Wien anderes gewöhnt war. Und auch heute, nach so vielen Jahrzehnten, nachdem Krieg und Faschismus über Europa hinweggefegt sind, bin ich der Meinung, dass dieses damalige Sichheraushalten eines großen Teils der deutschen Intelligenz aus dem politischen Leben ein gerüttelt Maß an Mitschuld trägt, dass der Nationalsozialismus 1933 in Deutschland zur Macht kommen konnte.

Am ersten 1. Mai, den ich in Frankfurt erlebte, war ich empört, als ich erfuhr, dass demjenigen, der sich freinimmt, um beim Aufmarsch mitzugehen, von der Stadtverwaltung ein Tag vom Gehalt abgezogen wird. Ich schimpfte darüber im Amt, ging natürlich mit, aber außer Mays Sekretärin sah ich beim Umzug keinen einzigen Menschen aus dem Stadtbauamt.

Die Sozialdemokratische Partei in Frankfurt wollte mich bald als Mitglied werben, doch lehnte ich das von Anfang an ab. Die sogenannte Zweieinhalbte Internationale, wie man die Österreichische Sozialdemokratie nannte, konnte mich kurze Zeit noch Glauben machen, dass sie zum Sozialismus führt. Das war jedenfalls, solange ich ihr Mitglied war, auch meine Überzeugung. Mein theoretisch-marxistisches Wissen ging zu jener Zeit über die Kenntnis des kommunistischen Manifests und einigen Schriften von Engels nicht hinaus.

Dass ich in Frankfurt sehr bald klarer sah, dazu trug u.a. mein väterlicher Freund, der damals schon über 70-jährige Professor Carl Grünberg, bei, ein alter verdienter Marxist, Ehrendoktor der Universität Leningrad, ehedem 30 Jahre lang Universitätsprofessor an der Wiener Universität. Von da wurde er als Leiter des Instituts für Sozialforschung an die Universität Frankfurt berufen. Als ich dorthin kam, nahm sich das Ehepaar Grünberg liebevoll meiner an.

Die ganzen Jahre meines dortigen Aufenthalts verbrachte ich viele Stunden bei ihnen im Hause. Carl Grünberg war mir als Marxist Lehrer, notwendige Aussprache, politischer Freund und Rückhalt.

Als nach dem Linzer Parteitag im Herbst 1926 die Österreichische Sozialdemokratie mit ihrem neuen Programm herauskam, als die Faschisten das Arbeiterheim in Schattendorf überfielen und im Juli 1927 die Mörder freigesprochen wurden, und als sich die Erregung dann in den Ereignissen des 15. Juli Luft machte, war ich mit der Haltung der Sozialdemokratie nicht mehr einverstanden und trat mit einem pathetischen Brief an die Parteileitung in Wien aus der Partei aus.

Bald war in Verbindung mit dem Frankfurter Wohnbau mein Name in Deutschland so bekannt geworden, dass eines Tages eine Reichstagsabgeordnete aus Lübeck angereist kam, um mich zu fragen, ob ich nicht die Beratung für Wohnungsfragen ihrer Fraktion der Sozialdemokratischen Partei im Reichstag übernehmen wolle. Ich lehnte ab, weil ich mich mit der Politik der deutschen Sozialdemokratischen Partei nicht identifizieren konnte. So war ich seit 1927 wieder parteilos und blieb es bis 1939.

Kommunisten kannte ich in Frankfurt, ebenso wie in Wien, keinen einzigen. Doch hatte ich in der Frankfurter Zeit schon eine Menge über die Sowjetunion gelesen, vor allem schöne Literatur, die der Malik-Verlag in den zwanziger Jahren in Deutschland herausgab. Das erste Buch war, glaube ich, *Das Tagebuch des Schülers Kostja Rjabzew* von Nikolaj Ognew über Erziehung und Schulfragen kurz nach der Revolution, dann natürlich John Reeds *Zehn Tage, die die Welt erschütterten*, über die Oktoberrevolution, ich kannte Makarenkos Bücher über die Eingliederung verwahrloster Kinder in die Gesellschaft, ich kannte bereits die großen russischen Filme wie Eisensteins *Potemkin*, den Film *Turksib* des russischen Regisseurs Turin über den Bau der turkmenisch-sibirischen Bahn, ich hatte einen Vortrag gehört des berühmten Dziga Vertov, des Begründers des »Kino-Auge«, einer Gruppe von Kinoleuten in der Sowjetunion, die durch kurze Tatsachenberichte »Wirklichkeitsteilchen«, wie er sie nannte, eine der bedeutendsten Kunstformen der Kinematographie schuf. Meyerhold, mit seinem Theater aus Moskau und der großartigen Inszenierung von Gogols *Revisor* u. a., alles das kam in den zwanziger Jahren nach Frankfurt.

So war ich also als parteiloser Mensch kulturell mit der Sowjetunion bereits verbunden. Als der Ruf an mich erging, dort zu arbeiten, habe ich sofort mit gewecktem verstandesmäßigen Interesse, gefühlsmäßig aber sozusagen mit fliegenden Fahnen, zugesagt.

Wir verlassen Deutschland

Frühsommer 1930. Das Telefon meiner Atelierwohnung in Frankfurt klingelt. Ahnungslos hebe ich den Hörer ab. Ich solle sofort zum Stadtrat kommen, sagt die Stimme eines Beamten aus dem Rathaus. Ich frage: »Was ist los?« – »Der Stadtrat May geht für fünf Jahre nach Moskau, vielleicht hängt es damit zusammen?«

Ich rase ins Rathaus. Schon im Korridor stoße ich auf eine Ansammlung von Leuten aller Art. Im Vorzimmer des Stadtrats drängen sich die Menschen, in der Mehrzahl Journalisten. Die Sekretärin bahnt den Weg zum Stadtratzimmer. Wieder betrete ich den großen Raum mit der brennroten Zimmerdecke, mit dem »Fasse Dich kurz« in den großen roten Blockschriftlettern an der Wand und einem strahlenden May, der mir mit seinen Riesenschritten und ausgestreckten Armen entgegenkommt – alles genau wie vor nun fast fünf Jahren bei meiner Ankunft in Frankfurt. »Ich gehe für fünf Jahre in die Sowjetunion. Kommen Sie mit mir und einer Gruppe Mitarbeitern nach Moskau. Wir werden dort die neuen Wohnstädte für die Arbeiter der Schwerindustrie bauen.« Ich, ohne zu überlegen: »Ja, lieber heute als morgen. Aber unter zwei Bedingungen: Erstens, dass mein Mann mitarbeitet, und zweitens, dass ich keine Küchen mehr machen muss, denn diese hängen mir schon zum Halse heraus.« May lachte lautstark. Beides sei vorgesehen, ich würde die Kinderanstalten der neuen Städte projektieren (schon zwei Jahre lang hatte ich mich in Frankfurt mit diesem Spezialgebiet beschäftigt), mein Mann die Schulen. Und unsere nächsten Freunde, Hebebrand und Leistikow, kämen auch mit, Hebebrand für Krankenhausbau, Leistikow für alle graphischen Arbeiten. Ich eile hinauf zu Leistikow. Hebebrand sitzt schon dort, mein Mann wird aus der Abteilung Elsaesser geholt. Aufgeregt wird diskutiert. Alles war innerhalb einer Stunde entschieden. Es war in der Zeit der großen Krise des Kapitalismus. Der sozialistische Staat ging zur selben Zeit daran, seinen ersten Fünfjahresplan zu verwirklichen. Ein interessantes Leben in einer anderen, unbekannten Welt und große berufliche Aufgaben lockten. Warum sollten wir da noch viel überlegen? In unsere bereits missmutig-kriselnde Arbeit war plötzlich etwas völlig Neues, Unerwartetes hereingebrochen. Merkwürdig! So wie in meinem Leben vorher wurde mir in meinem Beruf immer alles angeboten, sozusagen mit dem Servierteller entgegengetragen, ohne dass ich selber das Geringste dazu getan hätte. Nie habe ich mich bis dahin um eine Tätigkeit bewerben oder auch nur bemühen müssen. Viel später kam es leider ganz anders in meinem Leben.

Nun folgte eine aufregende Zeit. Die Verträge mussten abgeschlossen werden. May, wir und die meisten anderen schlossen sie für fünf Jahre ab. Wer sich nicht so lange binden wollte, bekam seinen Vertrag mit kürzerer Laufzeit. Die materiellen Bedingungen waren gut. Wir, die erste Gruppe Architekten, und andere Spezialisten erhielten außer reichlichen Rubelgehältern monatlich noch Valuta an eine von uns genannte Bank im Ausland überwiesen. So konnten wir uns für die Zukunft eine Menge Geld zurücklegen.

Unsere Gruppe umfasste 17 Arbeitskräfte. May hatte sie sorgfältig für die verschiedenen Spezialgebiete ausgewählt. Diese 17 waren: Ernst May (Leiter der Gruppe), Mart Stam, der Holländer, Hans Burghart und Erich Mautner, der Österreicher Walter Schwagenscheidt, alle für Stadtplanung, Hans Schmidt, der Schweizer, und Walter Kratz für Wohnungsbau, Werner Hebebrand (Krankenhausbau), Wilhelm Schütte (Schulen), Grete Schütte-Lihotzky (Kinderanstalten), Walter Schulz (Bauleitung), Albert Löcher (Modellbau), Hans Leistikow (graphische Arbeiten), Wolf (Grünanlagen), Lehmann (Tiefbau), Hauss (Wasserinstallationen), Frühauf (Bauführung).

Alle Zusammenkünfte der Gruppe, alle Besprechungen über Reisevorbereitungen fanden im Hause May statt, in jenem in Architekturzeitschriften damals wohl am meisten publizierten Einfamilienhaus. Da saßen wir nun alle 17 in dem berühmten zweigeschoßigen Raum, unter dem riesigen Eckfenster mit dem schönen Blick auf das Niddatal und die gegenüberliegenden Siedlungen, die wir gebaut hatten.

May, berauscht von der zukünftigen Arbeit, schlug vor, statt mit der Bahn mit dem großen Zeppelin-Luftschiff nach Moskau zu fliegen. Zufällig sollte dieses zur selben Zeit nach Moskau fliegen. May hatte sogar schon mit dem Leiter der Expedition, Dr. Eckener, über unsere Mitreise verhandelt. Die meisten von uns waren entsetzt über diesen Plan. Wir fanden es unmöglich, so sensationell-anspruchsvoll aus der Luft niederzusteigen, in ein Land, das wir gar nicht kannten und in dem wir uns erst bewähren mussten. Glücklicherweise zerschlug sich der Plan, wie ersonnen, so zerronnen.

Wir fingen nun alle an, Russisch zu lernen. Wir lasen nur noch neue russische Literatur wie beispielsweise *Das Tagebuch des Kostja Rjabzew* und Makarenkos *Der Weg ins Leben*, beide über Erziehungsmethoden in der Sowjetunion.

Im September fuhr ich noch für zwei Wochen in Urlaub an den Genfer See. In einer etwas verwahrlosten Villa oberhalb des Sees geriet ich dort ausgerechnet in das Heim russischer Emigranten, ehemaliger Großfürsten, die eine Pension führten. Zwei Wochen vor meiner Abreise in den ersten sozialistischen Staat nahm ich zusammen mit der Familie unter einem riesigen Porträt des Zaren meine Mahlzeiten ein, und abends drangen die melancholischen Klänge russischer Lieder hinauf in mein Zimmer. Unendlich viele Besucher-Emigranten drängten sich in einem kleinen Raum zusammen und tranken unendlich viele Gläser Tee, der in einem alten Samowar zubereitet wurde. Es war grotesk. Ich sprach darüber, dass ich nun bald in ihre Heimat fahren würde, um als ausländische Spezialistin am Aufbau des Landes mitzuarbeiten. Diese russischen Pensionsbesitzer, etwa 40 bis 50 Jahre alt, waren nicht verbittert und keineswegs hasserfüllt gegen die Sowjetunion. Jedenfalls zeigten sie nichts davon. Sicher ging es ihnen besser als manchen anderen, nicht jeder hatte eine Großmutter mit Villa am Genfer See. Doch waren sie sicher nicht mit großen Gütern gesegnet. Das bewies schon die äußerste Reparaturbedürftigkeit des Hauses. Offenbar hatten sie sich mit ihrem Schicksal abgefunden und dachten nicht im Geringsten daran, jemals in ihr Land zurückzukehren. Die Kinder, 17 und 20 Jahre alt, waren völlig in die Schweiz integriert und hatten keinerlei Beziehung mehr zum alten Russland.

In Frankfurt gab es dann noch einen heiteren Abschiedsabend mit May und Elsaesser und den befreundeten Mitarbeitern aus dem Hochbauamt. Als wir zu nächtlicher Stunde in unser Hotel, den *Basler Hof*, zurückkehrten (unsere Wohnung war bereits aufgelöst), standen vor dem Hotel, vor dem Lift, in jedem Stockwerk, in allen Ecken der Gänge etwas merkwürdig aussehende Zivilisten. »Was ist denn hier los?« – »Der Herr Hitler schläft heute in diesem Hotel«, antwortete stolzgeschwollen der kleine Liftboy. So kam es, dass ich eine Nacht meines Lebens mit Hitler unter einem Dach verbrachte.

Wir wussten, dass Hitler an diesem Abend in Frankfurt einen Vortrag hielt. Kampffmeyer ging hin. Er erzählte: Schon vor dem Vortrag war ein groß angelegtes, wohlüberlegtes Theater in Szene gesetzt worden. Ein langes Spalier vor dem Gebäude und weiter im überfüllten Saal empfing den »Führer«. Der aber kam absichtlich, wie immer, zu spät, um die Erregung und Spannung im Publikum zu steigern. Endlich erschien er, mit stramm erhobener Hand langsam das Spalier seiner Anhänger durchschreitend. Der Vortrag bestand nach Kampffmeyer aus Phrasen, blühendem Unsinn, emphatisch herausgepoltert oder geschrien. Eine fanatisierte Menge brüllte ununterbrochen, eine Viertelstunde lang, »Sieg-Heil«. Heute kennt man das alles aus Dokumentarfilmen. Doch damals war es für uns neu. Nacktes vorausahnendes Entsetzen erfasste Kampffmeyer. Das war im September 1930, fast zweieinhalb Jahre vor der Machtergreifung der Nazis.

Wir, die »Russlandfahrer«, wie uns die Frankfurter Presse nannte, fuhren einzeln nach Berlin, wo sich die Gruppe sammelte. Mein Mann und ich saßen im Speisewagen Frankfurt–Berlin. Plötzlich drang eine Reihe von Offizieren, mit Orden behangen, in den Wagen. Sie kamen von einem großen, militärischen Treffen, ich glaube in Marburg an der Lahn. Wir hatten davon schon durch die Zeitung erfahren. An uns ging ein weißhaariger, hoher Offizier vorbei, im Auge ein Monokel, an der Seite ein pendelnder Ärmel – ein Einarmiger. Mein Mann sagte laut: »Dass der noch nicht genug hat vom Krieg!« Wütend drehte sich der Mann um, lebendiges Symbol des alten Kriegsgeistes. Ich sagte: »Höchste Zeit, aus diesem Land herauszukommen.« Wir konnten rechtzeitig heraus und hatten leicht reden. Millionen aber blieben, ohne zu ahnen, was kommen

Titelblatt *Das Neue Frankfurt*
Frankfurt am Main 1930

würde, viele von ihnen den Phrasen verfallend. Über zwei Jahre sollte es noch dauern, bis die Nazis an die Macht kamen, aber das Säbelrasseln der Militärs lag damals schon in der Luft.

Treffen am schlesischen Bahnhof zur Abfahrt nach Moskau. May hatte schon vor Wochen seinen Artikel »Warum ich Frankfurt verlasse« veröffentlicht, die *Frankfurter Zeitung*, die *Bauwelt*, die *Form* und andere Fachzeitschriften hatten über das Ereignis unserer »Auswanderung« berichtet, und so war der Bahnhof voll von Journalisten, die uns um Interviews bedrängten. 17 Spezialisten mit Kind und Kegel füllten zwei internationale Schlafwagen. Der Älteste, Ernst May, war damals 44 Jahre alt, der Jüngste, Hebebrands Söhnchen Karl, befand sich erst sechs Wochen auf dieser Welt. In einem großen Wäschekorb hoben wir ihn hinauf in den Waggon. Möbel und Hausrat füllten zwei Gepäckwagen, die den unseren folgten. Abreise am 5. Oktober. Zwei Tage und zwei Nächte Eisenbahnfahrt lagen vor uns.

Eine Begebenheit während der Fahrt muss hier erwähnt werden, weil sie so typisch ist für Ausländer, die in ein Land kommen, dessen Probleme sie nicht kennen. Am ersten Morgen nach der Abfahrt geisterte Mart Stam mit einem Blatt Papier in der Hand durch unsere Abteile. Dicht gedrängt saßen wir mit Hebebrands, Leistikows und Löchers in unserem Abteil und schlürften Tee. Mart Stam platzte mit einem Vorschlag herein, den er bereits zu Papier gebracht hatte. »Wir werden ab jetzt in einem sozialistischen Land als Kollektiv arbeiten«, sagte er. »Deshalb sollten wir auch unsere Entwürfe und Pläne nicht individuell, sondern nur als Kollektiv unterzeichnen. Der persönliche Name soll nicht mehr als solcher aufscheinen, das Individuum muss sich ganz dem Kollektiv einordnen.« Er bat uns, das Papier, das er in Händen hielt, zu unterschreiben, als Zeichen des Einverständnisses mit seinem Vorschlag. Und alle Mitglieder der Gruppe fanden das richtig und unterzeichneten. Wie unwissend, wie naiv waren wir doch, wie unrealistisch, wie illusionistisch stellten wir uns das Land, in das wir fuhren, vor. Von Theorien befangen, hielten wir den Vorschlag für wunderbar, wir kamen uns sehr progressiv, ja fast heroisch vor, von nun an auf unsere persönliche Eitelkeit bei einem Entwurf zu verzichten. Wie aber sah die Realität damals, in den allerersten Jahren des Aufbaus, aus? Erst zwei Jahre vor unserer Ankunft war der erste

Fünfjahresplan in Angriff genommen worden. Im Zarismus war die Arbeitsmoral ziemlich verkommen. Die meisten jungen Architekten, Techniker und Zeichner hatten diszipliniertes Arbeiten nie kennengelernt. Sie kannten nur Krieg, Revolution und Bürgerkrieg. Wie aber konnte man möglichst rasch persönliches Verantwortungsbewusstsein wecken? Das war damals ein großes Problem. Namenlosigkeit wäre das Schlechteste gewesen. Nur durch persönliche Wertschätzung für ihre Leistung konnten die Jungen angespornt werden. Als wir dann erstmals Pläne in unserem Betrieb in die Hand bekamen, mussten wir feststellen, dass jede Zeichnung mindestens vier persönliche Unterschriften trug, nämlich die des Hauptingenieurs, des Architekten, des Technikers und des Zeichners. Welch lächerlich-kindisches Revoluzzertum lag doch unserer Entschließung im Zug zugrunde. Unser Schrieb aus dem Zug verschwand lautlos in einem Papierkorb, und nie mehr hat jemand seiner Erwähnung getan.

Eigenartig, dass mir heute, nach fünf Jahrzehnten, diese mir damals bedeutungslos scheinende Begebenheit so deutlich vor Augen steht. Doch jetzt erkenne ich, dass sie keineswegs so bedeutungslos war, ja, dass unser Verhalten typisch war, für die damalige Zeit ebenso wie auch für die heutige. Mit den besten Absichten begibt man sich meist in ein fremdes Land, von Vorstellungen befangen, die mit der Realität, mit den konkreten Problemen dort nicht das Geringste zu tun haben. Manch einer ist sogar noch böse auf Land und Leute, wenn diese seiner vorgefassten Meinung nicht entsprechen, wenn alles, was man sich doch so schön und wohlwollend ausgedacht, der Wirklichkeit so gar nicht entspricht. So führen solch idealistische Vorstellungen, ja oft kindische Illusionen zu gefährlichen Trugschlüssen.

Von den vielen Gesprächen und Auseinandersetzungen innerhalb unserer Gruppe während dieser langen Fahrt war eine eher leicht hingeworfene Bemerkung Erich Mautners wichtig. »Im Grunde genommen dreht sich die Welt heute um zwei Pole, um Washington und Moskau.« Diese präzise Feststellung schuf Klarheit auch in meinem Kopf. Ich stimmte sofort zu. Das war 1930. Bald sechs Jahrzehnte sind seitdem vergangen, und wie sehr hat sich diese Vorstellung bewahrheitet, wie sehr war sie während all der Jahre Grundlage der Betrachtungsweise des politischen Geschehens in der Welt für mich persönlich und wie sehr ist sie gerade heute gültig!

Nach langer Fahrt kamen wir schließlich nach Negoreloje, der damaligen polnisch-sowjetischen Grenzstation. Ein »roter Direktor« unseres künftigen Betriebs (so hieß er damals noch) und eine Dolmetscherin begrüßten uns auf dem Bahnsteig. Wegen der größeren Spurbreite der Schienen in der Sowjetunion mussten wir in einen anderen Zug umsteigen. Wir fuhren durch unendlich weite Ebenen. Es wechselten hohe, dunkelgrüne Nadelbäume mit weißstämmigen Birken, deren Blätter bereits herbstlich gefärbt waren. Hie und da ein Flüsschen, rechts und links der Geleise dichte Hecken zum Schutze der Geleise vor Schneeverwehungen. Wir fingen an, die ungeheure Größe des Landes zu empfinden. Die erste Nacht auf sowjetischem Boden im internationalen Schlafwagen, der genauso aussah wie alle vornehmen Schlafwagen der damaligen Zeit, nur die Gänge waren etwas breiter, die Abteile etwas länger – Folge der größeren Spurbreite der Geleise.

Am ersten Vormittag Unterhaltung mit der Übersetzerin, Frau Struwe, die ausgezeichnet Deutsch sprach, der Tochter eines reichen Handelsmannes im zaristischen Russland, mit deutscher Gouvernante aufgewachsen. Ich habe im Laufe der Jahre eine Reihe solcher Übersetzerinnen getroffen, die, in Reichtum groß geworden, ihre Sprachkenntnisse nun dem Staat zur Verfügung stellten.

Frau Struwe erzählte: »Zuerst werden Sie in Moskau in guten Hotels untergebracht, doch bald wird das neue Haus fertig sein, in dem Sie Wohnungen erhalten, für nur zwei Familien eine Wohnung.« Wir machten lange Gesichter. Was? Zwei Familien in einer Wohnung? Lediglich May und Burghart, der drei Kinder hatte, erhielten je eine Wohnung für sich. Gleich setzten wir uns zusammen und teilten ein, wer mit wem wohnen sollte. May kam ins Abteil und lachte. »Verlorene Mühe!«, meinte er. »Nach einem halben Jahr sind sowieso alle miteinander zerstritten, und dann werden die Wohnungen reihum gewechselt.« Doch, siehe da, kein einziger solcher Fall sollte sich ereignen. Und das unter Menschen, die sich vor der Reise vielfach nie zu Gesicht bekommen hatten. Das betraf vor allem die Frauen der Mitarbeiter. Eigenartig. In Deutschland wäre das sicher anders gewesen. So etwas wie »in der Fremde müssen

Vor dem Plattenhaus des Hochbauamts
Frankfurt am Main auf der Stuttgarter
Werkbundausstellung
Stuttgart 1927

wir zusammenhalten« lebte im Ausland in jedem wenigstens eine Zeit lang weiter. Der Maßstab, den man bei seinen Landsleuten anlegt, ist im Heimatland ein anderer als im Ausland, auch wenn man nicht nationalistisch sein will. Erst wenn man sich im neuen Land eingelebt und seine Bewohner näher kennengelernt hat, fängt man wieder an, in der Beurteilung seiner Landsleute mehr und mehr zu differenzieren. Man braucht ziemlich lange (besonders wenn man die Sprache des anderen Landes nicht beherrscht), den gleichen Maßstab an alle Menschen anzulegen, einerlei welcher Nationalität sie sind. Das habe ich immer wieder beobachten können. Es ist eine Frage der Erkenntnis und des Einfühlungsvermögens in bisher Unbekanntes, doch manche lernen das nie.

Wir kommen in Moskau an, man schreibt den 7. Oktober 1930. Deutschland liegt weit hinter uns. Ein neues Kapitel meines Lebens beginnt.

Anhang

Editorische Nachbemerkung

Das Manuskript zu dieser Ausgabe stammt aus dem Nachlass Schütte-Lihotzky, der in der Sammlung der Universität für angewandte Kunst Wien untergebracht ist.

Neben diversen Vorstufen existieren zwei Endfassungen: die *braune Mappe* (= TXT 550) und die *schwarze Mappe* (= TXT 552), denen dasselbe korrigierte Typoskript zugrunde liegt, das jeweils weiter handschriftlich korrigiert und ergänzt wurde. Die *schwarze Mappe* lag bis zu Schütte-Lihotzkys Tod auf ihrem Schreibtisch und scheint damit die jüngere Fassung zu sein. Da in dieser Fassung allerdings, im Gegensatz zur *braunen Mappe*, Kapitel I bis III kaum bearbeitet wurden, an Kapitel IV aber umgekehrt in der *schwarzen Mappe* vieles verbessert und wichtige handgeschriebene Blätter eingefügt wurden, habe ich mich für die entsprechende Vorlagenteilung entschieden. (I bis III folgen TXT 550, IV folgt TXT 552.)

Diese Ausgabe versteht sich als Leseausgabe.

Der zugrunde liegende Text bedurfte eines Lektorats, bei dem eindeutige Tipp- und Orthographiefehler korrigiert sowie grammatikalische Fragwürdigkeiten ausgeräumt wurden. Für die hier vorliegende zweite Auflage wurde der Text zudem an die aktuelle Rechtschreibung angepasst. Weiters wurden falsch geschriebene Eigennamen richtiggestellt, allein »Primararzt Dr. Mändl« konnte nicht identifiziert werden. Die Überschriften wurden teilweise in Abstimmung mit dem vorhandenen Inhaltsverzeichnis vereinheitlicht. Eine mehrseitige handschriftliche Ergänzung zur *Frankfurter Küche* wurde aufgrund ihres redundanten Inhalts nicht berücksichtigt, ebenso eine nicht zuordenbare halbe Typoskriptseite. Der Verweis auf einen Artikel zu Josef Hoffmann, der sich im Anhang befinden sollte, wurde aus dem Text gestrichen, da jener Artikel nur unvollständig auffindbar war und – soweit vorhanden – im Wesentlichen nur das bereits Gesagte enthält.

Anmerkungen

Seite 9 Aus einem Gespräch, in: Allmayer-Beck/Baumgartner-Haindl/Lindner-Gross/Zwingl: Margarete Schütte-Lihotzky, Soziale Architektur, Zeitzeugin eines Jahrhunderts, hgg. von Peter Noever, MAK. 2., verb. Auflage. Wien, Köln, Weimar: Böhlau 1996, S. 15

Seite 11 Schütte-Lihotzky, Margarete: Erinnerungen aus dem Widerstand, Das kämpferische Leben einer Architektin von 1938 – 1945, Wien: Promedia 1994, S. 40

Seite 13 So Schütte-Lihotzkys nicht zu Ende geführtes Vorhaben. In dieser Ausgabe finden sich ihre *Erinnerungen und Betrachtungen* der Jahre 1915 bis 1930 in Europa.

Seite 17 Seit Herbst 1998: Universität für angewandte Kunst Wien

Seite 18 Emilie Flöge war Klimts langjährige Lebensgefährtin.

Seite 61 Schütte-Lihotzky hält sich in ihren Loos-Zitaten nicht an dessen Kleinschreibung, für die er sich in seinen Textsammlungen INS LEERE GESPROCHEN und TROTZDEM entschieden hatte. Dafür mag es vielleicht einen banalen Grund geben, es ist aber auch als bewusster, inhaltlicher Kommentar zu dieser (auch ästhetischen) Orthographie lesbar. Jedenfalls folgt sie damit der Originalschreibweise der Erstdrucke der Loos'schen Texte, wie sie in Zeitungen und Zeitschriften, an eine breite Leserschaft gewandt, abgedruckt waren.

Seite 76 Wahrscheinlich bezieht sich Schütte-Lihotzky hier auf die große Ausstellung *Josef Frank – Architektur, Möbel, Textil* im Museum für angewandte Kunst 1981. (Und weder auf die Ausstellung *Graphik, Textil, Entwürfe*, ebenfalls 1981, in der Galerie Brandstetter, noch auf die Ausstellung der Österreichischen Gesellschaft für Architektur 1965.)

Seite 86, 144 Irene Witte ist die deutsche Übersetzerin des englischen Textes von Christine Frederick.

Seite 131 »(spätere Nazis)« wurde in der braunen Mappe gestrichen.

Seite 138 Seit Herbst 2003: Wien Museum

Biographisches

1897
Margarete Lihotzky wird am 23. Januar in Wien geboren. Ihrer Herkunft nach ist sie, nach eigener Aussage, ein »echt österreichisches Gemisch der Monarchie«.

Herkunft mütterlicherseits

Die Mutter stammte aus derselben norddeutschen Familie wie der Kunsthistoriker Wilhelm Bode, nach dem das Berliner Bodemuseum benannt ist. Der Urgroßvater von Margarete Schütte-Lihotzky (MSL) ließ sich, aus Hannover kommend, als Riemer- und Sattlermeister in Pressburg nieder. Sein Sohn Rudolf Bode studierte in Wien, wurde Bauingenieur und schließlich Direktor der Ersten Wiener Baugesellschaft. Ihn beschreibt die Enkelin als allseits interessierten und gebildeten Mann, in dessen Haus viele bekannte Leute aus dem kulturellen Leben Wiens vor dem Ersten Weltkrieg verkehrten. »Die Atmosphäre rund um seine Persönlichkeit und sein Haus, voll von Bildung, aber frei von jeglicher materieller Protzerei oder geistigem Hochmut, überstrahlte meine Kindheit und frühe Jugend.« Seine erste Frau, die einzige von MSLs Vorfahren, die aus einer Wiener Familie stammte, starb noch vor der Geburt ihrer Enkelin an einer Blutvergiftung, nachdem sie vor einen Pferdewagen, dem damals einzigen öffentlichen Verkehrsmittel der Stadt, gefallen war. Rudolf Bode vermählte sich erneut: »Das erste Mal war ich mit sechs Jahren im Ausland, und zwar in Mannheim, bei der Hochzeit meines Großvaters [...] Eine eigenartige Familienkonstellation.«

MSLs 1866 geborene Mutter Julie Bode wird als *ausgezeichnete Köchin* beschrieben, die ihren Kindern die Kleider nähte. »Trotzdem war sie keineswegs nur ›Hausmütterchen‹ [...] Sie arbeitete viel in Frauenorganisationen und kannte dadurch auch Bertha von Suttner persönlich. Meine Mutter war es auch, die mir während des Ersten Weltkriegs das Suttner-Buch ›Die Waffen nieder!‹ zu lesen gab. Wie es mich 1917 gerade während der großen Schlachten aufwühlte, kann ich kaum beschreiben. Sicher hat dieses Buch mich für das ganze weitere Leben beeinflusst.« Während der vier Kriegsjahre arbeitete die Mutter beim Roten Kreuz, danach beim Jugendgericht. Sie starb, ein Jahr nach ihrem Mann, an akuter Tuberkulose.

Herkunft väterlicherseits

Der Urgroßvater Lihotzky war Bürgermeister von Czernowitz. Sein Sohn, entsetzt über die herrschende Korruption, ließ als junger Richter seine Braut am Traualtar schwören, dass sie unter keinen Umständen Geschenke, seien es Geld oder Hühner, annehmen werde. Derselbe Großvater nahm seinerseits zwar den ihm vom Kaiser verliehenen Leopoldsorden entgegen, den damit verbundenen Adelstitel allerdings lehnte er ab. Beides imponierte MSL, »es zeugte vom fortschrittlichen Geist der Familie, in der ich aufwuchs«.

MSLs Vater Erwin Lihotzky, 1856 in Pressburg geboren und noch als Kind nach Wien gekommen, war Beamter, ein Beruf, der ihn »überhaupt nicht interessierte«. Sie beschreibt ihn als musikalischen Menschen, der wunderbar Geige spielte und ursprünglich Musiker werden wollte. 1918 in Pension geschickt, wurde er Vertreter – eine Tätigkeit, bei der er mit vielen Menschen in Berührung kam, mit denen er vor allem über die politischen Verhältnisse diskutierte –, eine Arbeit, für die er sich begeisterte: »Ich sehe ihn heute noch vor mir, wie er eines Tages ganz glücklich nach Hause kam und ausrief: ›Kinder, jetzt werden uns die Motten ernähren. Heuer ist ein Mottenjahr prophezeit!‹ Und er lief mit seinen 62 Jahren wie ein Wiesel in den Gassen Wiens herum, um möglichst viele Mottenkugeln an den Mann zu bringen.« 1923 starb auch er an Tuberkulose, *der* Volkskrankheit in Wien nach dem Ersten Weltkrieg. Sein Leichnam war einer der ersten, die im Wiener Krematorium verbrannt wurden. »Es ist unvergesslich, wie wir [...] mit der zu Hause bereits geöffneten Aschenurne unterm Arm in der Tramway nach Grinzing fuhren. Die Sonne beleuchtete das hellgrüne Laub der Buchen, als wir die Asche verstreuten und sie bei leichtem Wind in alle Richtungen zerstob.«

Mit ihrer älteren Schwester Adele
Kitzbühel ca. 1902

Porträt Erwin Lihotzky
Zeichnung von Margarete Lihotzky
Wien 1914

1897–1914
MSL wächst mit ihrer um vier Jahre älteren Schwester Adele im fünften Wiener Gemeindebezirk (Margareten) auf. Die Familie wohnt in einem Alt-Wiener Haus mit großem Garten, das dem Großvater Bode gehört. 1914 verkauft er das Haus, Eltern und Töchter Lihotzky ziehen in eine Wohnung im selben Bezirk in der Hamburgerstraße 14.

Die beiden Schwestern besuchen die öffentliche Volksschule, danach vier Jahre die Bürgerschule. Adele wird Lehrerin. MSL verbringt nach diesem Schulabschluss ein Jahr zu Hause und nimmt Privatunterricht bei dem Maler Maierhofer. Anschließend besucht sie zwei Jahre lang die k. k. Graphische Lehr- und Versuchsanstalt.

1915
Im Herbst tritt sie zur Aufnahmsprüfung an der k. k. Kunstgewerbeschule in Wien an und wird aufgenommen.

1915–1919
Studium an der k. k. Kunstgewerbeschule in Wien (heute Universität für angewandte Kunst): Allgemeine Abteilung und Fachklasse für Architektur bei Prof. Oskar Strnad, Baukonstruktionslehre bei Prof. Heinrich Tessenow.

1917
MSL erhält den Max-Mauthner-Preis der Handels- und Gewerbekammer für die beste Lösung der Preisaufgabe »Eine Wohnküche in der äußeren Vorstadt«.

1918
In den Sommermonaten erste Büropraxis bei Oskar Strnad.

1918–1919
Das Abgangszeugnis der Kunstgewerbeschule wird im Juli ausgestellt, MSL schließt ein weiteres Jahr als Hospitantin in der Fachklasse für Architektur von Prof. Oskar Strnad an.

1919
MSL wird der Lobmeyr-Preis der Gesellschaft zur Förderung der Kunstgewerbeschule für ihre architektonischen Entwürfe und Studien verliehen. Einige Wochen Mitarbeit im Büro von Architekt Robert Oerley. Erste selbstständige Arbeiten, eigenes Atelier in der Wiener Hofburg. Ende des Jahres: Beginn des mehrmonatigen Aufenthalts in Rotterdam. Vormittags Zeichenunterricht für Wiener Kinder, nachmittags Mitarbeit im Büro des Architekten Vermeer.

1920
Im Juni Rückkehr aus Holland. August: 4. Preis bei einem Wettbewerb für eine Schrebergartenanlage auf dem Schafberg, Entwurf gemeinsam mit dem Gartenarchitekten Alois Berger. Eigenständiges Arbeiten, Entwürfe und Skizzen zu Siedlungsbau und Einrichtung.

1921
Ab Januar: Tätigkeit für die *Erste gemeinnützige Siedlungsgenossenschaft der Kriegsinvaliden Österreichs*. Februar bis April: Im Baubüro der Siedlung Friedensstadt am Lainzer Tiergarten gemeinsam mit Adolf Loos tätig. August: Ihr erster Artikel *Einiges über die Einrichtung österreichischer Häuser unter besonderer Berücksichtigung der Siedlungsbauten* erscheint in *Das schlesische Heim*.

1921–1922
Mitarbeit im Büro des Architekten Ernst Egli, Planungen für die Siedlung Eden: Siedlerhäuser und Kinderheim. Vortragstätigkeit an der *Siedlerschule* über die *Einrichtung des Siedlerhauses*.

1922
Ab März: Tätigkeit im Baubüro des *Österreichischen Verbandes für Siedlungs- und Kleingartenwesen*. Weitere Beschäftigung mit dem Siedlungsbau und den Fragen der Rationalisierung der Hauswirtschaft. Gründung und Leitung der »Warentreuhand«.
Durchführung eines Teiles der vierten Wiener Kleingartenausstellung im Rathaus, ihr Entwurf für eine Kochnischen- oder Spülkücheneinrichtung wird als Modell 1:1 gezeigt, MSL wird mit der

Bronzenen Medaille der Stadt Wien ausgezeichnet. Entwicklung der Kernhausidee.

1923
Juni: Der Vater stirbt an akuter Tuberkulose. MSL plant einen Teil der 5. Wiener Siedlungs- und Kleingartenausstellung. Aufbau von verschiedenen Kernhaustypen als Modelle 1:1 auf dem Rathausplatz, Haustypen nach Entwürfen von MSL, darunter die Type 7, die zur Gänze nach ihren Entwürfen mit »eingebauten Möbeln« eingerichtet ist. MSL erhält die Silberne Medaille der Stadt Wien.

1924
Mitarbeit an der Planung eines großen Volkswohnhauses (Winarskyhof, ausgeführt). MSL erkrankt an Tuberkulose. Die Mutter stirbt an akuter Tuberkulose.

1924–1925
Bis August 1925: Aufenthalt in der Lungenheilstätte Grimmenstein. Das Projekt für eine *Tuberkuloseheilstätte* entsteht und wird im Frühjahr 1925 bei der Hygieneausstellung im Wiener Messepalast gezeigt.

1925
MSL entwickelt »Das vorgebaute, raumangepasste Möbel«.

1926
Januar: Berufung an das Hochbauamt der Stadt Frankfurt a. M., in die Typisierungsabteilung. MSL beschäftigt sich mit der Rationalisierung der Hauswirtschaft und ihrer Umsetzung im Wohnbau. Sie entwickelt erste Projekte für den Wohnbau, wie die Reihenhaustypen für Praunheim unter der Leitung von Eugen Kaufmann und Ernst May. März: MSL stellt in einem Radiovortrag ihr Küchenkonzept vor. April: Beginn einer vielseitigen Vortragstätigkeit über Wohnungsbau und Rationalisierung der Hauswirtschaft, intensive Publikationstätigkeit. Herbst: Einbau der ersten typisierten Küchen in den Siedlungen Bruchfeldstraße, Praunheim und Ginnheim. Eine Musterküche wird im Frankfurter Rathaus aufgestellt.

1927

März–April: Ausstellung Die neue Wohnung und ihr Innenausbau. MSL stellt dort das Küchenkonzept aus, was sehr zu ihrer Publizität beiträgt. Ab diesem Zeitpunkt erscheinen viele Artikel zu diesem Thema, unterstützt durch ihre Vorträge. Kurz nach der Ausstellung heiratet sie Wilhelm Schütte, einen Architektenkollegen, der am Hochbauamt in der Abteilung für Schulbau arbeitet. Sie übersiedeln in eine Atelierwohnung, die vom Hochbauamt errichtet wurde und die sich MSL noch als Junggesellin als ideale Wohnung ausgesucht hatte. Für die Werkbundausstellung in Stuttgart übernimmt MSL die Bauleitung für das vom Hochbauamt präsentierte Plattenhaus.

1928

Die Mustereinrichtung wird noch einmal, in München auf der Ausstellung Heim und Technik, gezeigt. Weitere Bauaufgaben für Frauen werden von ihr entwickelt und zum Teil verwirklicht, u.a. Schul- und Lernküchen sowie Zentralwäschereien.

1929

Ernst May lädt zum zweiten CIAM-Kongress nach Frankfurt ein, das Thema ist *Die Wohnung für das Existenzminimum*. MSL ist durch ihre Mitarbeit an der Ausstellung und durch ein gemeinsames Projekt mit ihrem Mann beteiligt. Wegen der beginnenden Weltwirtschaftskrise in Deutschland werden Personaleinsparungsmaßnahmen bei Doppelverdienern vorgenommen, der Vertrag der Architektin wird nicht mehr verlängert. In dieser Zeit nimmt sie häufig an Wettbewerben gemeinsam mit ihrem Mann teil.

1930–1932

Auf Einladung von Josef Frank plant MSL zwei Einfamilienhäuser der österreichischen Werkbundsiedlung (ausgeführt).

1930–1933

Im Oktober 1930 wird MSL als Mitglied der Gruppe May für die Planung der neuen Städte nach Moskau berufen. Als Leiterin der Abteilung für Kinderanstalten plant MSL Individual- und Typenprojekte für Kinderkrippen, Kindergärten, Klubs etc.

Athen 1932

1933
Weltausstellung in Chicago: Auf Aufforderung des örtlichen Architektinnenbundes sendet MSL Pläne und Fotos ihrer Arbeiten, die dort ausgestellt werden. Sie beginnt für das wissenschaftliche *Zentralinstitut zum Schutz der Kinder und Heranwachsenden* in Moskau zu arbeiten, auch hier entwirft sie Bauten für Kinder.

1934
unternimmt MSL mit ihrem Mann eine längere Reise nach Japan und China. In Japan besichtigt das Ehepaar mehrere Städte und besucht den Architekten Bruno Taut, nach China führt sie eine offizielle Vortragsreise. MSL erstellt Richtlinien für den Bau von Kindergärten für das chinesische Unterrichtsministerium.

1934–1936
Mitarbeiterin der Architekturakademie in Moskau. MSL entwirft Kindermöbel, erstellt gemeinsam mit wissenschaftlichen Instituten, Ärzten und Pädagogen Möbelprogramme und -maße.

1935
Entwürfe und Ausführungspläne für zwei Schulen in Makeewka (Ukraine), gemeinsam mit Wilhelm Schütte.

1936–1937
Typenprojekte für Kindergärten des Volkskommissariates für das Bildungswesen. Entwurf einer Ladeneinrichtung für Glas- und Porzellanwaren. Inneneinrichtung der Kinderabteilung eines Warenhauses in Stalingrad. Entwurf von 50 Typenmöbeln für die Kindermagazine des Volkskommissariates für den Innenhandel zur Massenproduktion. Fortbildungskurse für Konstrukteure und Zeichner.

1937
August: Das Ehepaar Schütte (ihre Pässe sind abgelaufen und das politische Klima verschärft sich) verlässt gemeinsam mit der Familie Schmidt die Sowjetunion, um über Odessa, Istanbul, Athen und Triest nach Frankreich zu reisen. In Paris bleiben sie ein Jahr und finden auch kurzfristig Arbeit.

1938–1940
Nach einem kurzen Aufenthalt in London reist das Ehepaar Schütte auf Vorschlag Bruno Tauts im August 1938 nach Istanbul, um dort an der Académie des Beaux Arts, die dem Erziehungsministerium untersteht, zu arbeiten. Taut stirbt kurz nach ihrer Ankunft. MSL beschäftigt sich hauptsächlich mit Erziehungsbauten. Sie lernt den Architekten Herbert Eichholzer kennen, der eine österreichische antifaschistische Widerstandsgruppe in der Türkei aufbaut.

1939
August: Teilnahme am Kongress des *Internationalen Verbandes für Wohnungs- und Städtebau* in Schweden.

1940–1945
Im Dezember 1940 fährt MSL nach Wien, zwecks Verbindung des österreichischen Widerstands mit dem Ausland. Nach einigen Wochen wird sie von der Gestapo verhaftet und vom Berliner Volksgerichtshof nach Beantragung der Todesstrafe zu fünfzehn Jahren Zuchthaus verurteilt.

1945
April: Befreiung aus dem Zuchthaus Aichach, Bayern, durch amerikanische Truppen. Mai: Die Österreicherinnen, darunter MSL, werden aus dem Zuchthaus abgeholt und nach München gebracht, der Aufenthalt dauert wegen der schwierigen Transportsituation zwei Monate. Juli: Da MSL in der Haft neuerlich an Tuberkulose erkrankt ist, fährt sie in die Lungenheilstätte Hochzirl in Tirol. Im September kehrt sie nach Wien in die Wohnung Hamburgerstraße 14 zurück. November: MSL erarbeitet den Vorschlag zur Schaffung eines österreichischen Zentralbauinstitutes für Kinderanstalten.

1946
März–Dezember: Aufenthalt in Sofia, Bulgarien, Aufbau einer Abteilung für Kindereinrichtungen am Stadtbauamt in Sofia, Planung mehrerer Kindergärten und Kinderkrippen, Entwicklung einer Entwurfslehre für Kindergärten und Kinderkrippen.

1947
Als Wilhelm Schütte, der die Kriegszeit in der Türkei verbracht hat, die Ausreise nach Sofia gelingt, kehrt MSL am 1. Januar 1947 gemeinsam mit ihrem Mann nach Wien zurück.
Mai: Teilnahme an der ersten CIAM-Tagung nach dem Krieg in Zürich. September: Der 6. CIAM-Kongress wird in Bridgewater, GB, abgehalten, die Bildung einer österreichischen CIAM-Gruppe wird beschlossen. MSL gestaltet die Abteilung Bau- und Stadtplanung bei der Ausstellung *Wien baut auf* im Rathaus.

1948
März: MSL entwirft das architektonische Konzept für die Ausstellung *Wien 1848*. Juni: In der großen Frauenausstellung zum Frauentag des Weltbundes demokratischer Frauen in Paris gestaltet MSL die österreichische Abteilung. MSL wird zur ersten Präsidentin des Bundes Demokratischer Frauen Österreichs (BDFÖ) gewählt, in der Folge nimmt sie als Vertreterin Österreichs an zahlreichen Kongressen der Internationalen Demokratischen Frauenföderation teil.

1948–1953
Planung und Ausführung des *Kärntner Volksverlages* gemeinsam mit Fritz Weber. Gestaltung dreier Denkmäler für Widerstandskämpfer.

1949
Teilnahme am CIAM-Kongress in Bergamo. Mai: MSL wird die Befugnis als Ziviltechnikerin verliehen.

1949–1950
MSL plant gemeinsam mit Wilhelm Schütte ein Wohnhaus der Gemeinde Wien in der Barthgasse (ausgeführt).

1950
MSL nimmt an der Ausstellung der Zentralvereinigung der Architekten in der Secession in Wien teil.

1950–1959
Gestaltung verschiedener Festdekorationen für die Volksstimmefeste, den Weltfriedensrat, Pfingstjugendtreffen und Weltjugendfestspiele.

1951
Bei der CIAM-Tagung in Wien hält MSL das Referat *Bauten für Kinder*. Sie trennt sich von ihrem Mann Wilhelm Schütte.

1952
Mitgestaltung der Ausstellung *Unsere Schule* im Wiener Messepalast, MSL stellt Typengrundrisse für Kindergärten, eine Kinderkrippe und vier verschiedene Gruppenräume aus.

1952–1956
MSL plant ein Wohnhaus der Gemeinde Wien in der Schüttelstraße (ausgeführt).

1953
MSL nimmt an der Ausstellung der österreichischen CIAM-Gruppe im Wiener Museum für Kunst und Industrie (heute Museum für Angewandte Kunst, MAK) teil.

1953–1956
Planung und Ausführung der Druckerei und des Verlagsgebäudes *Globus* in Wien, gemeinsam mit Wilhelm Schütte, Fritz Weber und Karl Eder.

1956
Studienreise nach China mit einer österreichischen Kulturdelegation. MSL hält einen Vortrag über *Bauen in Österreich* an der Technischen Universität Peking und beschäftigt sich mit städtebaulichen Fragen. Teilnahme am Weltkongress des *Internationalen Verbandes für Wohnungs- und Städtebau* in Wien, der im Rathaus veranstaltet wird.

In ihrer Wohnung, Hamburgerstraße
Wien 1957

1958
Teilnahme am UIA-Kongress in Moskau. MSLs Artikel *Peking* erscheint im *Aufbau,* Wien. Sie verfasst das Buchmanuskript *Millionenstädte Chinas. Bilder- und Reisetagebuch einer Architektin,* das 2007 postum aus ihrem Nachlass herausgegeben wird.

1961
Reise nach Kuba als Präsidentin des BDFÖ mit einer Frauendelegation, MSL besichtigt das Land und die neu erbauten Kindergärten.

1961–1963
Planung und Ausführung des Kindertagesheimes in der Rinnböckstraße für die Gemeinde Wien. Das Pavillonsystem für Kindertagesheime, das MSL in der späteren *Bauentwurfslehre für Kindertagesstätten* in allen Kombinationsmöglichkeiten ausführlich darstellt, ist hier verwirklicht.

1963
3-monatiger Aufenthalt in Kuba. MSL erarbeitet eine Entwurfslehre für Kinderanstalten für das kubanische Erziehungsministerium und nimmt an dem in Kuba gleichzeitig stattfindenden UIA-Kongress teil.

1964–1968
Bearbeitung des *Baukastensystems für die Kindertagesheime* für Österreich, das trotz mehrmaligem Vorschlag an öffentlichen Stellen nicht verwirklicht wird.

1966
6-monatige Arbeit an der Bauakademie in Ostberlin, Forschungsarbeit über Kinderanstalten für die DDR.

1967–1969
Planung ihrer eigenen Wohnung in der Franzensgasse in Wien, in die sie – nach einem Aufenthalt in der Lungenheilstätte Schwarzach – 1970 einzieht.

1975
Bearbeitung des Projekts *Terrassenhaus*.

1980
1. Mai: Verleihung des Preises für Architektur der Stadt Wien.

1985
Teilnahme an der Ausstellung *1945 – davor und danach* in Wien. MSLs autobiographische *Erinnerungen aus dem Widerstand. Das kämpferische Leben einer Architektin* erscheinen im Konkret-Verlag, Hamburg. Dezember: Verleihung der Prechtl-Medaille der TU Wien.

1986
Teilnahme am Bauhauskolloquium in Weimar.

1987
Ehrenmitgliedschaft der Hochschule für angewandte Kunst Wien.

1987–1989
Teilnahme an der Ausstellung *Architektinnen in Österreich 1900–1987* in Wien, die dann als Wanderausstellung in mehreren Städten in den USA gezeigt wird.

1989
Verleihung des Ehrendoktorates der Technischen Universität Graz. Verleihung des IKEA-Preises der IKEA-Foundation in Amsterdam für ihr Lebenswerk.

1990
MSL erarbeitet einen Wohnbauvorschlag: *Wohnberge – eine Utopie für künftiges Wohnen* (unveröffentlicht). Ein originalgetreuer Nachbau der *Frankfurter Küche* wird für das Wiener MAK angefertigt und ausgestellt.

1991
Ernennung zum Ehrenmitglied der Hochschule der Bildenden Künste in Hamburg.

Hamburg 1991

Wien 1995

1992
Verleihung des Ehrendoktorates der Technischen Universität München. Vortrag an der Technischen Universität Berlin. Überreichung der Ehrenmedaille der Bundeshauptstadt Wien in Gold.

1993
Verleihung des Österreichischen Ehrenzeichens für Wissenschaft und Kunst. Große Gesamtausstellung *Margarete Schütte-Lihotzky: Soziale Architektur – Zeitzeugin eines Jahrhunderts* im MAK.

1996
Ausstellung *Margarete Schütte-Lihotzky: Una donna progettista per l'achitettura sociale* im Polytechnikum in Mailand, Italien.

1997
100. Geburtstag. In einem großen Festakt im MAK ehrt die Hochschule für angewandte Kunst Wien ihre ehemalige Schülerin und ihr jetziges Ehrenmitglied. Großes Goldenes Ehrenzeichen mit dem Stern für Verdienste um die Republik Österreich. In Radstadt, wo MSL seit über 30 Jahren den Sommer verbringt, wird ein Platz nach ihr benannt.

2000
Am 18. Januar stirbt Margarete Schütte-Lihotzky, wenige Tage vor ihrem 103. Geburtstag, in Wien.

Die Zitate in den beiden einleitenden Absätzen zur Herkunft stammen aus einer Sammlung handschriftlicher Skizzen im Nachlass (TXT 587). Der tabellarische Lebenslauf wurde zum allergrößten Teil von der *Forschungsgruppe Schütte-Lihotzky* erstellt, formuliert und freundlicherweise zur Verfügung gestellt.

Personenregister

Aalto, Aino 174
Aalto, Alvar 172, 174
Altenberg, Peter 63, 69
Altmann, Elsie 58
Asch, Bruno 121

Bangert, Wolfgang 116
Bauer, Helene 78
Bauer, Otto 78
Behrens, Peter 66, 97
Berger, Alois 45
Berlage, Hendrik Petrus 40 f.
Boehm, Herbert 116
Brecht, Bertolt 31
Brenner, Anton 121
Burghart, Hans 190, 196

Carnap, Rudolf 78
Chopin, Frederic 59
Le Corbusier 67, 73, 74, 172, 174

Deutsch, Julius 79
Dudok, Willem Marinus 175

Eckener, Hugo 191
Egli, Ernst 71 f.
Eisenstein, Sergej 176, 188
Eisner, Kurt 78
Elsaesser, Martin 116, 121, 189, 192
Ermers, Max 51–54, 79, 105, 112
Essig, Olga 176

Fischer, Theodor 110
Flöge, Emilie und Schwestern 18
Frank, Josef 10, 20, 24, 47, 66, 72–77, 93, 105, 168, 170, 172
Frederick, Christine 86
Friedell, Egon 69
Frühauf, Max 190

Gantner, Josef 170
Gewrekian, Gabriel 68
Goethe, Johann Wolfgang 59
Gogol, Nikolaj 176, 188
Gropius, Walter 74, 129, 172–174, 177–179, 182
Grünberg, Carl 80, 115, 187 f.

Haerdtl, Oswald 73, 174
Haesler, Otto 175
Halban, Hans 80 f.
Hanak, Anton 17
Hanslik 26
Häring, Hugo 172, 176, 182
Hauss, Wilhelm 190
Hebebrand, Werner 189 f., 194
Hitler, Adolf 114, 192
Hoffmann, Josef 17, 30, 47, 62 f., 66, 97
Holzmeister, Clemens 72

Kampffmeyer, Hans 52, 83, 100, 105, 112, 172, 192
Karsen, Fritz 177
Kaufmann, Eugen 116, 122, 153, 173, 182
Klimt, Gustav 17 f.
Kokoschka, Oskar 17, 24, 69
Kramer, Ferdinand 116, 121, 182
Kratz, Walter 190
Kraus, Karl 24, 63, 69
Krauss, Clemens 176

Landmann, Ludwig 121
Larisch, Rudolf 17, 30 f.
Lehmann, Karl 190
Leistikow, Hans 109, 116, 130, 189 f., 194
Löcher, Albert 190, 194
Löffler, Berthold 17

Loos, Adolf 20, 24, 30–32, 34, 47, 51–71, 77, 86, 93, 97, 100, 105, 120, 138, 177, 181
Loucheur, Louis 167, 177
Lurçat, André 170

Makarenko, Anton S. 188, 191
Markelius, Sven 172, 174
Mautner, Erich 190, 195
May, Ernst 100 f., 104, 109–113, 116, 118, 121 f., 125, 129, 131, 134, 140, 142, 167, 170, 172 f., 182, 187, 189–192, 194, 196
Meyer, Adolf 116, 172
Meyerhold, Vsevolod 188
Moser, Kolo 17
Moser, Werner Max 172, 174
Mühsam, Erich 78
Müller, Adolf 83

Neumann, Zlatko 68
Neurath, Otto 65 f., 77–81, 97, 103, 105, 115
Nestroy, Johann 47

Ognew, Nikolaj 188
Olbrich, Josef Maria 47

Peche, Dagobert 30
Piscator, Erwin 176

Rainer, Roland 174
Reed, John 188
Reidemeister, Marie 80 f.
Reinhardt, Max 25 f.
Renner, Karl 78 f.
Rietveld, Gerrit 170, 174
Roller, Alfred 18
Roth, Alfred 172
Royaards, Willem 25 f.

Scheu, Gustav 52
Schlemmer, Oskar 176
Schlick, Moritz 78
Schmidt, Hans 172, 190
Schönberg, Arnold 24
Schulz, Walter 190
Schuster, Franz 65 f., 93, 105, 121, 172
Schütte, Wilhelm 73, 174, 189 f., 192
Schwagenscheidt, Walter 116, 190
Schwanzer, Karl 174
Schwarzwald, Eugenie 54
Sitte, Camillo 47
Stam, Mart 121, 172, 190, 194
Steiger, Rudolf 172
Strnad, Oskar 17–30, 47, 61, 64, 66, 69, 71 f., 74 f., 97, 105, 156
Syrkus, Szymon 172, 174

Taut, Bruno 177, 182
Taut, Max 182
Tessenow, Heinrich 17, 31 f., 182
Toller, Ernst 176
Turin, Victor 188
Tzara, Tristan 68

Unwin, Raymond 110

Vertov, Dziga 176, 188

Wagner, Martin 177
Wagner, Otto 47, 59
Wassermann, Jakob 25
Witte, Irene 86, 144
Wlach, Oskar 66, 75
Wolf, Friedrich 176
Wolf, Ulrich 190
Wright, Frank Lloyd 26

Zille, Heinrich 28, 47
Zotter, Friedrich 174

Abbildungsverzeichnis

Seite 8 Foto Dorit, Karlsbad
Seite 13 Manfred Burger
Seite 141, 149 H. Collischonn
Seite 154 oben Elisabeth Brettschneider-Fehr
Seite 154 unten Dr. P. Wolff
Seite 169 Martin Gerlach
Seite 185 N. & C. Hess
Seite 207 Gebrüder Herold
Seite 222 Christian Fischer

Das Foto auf Seite 21 stammt aus der Universität für angewandte Kunst Wien, Kunstsammlung und Archiv; alle übrigen stammen aus dem Nachlass Schütte-Lihotzky.
Wir haben uns bemüht, alle Copyright-Inhaber ausfindig zu machen und aufzuführen. Für etwaige fehlerhafte oder unterlassene Nennungen bitten wir um Nachsicht.

Otto Wagner

Otto Wagner
Herausgegeben von Andreas Nierhaus und Eva-Maria Orosz
ISBN: 978 3 7017 3667 6

Das neue Standardwerk über den großen österreichischen Architekten und Wegbereiter der modernen Architektur.
Otto Wagner war einer der Wegbereiter der Architektur des 20. Jahrhunderts, der mit Bauten wie der Wiener Stadtbahn, der Postsparkasse und der Kirche am Steinhof Schlüsselwerke der Moderne schuf. Als Antwort auf den Historismus entwarf Wagner eine strahlende, rationale Zukunftsarchitektur, die auf Zweck, Material und Konstruktion beruhte. Seine radikalen Entwürfe, die er in spektakulären Zeichnungen visualisierte, waren ein Befreiungsschlag für die Vertreter der Moderne, für die Hüter der Tradition dagegen blanke Provokation. Auch aus diesem Grund blieben zahlreiche Projekte Papier. Der reich illustrierte Band enthält Beiträge renommierter Expertinnen und Experten sowie den ersten kommentierten Katalog sämtlicher Arbeiten Wagners und verspricht, das Standardwerk zum Schaffen des Architekten zu werden.

Meine angebetete Louise!

Meine angebetete Louise!
Das Tagebuch des Architekten
1915–1918
Herausgegeben von Andreas
Nierhaus und Alfred Pfoser
ISBN: 978 3 7017 3490 0

Wagners Tagebuch seiner letzten Jahre. Erstmals publiziert!
Der 26.10.1915 ist ein Schicksalstag für Otto Wagner. Seine um 18 Jahre jüngere Ehefrau Louise stirbt an Krebs. Schon nach der Diagnose hat der Architekt ein Tagebuch zu führen begonnen, das er regelmäßig mit Erinnerungen an bessere Tage und Notizen über die Gegenwart füllen wird. Es soll seiner unvergleichlichen Liebe zu Louise ein Denkmal setzen. Nebenher enthüllt es die misanthropische Verzweiflung eines großen Künstlers. Er glaubt sich am Höhepunkt seines Schaffens, wittert Habsburgs Sieg und Morgenluft für seine Pläne, während das Alter seinem Körper zusetzt und das Weltkriegselend auch in seinen Alltag einbricht. Krankhafter Antisemitismus, Leid und Paranoia bestimmen mehr und mehr sein Denken. Der Tod eines Patriarchen fällt zusammen mit dem Ende des Habsburgerreichs.